河南省高校哲学社会科学基础研究重大项目（2024-JCZD-29），河南省高校人文社科重点研究基地"物流研究中心"资助项目。

九州文库

新时期的弱有所扶
获得感及其提升策略研究

贾留战 著

九州出版社

JIUZHOUPRESS

图书在版编目（CIP）数据

新时期的弱有所扶：获得感及其提升策略研究 ／ 贾
留战著 . -- 北京：九州出版社，2025.1. -- ISBN 978-
7-5225-3479-4

Ⅰ . B848.4

中国国家版本馆 CIP 数据核字第 2025846HW6 号

新时期的弱有所扶：获得感及其提升策略研究

作　　者	贾留战　著
责任编辑	沧　桑
出版发行	九州出版社
地　　址	北京市西城区阜外大街甲 35 号（100037）
发行电话	（010）68992190/3/5/6
网　　址	www.jiuzhoupress.com
印　　刷	唐山才智印刷有限公司
开　　本	710 毫米×1000 毫米　16 开
印　　张	16
字　　数	287 千字
版　　次	2025 年 1 月第 1 版
印　　次	2025 年 1 月第 1 次印刷
书　　号	ISBN 978-7-5225-3479-4
定　　价	95.00 元

前　言

在全面建设社会主义现代化国家的新时期，要加大对弱势群体的帮扶力度。随着共建共享理念的实施和共同富裕进程的加快，促进全体人民在共建共享发展中有更多获得感，成为研究者关注的议题。弱势群体的获得感是全体人民获得感中不可或缺的组成部分。提升弱势群体的获得感对实现共同富裕、全面建设社会主义现代化国家、丰富中国特色社会主义理论体系具有重要价值。本书以弱势群体获得感为研究对象，界定弱势群体获得感的概念内涵，构建弱势群体获得感的测量工具，分析获得感的生成过程，提出获得感的提升策略。

第一，本书对有关弱势群体和获得感的研究文献进行了系统梳理，提出弱势群体获得感的研究问题。研究和提升弱势群体的获得感具有重要的理论意义和实践价值。

第二，本书在分析以往获得感研究文献的基础上，根据获得感的实质界定获得感的概念。获得感是将自己劳动付出所得到的各种物质权益、精神权益、社会权益与预期收益和自身需要进行比较，而产生的认知评估和情绪感受。

第三，在梳理总结以往获得感测量方式的基础上，根据获得感的概念内涵，研制了弱势群体获得感的测量问卷。获得感问卷包括情绪感受、具身体验、自我评价和问题解决四个维度。本书将具身认知从信息加工的认知领域扩展到社会对象评价领域，提出具身体验维度。通过检验分析，获得感问卷的信效度达到了测量学要求，能够作为获得感的测量工具。

第四，分析了弱势群体获得感的现状和特点。弱势群体的获得感整体较高，但个别方面需要提升。获得感在内容上呈现出外在物化方面高、内在感受方面低的特点。获得感在结构上呈现出情绪感受和问题解决维度高于具身体验与自我评价维度的特点。

第五，构建了获得感生成机制的理论模型。根据以往研究成果和获得感的生成过程，认为获得感是在宏观因素和微观因素相互作用下产生的。政府公共服务是获得感的重要影响因素，主观幸福感在政府公共服务和获得感之间起到部分中介作用，相对剥夺了调节公共服务对获得感的影响。检验分析了弱势群体获得感在人口统计学因素上的差异。

第六，提出弱势群体获得感的多元协同提升策略。提升弱势群体的获得感，从根本上要改善弱势群体的处境。提升获得感的主要途径为政府完善公共服务、社会层面提高社会支持、弱势群体自身发挥能动性积极参与共建，三方力量相互协同。

最后，进行总结和展望，提出未来的研究问题。

目 录
CONTENTS

第一章

引　言

习近平总书记在党的十九大报告中提出，保证全体人民在共建共享发展中有更多获得感①。党的二十大报告指出，深入贯彻以人民为中心的发展思想，在"弱有所扶"上持续用力②。弱势群体由于自身的不利条件相对容易产生被剥夺感，获得感较低，影响了全体人民获得感的提升。

第一节　研究背景

2015年2月，在中央全面深化改革领导小组第十次会议上，习近平总书记第一次提出"让人民群众有更多获得感"。获得感反映了中国特色社会主义的新实践、新境界，是治国理政的新理念和新思想的体现。获得感的提出具有重要的价值，获得感成为衡量共享改革开放成果的重要标准，也是民生领域发展的重要指标。提升人民群众的获得感，成为社会各界追求的重要目标。

"十三五"规划指出，共享是中国特色社会主义的本质要求。"十四五"规划也指出，提升共建共治共享水平，增进民生福祉。因此，必须坚持发展为了人民、发展依靠人民、发展成果由人民共享，做出更有效的制度安排，使全体人民在共建共享发展中有更多获得感。必须坚持增强发展动力，增进人民团结，朝着共同富裕方向稳步前进。长期以来，世界各国在共享发展方面既积累了有益经验，也有过深刻教训。从经验来看，基于对经济增长没能使贫困人口减少这一现象的反思，国际上提出了"基础广泛的增长""分享型增长""亲贫式增

---

① 习近平. 决胜全面建成小康社会，夺取新时代中国特色社会主义伟大胜利：在中国共产党第十九次全国代表大会上的报告［N］. 人民日报，2017-10-28（1）.

② 习近平. 高举中国特色社会主义伟大旗帜，为全面建设社会主义现代化国家而团结奋斗：在中国共产党第二十次全国代表大会上的报告［N］. 人民日报，2022-10-26（1）.

长""包容性增长"等理念。这些理念及其实践，在提高人民生活水平、促进社会公平正义方面取得一定成效。从教训来看，一些国家在发展中不注重共享，一部分人的"获得感"建立在另一部分人的"失落感"甚至"被剥夺感"基础上，造成不同社会群体对立，甚至社会被撕裂，国家内斗不断，民族纷争不止，内耗效应使这些国家的发展步履异常沉重。共享发展理念，正是对这些经验教训的借鉴和超越。

党的十九大报告提出，坚持在发展中保障和改善民生。保证全体人民在共建共享发展中有更多获得感，不断促进人的全面发展、全体人民共同富裕。同时指出，提高保障和改善民生水平。坚持人人尽责、人人享有、坚守底线、突出重点、完善制度、引导预期，完善公共服务体系，保障群众基本生活，不断满足人民日益增长的美好生活需要。坚持不断促进社会公平正义，形成有效的社会治理、良好的社会秩序，使人民获得感、幸福感、安全感更加充实、更有保障、更可持续。

习近平总书记在纪念改革开放40周年大会中指出，着力提升人民群众获得感、幸福感和安全感①，坚持让人民共享经济、政治、文化、社会、生态等各方面发展成果，有更多、更直接、更实在的获得感、幸福感、安全感，不断促进人的全面发展、全体人民共同富裕。习近平同志还指出，国家建设是全体人民共同的事业，国家发展过程也是全体人民共享成果的过程，中国执政者的首要使命就是集中力量提高人民生活水平，逐步实现共同富裕。这便是人民至上、共建共享的科学发展理念。坚持共享发展，我们的国家就会安定，民族就会团结，人民就会满意②。

提升全体人民的获得感，是共享发展的重要目标。共享是对改革开放成果的共享。共享成果包括五大方面，分别是共享物质文明建设成果（收入方面）、政治文明建设成果（依法治国）、精神文明建设成果（思想道德和科学文化素质）、社会文明建设成果（公共服务均等化）、生态文明建设成果（生态环境）。从覆盖人群而言，共享是全民共享。从享受内容而言，共享是全面共享。从实现途径而言，共享是共建共享。从发展进程而言，共享是渐进共享。全民共享、全面共享、共建共享、渐进共享，是紧密相关、融会相通的。全民共享是目标，全面共享是内容，共建共享是基础，渐进共享是途径，其核心是以人民为中心

---

① 习近平. 在庆祝改革开放40周年大会上的讲话 [EB/OL]. 中国政府网，2018-12-18.

② 任理轩. 坚持共享发展（深入学习贯彻习近平同志系列重要讲话精神）——"五大发展理念"解读之五 [N]. 人民日报，2014-12-24 (7).

的发展思想，体现的价值是共同富裕和公平正义。

在提升全体人民获得感的过程中，弱势群体的获得感是提升中的短板。弱势群体由于自身的不利处境，在社会生活中处于劣势地位，通常遭受着经济贫困和社会歧视，亟须提升获得感。弱势群体的生活状况是国家文明的尺度，是社会文明、经济文明、制度文明和政治文明发达程度的证明。在风险高度复杂和不确定的社会中，弱势群体的共同富裕和获得感充满挑战。

第二节　问题提出

党的十九大报告指出，中国特色社会主义进入新时代，我国社会主要矛盾已经转化为人民日益增长的美好生活需要和不平衡不充分的发展之间的矛盾①。林学启分析认为，当前发展不平衡、不充分主要表现在发展方式、法治、精神文明、社会治理和生态环境五个方面。一是发展方式有待转变，而转变发展方式还要经历一个相当长的过程。二是依法治国有待充分推进，完全实现依法治国依然任重道远。三是精神文明有待充分提升，目前还难以满足人民对精神文明的更高追求。四是社会事业有待充分发展，一些群众反映强烈的突出问题尚未得到根本解决，如上学难、看病难和养老难等问题。五是生态环境有待充分改善，生态环境恶化的趋势尚未得到根本扭转②。发展不平衡和不充分的问题，典型体现在弱势群体较低的获得感上。

获得感具有全体性、发展性等特点。在共享发展理念下，获得感强调全体人民共享发展成果，是所有人的获得感，要保障全体人民拥有和提升获得感。弱势群体的获得感，是提升全体人民获得感中需要特别关注的内容。提升弱势群体的获得感，才能有效提升全体人民的获得感。

在以往对弱势群体的界定中，弱势群体总是在某一方面或多个方面处于不利境地。弱势群体缺乏基本的生存和发展物质基础，获得感较低。研究发现，弱势群体的获得感显著低于非弱势群体的获得感③。首先，经济贫困是弱势群体

---

① 习近平.决胜全面建成小康社会，夺取新时代中国特色社会主义伟大胜利：在中国共产党第十九次全国代表大会上的报告 [N].人民日报，2017-10-28 (1).

② 林学启.如何增强人民的获得感幸福感安全感：学习贯彻党的十九大精神系列党课之二十五 [J].党课参考，2018 (4)：26-41.

③ 徐平平，沈国琪.乡村振兴进程中农村弱势群体获得感现状测度与提升机制研究 [J].农村经济与科技，2020，31 (16)：180-182.

的典型表现。弱势群体的经济收入较低，在社会生活中处于贫困状态，能够使用的生活用品数量较少，生活质量较差，消费水平低下。其次，弱势群体抵御风险的能力也较弱。在社会转型过程中的风险容易对弱势群体造成较大影响，使弱势群体处于风险焦虑中。当面对重大疾病或其他灾害风险时，弱势群体缺乏基本的承受能力，造成弱势群体在面临风险时的脆弱性。弱势群体较低的风险抵御能力，使得弱势群体的社会生活缺乏保障，不利于获得感的提升。最后，弱势群体的社会地位也处于较低水平。弱势群体的不利条件，使其处于较低的社会经济地位中，能够支配的社会资源较少，从其他领域获取弥补自身不足的能力较弱。弱势群体的社会经济地位使得弱势群体处于缺乏状态，对物质生活和社会生活的基本条件处于渴求状态，没有实际获得，缺乏获得感。弱势群体在利益分配方面也是弱势的，其弱势的多重叠加可能导致严重的社会不平等。

在新时代中国特色社会主义建设时期，充分认识到提升弱势群体获得感的重要性，完善保障和促进弱势群体共享社会发展的政策措施，具有重要的理论意义和现实意义。第一，提升弱势群体的获得感，是社会主义的本质目标。让人民群众有更多获得感，就要使国家社会经济发展所带来的利好、效益和财富惠及全体人民，特别是要惠及弱势群体和贫困群体。弱势群体的获得感在全体人民的获得感中处于较低水平，制约了全体人民获得感的提升。提升全体人民的获得感，要优先提升弱势群体的获得感。第二，弱势群体的获得感，是国家社会发展水平的重要标志。对弱势群体的获得感要给予特别的关注。因为弱势群体的物质生活和社会生活水平较低，甚至还遭受着生存和基本安全方面的威胁，生活状况迫切需要改变。并且，弱势群体的生存状况常常是衡量一个国家和社会发展程度的关键指标。周绍杰等对中国民生指数调查数据分析发现，优先改善弱势群体的公共服务，才可能使居民有更高水平的幸福感①。第三，提升弱势群体获得感，是社会主义制度先进性的体现。这是深化中国共产党执政规律、彰显社会主义制度优越性的重要手段。中国共产党加强制度建设、稳固执政地位需要提升弱势群体的获得感。全面建成小康社会，打赢脱贫攻坚战，也要帮助弱势群体脱贫致富，提升其获得感。弱势群体要促进自身的全面发展，也要不断提高发展水平，提升获得感。

---

① 周绍杰，王洪川，苏杨.中国人如何能有更高水平的幸福感：基于中国民生指数调查 [J].管理世界，2015（6）：8-21.

第三节　提升弱势群体的获得感体现了时代特色

在全面建设社会主义现代化国家的新征程中，人民群众的获得感、幸福感、安全感更加充实、更有保障、更可持续，共同富裕取得新成效。在新时代，依然要对弱势群体进行帮扶。弱有所扶是新时代中国特色社会主义建设的需要。弱有所扶是传统美德的弘扬，是共享发展的要求，是公平正义的体现，是全面建设社会主义现代化国家的要求。在帮扶弱势群体过程中，提升弱势群体的获得感是最具时代特色的要求。获得感提出以来，已经成为各项事业的评价标准。作为促进共同富裕的重要举措，帮扶弱势群体也需要以获得感作为评价标准。

弱势群体由于自身的劣势，获得感较低。弱势群体在社会生活中处于弱势，获得感容易遭受侵蚀。对弱势群体的帮扶，虽然形式多种多样，但最终要落脚在提升弱势群体的获得感上。目前社会各界形成了浓厚的帮扶弱势群体的氛围，帮扶措施也多种多样。常见的帮扶对象有农民工、残疾人、未成年人和老年人。例如：法院与劳动监察部门相配合，帮助农民工讨回被拖欠的工资；司法机关为弱势群体开辟绿色通道，提供法律咨询建议；城市管理部门关注残疾人的日常生活需求，整改完善无障碍设施；对未成年人进行家庭教育指导，保护未成年人健康成长；维护老年人合法权益，打击养老诈骗，保障老年人安享晚年；对生活困难群众进行及时救助帮扶。这些措施对弱势群体起到了重要的支持作用，帮助弱势群体及时渡过难关，极大地提升了弱势群体的获得感。

在对弱势群体的帮扶上，目标是做到弱有所扶，做好重点人群的民生保障。获得感作为民生三感的重要指标，在体现弱势群体的民生保障方面具有重要的评价作用。比如对困难家庭的最低生活保障一直在增加，对于困难家庭的生活补贴，从残疾人群扩展到残疾人群和重病人群，覆盖面增大，受益者增加。这些对弱势群体的帮扶措施，极大地解决了弱势群体在民生领域的困难，提升了弱势群体的获得感。

第二章

弱势群体与获得感的研究梳理

第一节 弱势群体的研究

弱势群体在 20 世纪进入社会科学的核心研究领域。2002 年政府工作报告中提出对弱势群体的就业援助后，弱势群体的研究有较快增长。目前对弱势群体的研究主要有弱势群体的概念界定、弱势群体的成因与类型分析、弱势群体的救助等。

一、弱势群体的概念界定

国内对弱势群体主要从经济特征和社会救助方面出发，从经济学、社会学、跨学科等角度进行了界定。界定弱势群体的概念与特征，主要考虑经济与社会因素。弱势群体具有贫困性、边缘性、低层次性、脆弱性、被剥夺感强等特征。弱势群体不同于贫困群体，但二者存在较大重叠。本书对弱势群体的概念进行了系统梳理，主要包括以下内容。

首先，从社会变革与社会转型角度分析弱势群体成因进而对弱势群体进行界定，主要概念有以下两种。概念一：弱势群体是由于社会结构急剧转型和社会关系失调或由于一部分社会成员自身的某些原因（如竞争失败、失业、年老体弱、残疾等），而导致对于社会现实不适应，并且出现生活障碍和生活困难的人群共同体。它包括三个层面的含义：一是在物质生活中处于贫困状态，二是在市场竞争中处于劣势地位，三是在社会和政治层面缺乏表达和追求群体利益的资源①。概念二：社会转型期的弱势群体是指在经济、文化、体能、智能、处

---

① 高强. 断裂的社会结构与弱势群体构架的分析及其社会支持 [J]. 天府新论，2004（1）：85-89.

境等方面处于一种相对不利的地位，获取资源匮乏和发展机会匮乏，从而导致生活困难的那部分人群①。

　　其次，从弱势群体自身能力不足的角度对弱势群体进行界定，主要概念有以下三种。概念一：弱势群体是指那些依靠自身的力量或能力无法保持个人及家庭成员最基本的生活水准，需要国家和社会给予支持和帮助的社会群体②。概念二：弱势群体是由于自身生理、职业或者知识和能力等主客观因素，社会地位较低且物质生活条件贫困的自然人群，如贫困农民、贫困老人、城市贫困者、不幸家庭的未成年人、残疾人、流入城市的劳工、贫困大学生等③。概念三：弱势群体是社会上经济能力薄弱、知识水平老化、信息贫乏、处于社会底层、抵御风险能力弱、发展困难的一类人的总称④。

　　再次，从社会比较和社会公平方面对弱势群体进行界定，主要概念有以下三种。概念一：弱势群体是一个相对的概念，在具有可比性的前提下，一部分人群（通常是少数）比另一部分人群（通常是多数）在经济、文化、体能、智能、处境等方面处于一种相对不利的地位⑤。概念二：所谓弱势群体，是指由于自然、经济、社会和文化方面的低下状态而难以像常人那样去化解社会问题造成的压力，导致其陷入困境、处于不利社会地位的人群或阶层⑥。概念三：弱势群体是由于某些障碍或缺乏经济、政治和社会机会，而在社会上处于不利地位的社会成员⑦。

　　最后，有研究者认为，弱势群体是一个社会学概念，应该依据个体社会地位和生存状态来综合定义，而不是仅仅根据体能状态和生理特征进行界定。弱势群体是由于自然因素或社会因素的影响，其生存状态、生存质量低于所在社会普通民众，或基本权利得不到所在社会体制保障，被边缘化，容易受到伤害的群体⑧。

---

① 尹志刚．论现阶段我国社会弱势群体 [J]．北京教育学院学报，2002（3）：1-9．

② 郑杭生，李迎生．全面建设小康社会与弱势群体的社会救助 [J]．中国人民大学学报，2003（1）：2-8．

③ 李阳春，沈雁．浅析弱势群体保障法 [J]．株洲工学院学报，2004（1）：36-38．

④ 李乐平，宋智敏．对我国弱势群体和社会保障问题的法理思考 [J]．湘潭大学社会科学学报（研究生论丛），2003（S1）：122-123．

⑤ 李林．法治社会与弱势群体的人权保障 [J]．前线，2001（5）：23-24．

⑥ 张敏杰．论社会工作与弱势群体关怀 [J]．浙江树人大学学报，2003（2）：48-52．

⑦ 万闻华．NGO 社会支持的公共政策分析：以弱势群体为论域 [J]．中国行政管理，2004（3）：28-31．

⑧ 余少祥．弱者的权利：社会弱势群体保护的法理研究 [M]．北京：社会科学文献出版社，2008：12．

欧美主要从社会地位方面对弱势群体进行界定。弱势群体常见的术语有 social vulnerable group（社会脆弱群体）和 social disadvantaged group（社会不利群体）。前者是由于缺乏生活能力而难以独立生活的人群，如身体或精神残疾者、老年人、孤儿等。脆弱群体在身体健康方面存在缺陷或障碍，造成其参与市场竞争和社会生活的能力受到严重影响，生活困难。后者是指由于无力控制环境和事件而处于困境中的人，如艾滋病人、流浪者等社会适应不良人群。不利和有利是相对的概念，不利是由结构性因素和制度性因素造成的，在生活机会和社会奖励分配方面遭受长时间和系统性的不公平待遇。

弱势群体有两种含义：一是抵御风险能力较弱，容易受到侵害的群体，容易遭受各种不利因素影响的脆弱群体；二是处于不利社会关系或形势下的群体，与参照群体相比处于劣势，缺乏主动权。两种弱势群体可能存在交叉，某些弱势群体，既容易受到侵害，又处于不利的社会关系中。

从国内外研究者对弱势群体的界定来看，弱势群体自身能力弱，拥有资源少，需要外在力量帮助。弱势群体主要从经济收入和物质生活方面进行界定，较少从权利状态方面进行界定。以往界定包含了生理性弱势群体和社会性弱势群体，对二者没有进行明确区分。本书认为，弱势群体不论是何种原因造成的，均处于不利处境。弱势群体是一个相对的概念，在特定的环境下，每一个个体或群体都可能成为弱势群体。

二、弱势群体的成因与类型

弱势群体的成因主要有社会原因、自身原因和自然原因。首先，社会原因是弱势群体的重要成因。由于社会结构转型和社会关系调整，部分社会成员由于自身某些原因，对社会适应出现困难，在生活中也存在困难。弱势群体拥有的社会资源较少，社会认同度较低。弱势群体能够享受到的社会权利也较少，处于社会生活的边缘，容易受到社会排斥。吴玲和施国庆的综述认为，弱势群体的成因主要有经济转轨与社会结构转型、就业体制与政策转型、社会结构、文化素质与观念、社会资源等①。其次，弱势群体自身原因也起到了重要作用。在弱势群体中，老年人、青少年、残疾人等占一定比例，这部分弱势群体在身体机能方面存在不足，是造成弱势的主要原因。最后，自然原因也造成了一定的弱势群体。自然灾害、灾难，如地震、疫情等因素均会导致弱势群体的产生。这部分弱势群体是突发形成的，正常生活突然遭受重大困难，急需社会救助。

① 吴玲，施国庆. 我国弱势群体问题研究综述 [J]. 南京社会科学，2004（9）：73-80.

弱势群体由于其社会和自然成因具有相对稳定性，将长期处于弱势处境，短期内发生改善的可能性较低。因自然灾害或意外事故造成的弱势群体，具有不可预测性和短期性，外部因素消除后，能够脱离弱势状态。

弱势群体按照成因可分为不同的类型。谭兵通过对香港弱势群体的研究分析发现，香港的弱势群体一般分为三类：一是生理性弱势群体，主要包括老人、青少年、残疾人；二是社会性弱势群体，主要包括单亲家庭、失业人员、低收入者、新移民等；三是自然性弱势群体，如遭受自然灾害的灾民、车祸受害者等①。欧美研究者将弱势群体分为三类：一是受外界灾害、灾难形成的，如受灾群体和孤儿；二是身体健康损害造成的，如老年群体、身体残疾者、重病患者等；三是自身行为造成的，如艾滋病患者、吸毒者、药物成瘾者、流浪者等。国内研究对弱势群体按照不同的标准，分为五类：一是生理性弱势群体和社会性弱势群体，二是初级脆弱群体和次级脆弱群体，三是结构性弱势群体和功能性弱势群体，四是新生弱势群体和传统弱势群体，五是城市弱势群体和乡村弱势群体。

按照地域来分，弱势群体可分为城镇弱势群体与农村弱势群体。城镇弱势群体的成因主要有经济原因和社会原因两类。经济原因如失业、经济结构调整、社会经济改革、收入分配和再分配制度不健全等。经济体制转轨是产生弱势群体的必然原因，体制转变不到位是弱势群体形成的根本原因②。具体包括就业制度改革、收入渠道的多元化及分配制度的不规范等。社会原因主要有人口过多和增长过快、社会保障制度不健全、人口老龄化、家庭负担过重、文化教育程度低、就业技能缺乏等。农村弱势群体是由于年龄或身体障碍的限制，在自然资源、自身发展能力、社会参与机遇、社会保障水平上受限，难以依靠自身力量维持其个人及家庭的基本生活水准，在政治和社会生活中也处于边缘或被排斥的地位，需要国家和社会各界的帮助。农村弱势群体，具体表现为经济方面的弱势、发展能力方面的弱势和社会权利方面的弱势。农村的弱势群体主要有老人、妇女、儿童和残疾人等，这部分群体人口规模大，并且处于深度贫困状态。农村弱势群体具有三个特点：一是农村的弱势群体缺乏生产要素，造成物质上贫困；二是社会支持网络的弱化或缺失导致农村弱势群体获取资源的能力

---

① 谭兵. 香港弱势群体、社会援助体制及启示 [A] //陈广汉，刘祖云，袁持平. 香港回归后社会经济发展的回顾与展望 [M]. 广州：中山大学出版社，2007：366-374.

② 范恒山. 城镇弱势群体产生的体制原因辨析 [J]. 中国党政干部论坛，2002 (4)：15-16.

较弱；三是社会排斥导致农村弱势群体的社会参与不足①。大学生也属于弱势群体。贫困问题是导致部分大学生成为弱势群体的主因。部分大学生弱势群体的心理健康水平低于非弱势群体，在焦虑、自卑、社交退缩、抑郁、依赖等方面存在较显著差异。

不同研究者对弱势群体的界定不同，造成弱势群体的对象较为广泛，如儿童、老年人、妇女、残疾人、孤寡老人等，也包括失业人员、无固定工作者、农民工和较早退休人员等。从唯物辩证法的角度来看，内因是事物变化的根本，外因是事物变化的条件。本书认为，可以按照个体原因和社会原因对弱势群体进行分类。弱势群体可分为生理性弱势群体和社会性弱势群体，主要为残疾人、农民工和贫困群体。生理性弱势群体主要是身体健康方面存在缺陷或障碍，导致参与社会生活和市场竞争受到影响、生活困难的人群。社会性弱势群体是由对社会适应不良造成的处于就业和社会生活各领域不利境况的人群。社会性弱势群体所遭受的外界不利条件消除后，能够改变自身的不利处境，摆脱弱势群体的地位。

三、弱势群体的救助

弱势群体的基本特征是经济利益的贫困性、生活质量的低层次性、承受能力的脆弱性和文化水平的低层次性。因此，需要对弱势群体进行救助，以帮助其维持正常的社会生活。对弱势群体的救助需要政府、社会和民众三方共同努力。主要途径有强化国家的主导作用、完善社会支持网络、激发弱势群体自强意识、畅通信息渠道等。我国对弱势群体的救助坚持党委领导、政府主导、社会参与的原则，加强弱势群体社会救助的各方面工作，从制度政策上不断完善对弱势群体的权益保护。我国不断提升对特殊弱势群体的民生保障和服务供给，改善弱势群体发展的支撑条件，保障弱势群体也能够共享国家经济、政治、文化、社会和生态各方面的建设成果，提升弱势群体的获得感。

弱势群体的救助以政府经济救济为主。中国政府高度重视对弱势群体的救助，将其作为维护社会公平、保障和促进人民发展的重要内容。我国在法治的框架下，对社会弱势群体的救助逐渐走上制度化和法制化的轨道。对弱势群体的救助，既有针对特定人群的法律法规，如对妇女、儿童、老年人和残疾人的专项立法；也有涵盖广义弱势群体的社会救助、社会保险和社会福利等综合性

---

① 万兰芳，向德平．精准扶贫方略下的农村弱势群体减贫研究［J］．中国农业大学学报（社会科学版），2016，33（5）：46-53.

的救助机制。在对弱势群体的救助中，弱势群体的健康管理、疾病救助也是重要的方面。健康管理能够帮助弱势群体购买健康管理服务，提升健康水平，降低医疗费用负担。

国内外常用最低生活保障、最低工资等措施来维持弱势群体的基本生活。社会保障制度是弱势群体救助的主要方式。社会保障制度可以从源头上减少焦虑，增强安全感，提升弱势群体的社会地位。对弱势群体救助应重视社会组织和心理因素的作用，将国家救助与个人发展相结合。谭兵分析了香港对弱势群体的救助现状①。香港弱势群体以老年人口为主，单亲及失业者和女性所占比例也较高。香港特区对弱势群体的救助主要有社会保障项目和社会服务两大部分。社会保障项目包括五项内容，分别是综合援助计划、公共福利金计划、暴力及执法伤亡赔偿计划、交通意外伤亡援助计划和紧急救济。社会服务主要有康复服务、安老服务、青少年服务等。此外，弱势群体救助具有两个鲜明特点，即竭力扶持非政府机构和建立社会援助的监督机制。

第二节　获得感的提出与价值

一、获得感产生的背景和依据

获得感是在我国推进全面深化改革的背景下提出的。我国处于全面深化改革的关键期，社会经济在取得高速发展的同时，也积累了大量矛盾，如居民收入差距过大、城乡二元分割严重、区域发展不平衡。在全面建设小康社会的历史阶段，中国社会在转型期面临许多矛盾，改革遇到许多新问题，民生领域发展出现许多不平衡不充分的矛盾。为解决这一问题，党中央在"十三五"规划中提出"创新、协调、绿色、开放、共享"的发展理念。共享发展理念，就是要使全体人民共享改革发展成果，提升获得感。因此，获得感的提出具有深刻的社会背景，是我国在全面深化改革、创新社会经济发展模式、实现共享发展的背景下提出的。获得感的提出，是马克思主义思想的实践要求，是对共产党执政规律认识深化的必然结果，是深刻认识新时代我国社会主要矛盾的价值遵

---

① 谭兵. 香港弱势群体、社会援助体制及启示 [A] //陈广汉，刘祖云，袁持平. 香港回归后社会经济发展的回顾与展望 [M]. 广州：中山大学出版社，2007：366-374.

循，也是全面深化改革宗旨的必然诉求①。

获得感的提出具有深厚的理论依据和坚实的现实基础②。一是获得感的提出，理论根源为马克思主义理论。马克思主义的目标是实现人类解放，中国共产党的执政目的就是为中国人民谋幸福。获得感的出发点是为了人民，是在马克思主义理论的指导下提出的。马克思主义的实践性、唯物史观、无产阶级立场、人民主体性和人类解放诉求等特征，都是获得感提出的理论依据。二是获得感的提出是社会转型过程中的现实需要。在社会转型期，各种矛盾凸显，通过全面深化改革进而在发展中补齐民生短板，提升人民的获得感，是政府风险管理和社会治理的重要内容。三是获得感是在共享改革成果的背景下提出的。获得感是主观期待与客观现实的比较，是劳动付出与收获的比较。从个体角度来说，如果个体的需求得到满足，得到与个体期待相符合的物质财富和精神财富，则获得感较高。从全体人民来看，改革发展成果实实在在提升了人们的生活质量，惠及人民群众的实际生活，则获得感较高。

二、获得感的萌芽

包容性发展的理念是获得感思想的初步体现。获得感与包容性发展存在共通之处，包容性发展为获得感提供了重要基础。推动包容性发展，能够为提升获得感提供经验参考。包容性发展是为了解决世界范围内的发展不平等问题而提出的。发展中国家在取得经济增长的同时，积累了大量的贫困人口。为了使经济增长能够惠及所有人群，国际组织持续推动的包容性发展倡议。包容性发展主要通过一系列包容性的制度设计和政策，为弱势群体及边缘群体提供更多的发展机遇和保障。世界银行提出，包容性发展保障社会所有成员平等地享有最基本的权利，所有成员特别是弱势群体的权益得到政府的保护。

在包容性发展中，弱势群体和贫困群体的权益是关注的重要内容。从包容性发展的倡议来看，以往包容性发展的经验，能够为提升获得感提供帮助。虽然包容性发展与获得感并非直接对应，但从关注对象和发展目标来看，二者具有较大的公约数③。一是在涉及对象上，二者具有较大的相似性。包容性发展强

① 田旭明．"让人民群众有更多获得感"的理论意涵与现实意蕴 [J]．马克思主义研究，2018（4）：71-79.
② 张明霞．人民群众获得感研究综述 [J]．西南石油大学学报（社会科学版），2020，22（2）：62-71.
③ 郑风田，陈思宇．获得感是社会发展最优衡量标准：兼评其与幸福感、包容性发展的区别与联系 [J]．人民论坛·学术前沿，2017（2）：6-17.

调促进所有人的平等发展，获得感强调提升全体人民的获得感。包容性发展特别关注弱势群体和边缘群体的发展保障，而获得感也特别强调弱势群体和贫困群体获得感的提升。二是二者的追求目标具有较大一致性。包容性发展和获得感针对社会经济发展中的不平衡、贫困和两极分化的问题，提出了让所有人都有机会参与发展进程，使发展成果为全体人民所共享。获得感比包容性发展更具针对性，符合中国特色社会主义的基本国情，更能反映出人民对美好生活的向往。

三、获得感的理论基础

马斯洛需求层次理论（Maslow's Hierarchy of Needs）对获得感的研究起到了理论指导作用。获得感与个体的需求密切相关，需求满足是获得感的重要内容。马斯洛需求层次理论认为，人类的需要按照从低到高，可分为五种，分别是生理需要、安全需要、归属与爱的需要、尊重需要和自我实现的需要。生理需要是指生存的需要，如食物、水、空气等基本生存条件。安全需要是指安全、稳定、有保障，免受恐惧和焦虑的需要。归属需要是人们与他人建立并保持情感联系的需要。尊重需要是人们维护自己或他人的尊严的需要。自我实现的需要是人们追求自身潜能充分实现的需要。获得感也体现了人们需要的满足，不论是物质方面还是精神方面，只有需要得到满足，才能产生获得感。当人们某一层级的需求得到满足时，便产生这一层级的获得感，以及向上一层级需要前进的内部动力。研究者根据马斯洛需求层次理论，将部分群体的获得感分为物质获得感（包含生理需要和安全需要）、职业认同（归属需要）、精神获得感（尊重需要和自我实现需要）。鄢霞的研究按照马斯洛需求层次理论的五种需要，将大学生获得感分为生理获得感、安全获得感、情感获得感、尊重获得感和自我实现获得感[1]。

社会比较理论（Social Comparison Theory）揭示获得感产生的重要心理过程。Festinger 于 1954 年提出社会比较理论，认为个体在缺乏客观条件的情况下，利用社会他人作为比较的参照对象，进行自我评价。人们都自觉或不自觉地想要知道自己在社会生活中的位置，自己的能力如何。个体在进行社会比较时，才能认识自己的能力和价值。社会比较可分为平行比较、上行比较和下行比

---

① 鄢霞. 当代大学生获得感研究 [J]. 广西青年干部学院学报，2019，29（3）：18-22.

较①。个体向上比较会降低获得感，即个体的参照对象高于自己的状况时获得感水平较低。当个体处于有利地位时，便会产生相对获得感。个体向下比较会提升获得感，个体的参照对象低于自身现实条件时获得感水平较高。在获得感的产生过程中，社会比较也不可或缺。外在社会发展成果，只有经过心理比较过程转化为主观认同，才能产生获得感。不同方向的社会比较，产生不同类型的获得感。在时间维度上与此前状况进行社会比较产生纵向获得感，在横向维度上与他人状况进行比较产生横向获得感。社会比较也包括个体期待与自我所得的比较。个体在向社会付出劳动的同时，社会也向个体回报一定的资源对个体进行认可和肯定。人们会将自己的付出与社会回报进行比较，使二者成正比，产生获得感。

自我决定理论（Self-Determination Theory）对获得感中个体的自我努力进行了阐释。自我决定理论是美国心理学家 Deci E. L. 和 Ryan R. M. 等人提出的一种关于人类自我决定行为的动机过程理论②。该理论认为个体是积极的有机体，具有先天的心理成长和发展的潜能。自我决定的潜能引导人们从事感兴趣、对个体能力发展有益的行为。这种对自我的决定是人们行为的主要动机，驱力、内在需要和情绪是自我决定行为的动机来源。自我决定理论将个体的行为分为自我决定的行为和非自我决定的行为。两种行为具有不同的信息加工模式。自我决定的行为能够灵活主动地控制自己与环境之间的相互作用，基于个体的需要自由选择行为。获得感是一种自我决定的行为，受到个体意识的控制。董洪杰等人研究认为，个体的能动性是获得感产生的主要途径，个体追求需要满足主要是通过自身努力和付出③。获得感的实现过程受到个体动机和需要的影响。在获得感的实现过程中，个体的自我努力起到了主要作用。获得感是在个体需要得以满足的基础上产生的，先有获得后有获得感。但获得不是被动等待和自动得到，而是需要个体积极参与，投入时间和精力，付出一定努力。个体的自我在获得感的产生过程中起到了能动作用。人们在从事某一活动时，如果认为该活动与自身有密切的联系，自我评价较高，则会产生高强度的内在动机。个体对某一活动的投入越多，所产生的获得感越强。

---

① 邢淑芬，俞国良. 社会比较研究的现状与发展趋势 [J]. 心理科学进展，2005（1）：78-84.

② DECI E L, RYAN R M. Self-Determination Theory: A Macrotheory of Human Motivation, Development, and Health [J]. *Canadian Psychology*, 2008, 49 (3): 182-185.

③ 董洪杰，谭旭运，豆雪姣，等. 中国人获得感的结构研究 [J]. 心理学探新，2019, 39 (5): 468-473.

四、获得感的提出与演变

自改革开放以来，我国社会经济发展取得举世瞩目的成就，人民的生活水平得到大幅度提高。但社会生活中出现的分配不公、贫富差距拉大、贪污腐败、好逸恶劳等现象，严重消减了人们对于改革开放成就的可观感、认可和支持。因此，为了让人民群众能够共享改革发展成果，习近平首次提出"让人民对改革有更多获得感"。获得感的提出既满足了社会需求，也贴合理论需要，迅速成为研究热点。2015年2月27日，习近平总书记在党中央全面深化改革领导小组会议上指出，要科学统筹各项改革任务，协调抓好党的十八届三中、四中全会改革举措，在法治下推进改革、在改革中完善法治，突出重点，对准焦距，找准穴位，击中要害，推出一批叫得响、立得住、群众认可的硬招实招，处理好改革"最先一公里"和"最后一公里"的关系，突破"中梗阻"，防止不作为，把改革方案的含金量充分展示出来，让人民群众有更多获得感。"获得感"一词首次出现在人们的视野之中。到2015年10月召开的党的十八届五中全会上，党中央正式提出坚持共享的发展理念，使全体人民在共建共享发展中有更多获得感。在2017年召开的党的十九大中，再次强调要使人民的获得感、幸福感和安全感更加充实、更有保障和更可持续。大会通过的党章修正案决议，将不断增强人民群众获得感写入其中。

获得感最初作为评价改革成效的标准之一，因改革而生。获得感又因改革的推动作用而逐渐扩展为社会主义建设的总目标之一，即努力提升人民群众的获得感、幸福感和安全感。获得感的地位和重要性不断得到提升，人们对获得感的认识也不断深化。随着人们对获得感的认可，获得感逐渐与我国全面建设小康社会的评价、推进社会主义现代化的宏伟蓝图紧密结合起来。获得感从民生治理概念逐渐提升为以人民为中心的执政理念。获得感成为习近平新时代中国特色社会主义思想的重要组成部分。这一变化反映出获得感这一概念的提出，具有高度的战略价值和高瞻远瞩的战略思维。

五、获得感的价值

习近平总书记指出，应把是否促进社会经济发展、是否给人民带来实实在在的获得感，作为改革成效的评价标准。获得感是衡量社会发展的最优标准，获得感是改革的评价标准和价值归宿。获得感在体现以人民为中心思想、评价改革成效、体现新时代特点、彰显治国理政能力、评价脱贫攻坚成效、评价物质财富的心理感受等方面具有重要价值①。

（一）获得感是以人民为中心思想的重要表现

获得感作为一个极具特殊政治意义的民生概念，反映了马克思主义政党治国理政的价值取向。齐卫平认为，提升全体人民的获得感，是马克思主义政党先进性的本质体现，是社会主义制度的优势所在，是中国共产党执政的价值诉求，是中国特色社会主义事业成功的经验证明②。获得感体现了中国共产党执政之基，是国家的宝贵财富。获得感的提出，彰显出以人民为中心的发展理念。提升全体人民的获得感，有助于提升党的执政能力和公信力，坚定人民的道路自信，促进良好社会心态的形成。获得感是社会主义实现共同富裕的本质特征，是对人民全面发展理想实现程度的实际测量。获得感是中国特色社会主义事业发展和改革开放实践的产物，也是人民群众对于自己在社会经济发展进程中所得所获的主观感知。获得感是中国特色社会主义客观实践与人民群众主观认识的有机结合。在小康社会从总体实现到全面建成的发展过程中，获得感是关键助推力。获得感也是党群关系持续向好发展的重要催化剂，是新时代维护国家长治久安的稳定性因素。

（二）获得感是评价改革发展成果的重要指标

评价改革发展成果是获得感提出的初衷。获得感在改革开放与人民幸福之间起到了联结作用。获得感与改革密不可分，获得感孕育于改革，因改革而生，又评价和影响改革。我国改革开放作为社会发展的主要动力，也要有评价标准。采用何种标准来评价改革开放的具体措施和成效，是我国改革开放过程中面临的重大理论和实践问题。改革开放的评价标准，要有利于坚持改革的方向，促进改革的顺利深入推进。因此，习近平总书记提出将获得感作为改革成效的评价标准。获得感的提出，明确了改革发展的目标和落脚点，同时，获得感也成为衡量改革发展质量的标准。能否带来获得感，是评价改革成效的标准之一。获得感有效拓展了改革评价指标，打破了一些地方"唯GDP论英雄"的片面思路。获得感的评价指标与我国全面建成小康社会、加快建设社会主义现代化的宏伟蓝图密切结合。

改革要有利于增强获得感。获得感明确了改革的中心目标。获得感从改革

---

① 田旭明．"让人民群众有更多获得感"的理论意涵与现实意蕴［J］．马克思主义研究，2018（4）：71-79.

② 齐卫平．论党治国理政能力与公众获得感的内在统一［J］．人民论坛·学术前沿，2017（2）：29-39.

的优先次序、改革的含金量和改革的目标三个层面对全面深化改革起到推动作用。全面深化改革要力求扩大和增加人民福祉，推动社会不断发展进步。获得感将人民群众作为改革的评价主体，评价的内容是实实在在的客观获得，评价的标准是主观感受。获得感的提出，使得人民在经济社会发展和全面深化改革中所得到的实惠能够进行主观和客观的衡量。主观指标通过感知来体现，客观指标是以真实调查数据来表示。如对个体的收入而言，个体收入的具体数目是客观测量指标，个体对收入的满意度是主观评价指标。在评价改革成效时，客观指标和主观指标都不可或缺。王浦劬和季程远分析认为，获得感是党领导人民有效治理国家、坚持以经济建设为中心、深化改革、实现社会公平正义的主客观指标①。在评价改革成效，全面建设小康社会过程中，要改变单纯从供给方进行评价的片面性，不仅要看"给予了多少"，还要从得到方进行评价，看人民群众真正得到了多少。在展示客观的数字时，还要突出发展的质量，体现出人文关怀。获得感作为一种主观指标，也能够评价改革政策的效果。王艳和陈丽霖提出以政策获得感作为政策评价标准②。政策获得感包含权利获得感、服务获得感、利益获得感和价值获得感，评价政策的内容、执行、效果与价值。政策获得感可以将政策供给和政策需求建立有机联系，避免政策供给与需求之间的不匹配。

（三）获得感反映了新时代的特点

获得感的评价标准具有时代性。在改革开放初期，邓小平同志提出"三个有利于"作为判断改革成效的标准。随着改革开放的不断深入，面临的新问题和新情况不同，发展的重点不同，评价标准也在与时俱进。在新时代，改革开放面临着新的问题，为适应全面深化改革、经济发展新常态的形势，习近平同志提出"把是否促进经济社会发展、是否给人民群众带来实实在在的获得感，作为改革成效的评价标准"。"两个是否"标准的提出，是对"三个有利于"标准的新发展。经济社会发展是检验改革成效的重要标准，改革的重要目标是提高全体人民的生活水平。人民群众是改革开放的参与者和受益者，人民群众的获得感是改革的目的，也是检验改革成效的标准。获得感的提出体现了理论逻

---

① 王浦劬，季程远. 新时代国家治理的良政基准与善治标尺：人民获得感的意蕴和量度 [J]. 中国行政管理，2018（1）：6-12.

② 王艳，陈丽霖. 政策获得感的内涵、分析框架与运用：以三台山德昂族乡实证分析为例 [J]. 云南行政学院学报，2020，22（4）：147-156.

辑、历史逻辑和现实逻辑的高度统一①。在理论逻辑上，获得感是对马克思人民主体思想的继承和发展。在历史逻辑上，注重提升获得感是党的优良传统。在现实逻辑上，提升获得感是全面深化改革的应有之义。

（四）获得感是治国理政能力的典型彰显

在中国特色社会主义制度下，党、国家和人民的利益具有高度的一致性。这种利益一致要求中国共产党执政诉求与公众获得感相统一，要求中国共产党治国理政实践对接公众获得感的内在要求。获得感是在我国全面深化改革的环境中，党落实以人民为中心的执政理念的表现。从评价角度来看，党治国理政的成效，要以公众有没有获得感、获得感有没有得到提升为标准。获得感是全体人民的获得感，蕴含着丰富的人民性思想。提升获得感有助于推进国家治理体系和治理能力现代化，也是习近平新时代中国特色社会主义思想在社会实践中要解决的理论问题和实践问题。要满足人民多层次多样化的需求，让人民群众产生更多获得感，就要提升社会治理水平。

获得感在促进民生公共服务均等化方面也发挥了重要作用②。目前我国基本公共服务均等化方面存在不充分的现象，对特殊性公共服务需求重视不足，民生性公共服务供给不足。并且基本公共服务还存在均衡性不足的问题，地区间民生类公共服务差距较大，城乡基本公共服务的差距较大，并且差距的改善进度较慢。这些因素制约了居民获得感的提升。在实现基本公共服务均等化目标的过程中，要通过缩小财力投入差距、基本公共服务差距逐步实现人民获得感的最大化，以实现人民的获得感为目标来促进基本公共服务的均等化。

（五）获得感是评价脱贫成效的重要指标

党的十九大报告指出："深入开展脱贫攻坚，保证全体人民在共建共享发展中有更多获得感。"③ 在脱贫攻坚中，获得感也是重要方面。获得感是精准扶贫的最终目标，是检验精准扶贫成效的试金石。获得感较为精准地描述了精准扶贫措施为扶贫对象带来的主观满足感，具有独特的政治、经济、社会与心理内涵。李丹等人认为，贫困地区贫困人口的获得感是检验贫困地区精准扶贫政策实施成效的人本指标，有助于完善脱贫攻坚的绩效评价指标，同时也能够使脱

---

① 潘建红，杨利利．习近平"人民获得感思想"的逻辑与实践指向 [J]．学习与实践，2018（2）：5-12．

② 缪小林，张蓉，于洋航．基本公共服务均等化治理：从"缩小地区间财力差距"到"提升人民群众获得感" [J]．中国行政管理，2020（2）：67-71．

③ 习近平．决胜全面建成小康社会，夺取新时代中国特色社会主义伟大胜利：在中国共产党第十九次全国代表大会上的报告 [N]．人民日报，2017-10-28（1）．

贫重点从物质层面和经济层面上升到精神层面与心理层面[①]。其研究认为，贫困群体的获得感可分为物质获得感、安全获得感、公平获得感、能力获得感和尊严获得感。并分别用经济收入、住房、扶贫实物资料的获取来测量物质获得感；用社会保障参与情况、贫困人口是否担心返贫来测量贫困人口的安全获得感；用贫困户的精准识别来测量公平获得感；用精准扶贫中贫困人口能否客观积极地认识自我的贫困状况、主动参加扶贫项目、降低对政府的依赖性、提升自我发展意识与行动来测量尊严获得感；用劳动技能的学习和应用来测量能力获得感。

（六）获得感能够评价对物质财富的心理感受

获得感在评价人们对物质财富的心理感受上也具有重要价值。阿玛蒂亚·森的可行能力理论认为，评价生活水平不应该仅去看个体所拥有的物质层面的福利，更应该关注非物质层面的福利。单纯依靠经济指标难以全面衡量生活水平的高低。杨伟荣和张方玉研究认为，一部分人的价值观产生了裂变，由对物质价值的合理重视异化为对物质利益的疯狂追逐[②]。欲望的洪流不仅涌向物质领域，也侵入精神世界。有钱人越来越多，抑郁症患者也越来越多。人们的生活水平在不断提高，但人们的幸福感没有相应提高。幸福感的作用局限性凸显出来，而获得感则能够反映出人们心理状态的特性。

六、常见的获得感形态

（一）公共服务获得感

公共服务获得感的研究主要包括概念内涵、影响因素、现状和提升策略等。首先，公共服务获得感的概念界定主要从公共资源享受的角度进行。公共服务获得感是指居民在获取公共服务的过程中，对于公共服务资源提供的充足性、资源获取的便利性、资源分布的均衡性、资源共享的普惠性等方面实实在在的成效感知[③]。其次，公共服务获得感主要受公共服务的影响。公共服务是获得感首先涉及的领域，民生领域的获得感主要来源于公共服务。公共服务包括公共教育、医疗卫生、住房保障、社会保障和政务管理等领域。公共服务的内容和

① 李丹，杨璐，何泽川. 精准扶贫背景下西南民族地区贫困人口获得感调查研究 [J]. 四川大学学报（哲学社会科学版），2018（3）：57-62.
② 杨伟荣，张方玉. "获得感" 的价值彰显 [J]. 重庆社会科学，2016（11）：69-74.
③ 李斌，张贵生. 居住空间与公共服务差异化：城市居民公共服务获得感研究 [J]. 理论学刊，2018（1）：99-108.

质量对公共服务获得感具有直接的决定作用。再次，公共服务呈现"逆龄化"的特点。刘蓉等研究发现，基本公共服务获得感具有"逆龄化"的趋势，青年群体的公共服务获得感低于中年群体和老年群体，中年群体的公共服务获得感又低于老年群体①。最后，提升公共服务获得感，要从公共服务入手。廖福崇研究发现，政府的财政投入能够直接提升公共服务的质量，进而提升公共服务获得感②。公共服务的均等化，能够缓解收入差距和发展差距带来的不平等感和相对被剥夺感，也有助于提升获得感。在公共服务供给中实行分类供给，提供精准化的公共服务，提升获得感。

（二）政治获得感

政治获得感是公众在政治生活中的主观心理感知，反映出公众对政治生活的认同感和满意度③。政治获得感根据影响范围，分为宏观层面、中观层面和微观层面。宏观层面的政治获得感指政治生活环境、政治系统形态、政治权力配置、政治运行过程和政治演变发展等内容。宏观政治获得感可总括为国家政治系统的获得感。宏观层面的获得感以国家认同为测量指标。国家认同是公众对自己国家的主权、文化、政治和价值观的认可程度。国家认同获得感是公众感知到国家是可靠可信的，自己为作为国家的公民感到自豪。国家认同获得感包括三个方面，一是公民身份的认同，二是民族认同，三是政治认同。

中观层面的政治获得感，主要表现为政府的权力运行，政府在权力运行的规范性、正义性和服务性等核心价值理念上的表现。中观层面的获得感以正风反腐为测量指标。正风反腐包含反腐落实感知、政府透明度、政府信任度三个二级指标。

在微观层面，政治获得感是指公民拥有政治参与、参政议政、监督政府的权利，以及维护自身合法权益的权利。在这三个层面中，微观层面的政治获得感与个体自身直接相关，主观感受更为明显。微观层面的获得感以政治参与为测量指标。政治参与分为有序政治参与和无序政治参与两类。政治参与获得感包括选举参与、监督参与、个别接触、诉诸媒体、提起诉讼等有序参与，也包括群众聚集、联名请愿等无序参与。经过因素分析，基本验证了政治获得感的

① 刘蓉，晋晓姝，李明. 基本公共服务获得感"逆龄化"分布与资源配置优化：基于社会代际关系差异的视角 [J]. 经济研究参考，2022（12）：94-112.

② 廖福崇. 公共服务质量与公民获得感：基于 CFPS 面板数据的统计分析 [J]. 重庆社会科学，2020（2）：115-128.

③ 文宏. 政治获得感评价指标体系与地区比较实证研究：基于因子分析和聚类分析 [J]. 经济社会体制比较，2020（3）：96-106.

结构维度和测量指标。在政治获得感的各维度中，有序政治参与对政治获得感的影响最大。政治获得感受到政府行为和工作效果差异的影响，但与经济发展水平和地域分布没有显著的关联。

（三）文化获得感

文化获得感的主要研究内容有概念维度、测量指标和影响因素。在概念维度上，公共文化服务获得感是获得感的重要内容，反映了人们对政府提供的公共资源的享用程度①。在测量指标上，研究者从相关文献中总结了文化获得感的项目，并进行了维度划分。公共文化服务获得感包含四个维度，分别是基础设施层面、文化内容层面、外部支持因素和人才队伍建设。基础设施层面主要包括公共文化服务的场所、位置、环境质量、器械和交通便利性等因素。文化内容层面包括文化内容的齐全程度、形式的多样化、内容的更新快慢和地方特性等因素。外部支持因素包括设施维修的及时程度、政府回应的及时程度、政策与法律的配套保障程度等。人才队伍层面包括工作人员的数量、个人综合素质、专业素质能力和个性化服务等因素。还有研究者探索了公共文化获得感中的公共数字文化服务获得感，并将其分为文化成就获得感、文化公平获得感、文化生活满意度和文化保障获得感四个维度。在影响因素上，公共文化服务可及性对文化获得感具有显著影响。改善公共文化的基础服务与提升服务保障，有助于增强获得感。

（四）医疗服务获得感

医疗服务获得感是人们获得感的重要组成部分。身体健康是人们享用其他社会服务和资源的前提和基本条件，特别是新冠疫情发生后，人们对身体健康越来越重视。如果身体健康受到损害，健康水平下降，又可能影响人们参与社会建设和个人发展活动。医疗服务是维护身体健康的重要条件，医疗服务获得感的重要性不断凸显。

医疗服务获得感是指在医疗改革进程中，民众作为医疗服务的接受方对整个医疗体系所提供的各种医疗服务的主观感受②。医疗服务涉及宏观和微观两个层面。宏观层面包括医疗保障及相关医疗制度政策。微观层面指患者在就医过程中体验到的因素，包括医疗环境、医疗设备、医疗技术和管理人员等。吕小

---

① 熊文靓，王素芳. 公共文化服务的公众获得感测度与提升研究：以辽宁为例 [J]. 图书馆论坛，2020，40（2）：45-55.

② 吕小康，张子睿. 中国民众的医疗获得感及其影响因素 [J]. 西北师大学报（社会科学版），2020，57（1）：99-105.

康和张子睿对我国民众的医疗获得感和影响因素进行数据分析，通过广义多层线性模型研究分析个体层面和省级层面民众的医疗获得感。研究发现，个体层面的医疗机构类型、医疗费用、医疗成效和主观感知中的医患信任、主观社会地位对医疗获得感均有积极的预测作用，个体层面的实际获得有利于提升医疗获得感。在省级层面，优质医疗资源的丰富性有利于医疗获得感的提升，但整体省级医疗投入对居民的获得感影响作用不显著。

另外，研究者针对特定的研究需求，提出了特定领域的获得感。钱力和倪修凤提出了扶贫政策的获得感，用来测量贫困人口对扶贫政策的评价①。贫困人口的多层次需求得到满足，有利于扶贫政策获得感的提升。对农民工获得感的研究也是一个重要方面。唐有财和符平研究了农民工的获得感②。研究认为，农民工的获得感主要体现为农民工在城市工作和生活中遇到困难时能够得到及时和有效的帮助。对于获得感，采用一个问题"当您遇到困难的时候，以下单位或组织对您的帮助程度"来测量，测量来自政府部门、私人关系网络、社会力量的帮助程度等。杨金龙和张士海构建了农民工工作获得感，针对农民工这一特殊群体，构建工作获得感的理论和结构③。研究将农民工获得感分为五个维度，分别是工作收入、工作安全、工作环境、工作时间和工作晋升。朱平利和刘娇阳对员工的工作获得感进行了探索分析④。工作获得感是工作群体在工作中的利益获得，不仅影响到个体的工作行为和就业稳定性，也体现了社会分配的公平公正。员工的工作获得感包括工作尊严感、薪酬满足感、能力提升感和职业憧憬四个维度。崔友兴分析了乡村教师的获得感，认为乡村教师的获得感是指乡村教师在获得与自身存在和发展有关的物质资源与发展资源的基础上产生的积极主观体验⑤。获得感反映了乡村教师对自身角色身份的认同，对自我职业效能的体验，对自身存在价值与意义的体验。

---

① 钱力，倪修凤. 贫困人口扶贫政策获得感评价与提升路径研究：以马斯洛需求层次理论为视角［J］. 人文地理，2020，35（6）：106-114.
② 唐有财，符平. 获得感、政治信任与农民工的权益表达倾向［J］. 社会科学，2017（11）：67-79.
③ 杨金龙，张士海. 中国人民获得感的综合社会调查数据的分析［J］. 马克思主义研究，2019（3）：102-112，160.
④ 朱平利，刘娇阳. 员工工作获得感：结构、测量、前因与后果［J］. 中国人力资源开发，2020，37（7）：65-83.
⑤ 崔友兴. 新时代乡村教师获得感的内涵、构成与价值［J］. 当代教育与文化，2020，12（2）：84-89.

第三节 获得感的概念与特征

获得感具有较强的中国特色和时代特色，体现了中国国情。在国外社会科学研究中并无直接与获得感对应的概念。2015 年 12 月，语言文字期刊《咬文嚼字》上公布的 2015 年度"十大流行语"中，"获得感"荣居榜首。2016 年 5 月 31 日，教育部、国家语委发布的《中国语言生活状况报告（2016）》中，"获得感"入选十大新词。这些彰显了"获得感"在人民群众中具有很高的热度。这表明"获得感"这一术语得到了社会各界的广泛认可。在获得感的概念界定方面，虽然学术界还没有达成共识，但呈现出各具特色、主客观并重的特点。从获得感作为一种个体心理对客观物质的反映的角度进行界定，是获得感概念界定的主流。

一、从主客观相结合角度对获得感的界定

以主客观相结合角度来看，获得感包含实际得到和心理感受两个方面。王思斌认为，获得感是人们在获得价值物的基础上，对价值物和获得过程意义的主观积极评价[1]。获得感是实际获得和主观感受的统一。宁文英和吴满意研究认为，获得感是"获得"和"感"的动态过程和情感升华的有机叠加过程[2]。获得感是主体的积极获取和价值物的效用体现的统一。"获得""实际得到"是感受产生的基本前提和准备状态，"感"是获得的结果状态和情感升华。

获得感具有精神和物质的双重性质。没有获得的物质基础，就没有"感"的生成；没有"感"的提升，获得就失去了意义。获得感是因物质层面和精神层面的获得而产生的满足感，包括物质和精神两个层面的含义。获得感是人们在实际获得收益基础上的一种积极的主观感受。获得感是一种因客观获得而产生的主观感受，既有客观性，也有主观性。如果将获得感分开来看，"获"强调人们分享改革红利的基本过程，"得"强调人们取得实际收益的客观结果，"感"则强调人们对客观收益的主观感受。获得感是由客观获得与主观感受构

---

① 王思斌. 获得感结构及贫弱群体获得感的优先满足 [J]. 中国社会工作，2018（13）：62.

② 宁文英，吴满意. 思想政治教育获得感：概念、生成与结构分析 [J]. 思想教育研究，2018（9）：26—30.

成的。

获得感包含了物质根源和心理根源。获得感的物质根源是影响人们产生获得感的各种客观条件与环境，包括政治、经济、社会、文化和环境因素。获得感的心理根源是影响人们对自身各方面获得状态进行评价的个体心理因素，如动机、情感、行为和认知。获得感是一种收益感，是主体在得到某种利益之后内心世界所产生的满足感，这种满足感反映了主观期望与客观供给之间的匹配程度。

二、从时代背景角度对获得感的界定

获得感是时代特色鲜明的概念，要从提出的时代背景方面进行界定。获得感的产生也离不开自身所处的时代环境。有研究者从获得感的产生背景出发，从文明视域分析获得感的内涵①。获得感主要是"五位一体"总体布局建设方面的获得感，每个方面各具特点。物质文明获得感强调发展成果的共享性，精神文明获得感强调精神状态上的满足感和成就感，政治文明获得感侧重于权利平等和社会公平正义，生态文明获得感侧重对良好生态环境的享用。吕小康等人认为，获得感是在当前中国全面深化改革的基本社会背景下，人民群众尤其是底层民众对改革发展带来的物质利益与基本权益的普惠性的主观体验②。这种主观体验具有社会存在的客观基础，即改革发展所带来的成果。获得感也具有心理基础，即不同群体和个体受到社会心理机制的调节对改革发展成果产生的不同获得体验。其研究将获得感分为个人获得感、社会安全感、社会公正感和政府工作满意度四个方面。这种分类也容易受到质疑：获得感与安全感、公正感是不同的概念，将安全感和公正感包含进获得感中，混淆了获得感的概念；获得感与工作满意度也存在差异，也容易造成概念混淆。

三、从社会比较角度对获得感的界定

研究者从获得感的产生过程进行概念界定。获得感产生于预期获得与实际付出的社会比较中。金伟和陶砥研究认为，获得感是主体以获得现实利益为基础，对所获得权益与自身预期进行社会比较后产生的主观感受，社会比较是获

① 郑玉霞. 获得感及其价值意蕴探析 [D]. 西安：陕西师范大学，2017.
② 吕小康，黄妍. 如何测量"获得感"——以中国社会状况综合调查（CSS）数据为例 [J]. 西北师大学报（社会科学版），2018，55（5）：46-52.

得感产生的核心过程①。获得感是人们自身通过劳动获得的实实在在的利益与其劳动价值相统一的程度。获得感从字面来看，是个复合词，包含"获得"与"感"，是指得到后产生的感觉。获得感是人们的利益得到维护和实现后产生的一种实实在在的满足感和成就感，涉及政治、经济、文化、教育、医疗、环境和安全等方面。获得感由获得和感两个含义汇合而成。"感"是一个中心成分，是个体的一种主观体验，指的是人受到客观或主观的触动和刺激而产生的感觉。主观体验是个体能够有效感知到实际获得，并且所得和预期基本符合，从而产生了价值认同。有实际获得的前提，才能产生切实的获得感受。

四、获得感的内涵

获得感具有丰富的内涵。王浦劬和季程远在中国特色社会主义发展的主客观相关要素有机结合基础上，归纳了获得感的四点基本内涵②。第一，获得感是我国改革开放事业的产物，用来评价改革成果的共享程度。获得感是衡量改革成效的标准，彰显着改革方案的时效性和价值量，获得感也是评定改革次序优先性的依据。第二，获得感是我国经济社会诸多方面发展的结果。人们的获得感是在发展中形成、实现和提升的，社会经济发展最终必然现实地转化为人民群众的获得感。第三，获得感是社会公平正义价值取向的现实彰显。第四，获得感是人民群众在社会发展中对收益的积极考量。在对获得感的内涵进行阐释后，研究者认为获得感既与改革客观实践和成果高度相关，又与社会公正和人民收益等主观感知紧密联系。因此，获得感是多元利益主体在改革和发展客观过程中对自身实际所得的主观评价。

获得感具有情绪体验的属性。获得感的情绪体验有喜悦、满足、荣誉、自豪、愉悦和尊严等感受。获得感是习得、取得和赢得的含义，既是一种动作，也是一种状态。获得感是由于取得收获成果而产生的一种满足的情绪和情感的愉悦体验，是由实在性得到而产生的感觉。陈沛然认为获得感是个体或群体在实际付出与收获的动态过程中产生的一种主观认知的积极情绪体验③。人们通过自己的劳动在社会中得到合情合理的收获，分配公平，这样获得感才能得到提

---

① 金伟，陶砥. 新时代民生建设的旨归：增强群众获得感、幸福感与安全感 [J]. 湖北社会科学，2018（5）：153-157.
② 王浦劬，季程远. 新时代国家治理的良政基准与善治标尺：人民获得感的意蕴和量度 [J]. 中国行政管理，2018（1）：6-12.
③ 陈沛然. 员工获得感及其镜像研究的管理启示 [J]. 甘肃社会科学，2020（3）：208-214.

升。获得感来源于获得与付出的比较，体现出人们付出努力与得到回报之间的对应关系。获得感又是一种动态感知的过程，个体的劳动技能在提升，劳动付出和收获也在不断增加，因而获得感是一个不断提升的动态过程。在获得感的产生过程中，个体在社会中感知到付出与收获的匹配，体验到社会公平和公正，产生积极的情绪体验。如果社会氛围中缺乏公平正义，付出与回报不成正比，则会直接削减人们的获得感，产生相对被剥夺感。彭文波等人从获得感的产生过程出发，认为获得感是个体在得到某种利益之后，内心深处所产生的一系列主观感受，是一种满足和愉悦的积极情绪体验，这种体验产生的前提是切实得到①。熊文靓和王素芳认为获得感是个体通过接受某项服务获得身体上的满足或心理上的愉悦②。

五、获得感的特征

从获得感的提出和本质来看，获得感具有时代性、真实性、综合性、差异性和提升性等特征。这些特征从切实体验、多样需求、个体差异和动态发展等方面反映获得感的实质。获得感既包括有形物质产生的体验，也包括无形感官得到的体验。

第一，获得感具有时代性。人民群众的诉求反映并受制于时代的特点。不同的时代具有各自独特的诉求，这些诉求决定了时代需求、发展方向和现实任务。人民群众的获得感在不同时代也有不同的体现。获得感体现了新时代中国特色社会主义的特点，反映了人民群众在社会生活各方面的需求特征。获得感随时代更迭而变化。在物质资料比较匮乏的阶段，解决温饱问题成为人民的迫切需求，吃饱穿暖成为获得感的典型体现。在物质资料比较丰富、全面建设小康社会的阶段，获得感体现为人们追求更高质量、更高效率、更加公平和可持续的发展水平，追求发展成果更多更公平地惠及全体人民③。获得感的概念是习近平新时代中国特色社会主义思想的重要组成部分。这一概念蕴含中国特色，是新时代以人民为中心的发展理念的典型体现。

第二，获得感具有真实性。获得感的产生，需要具有真实的物质体验，具

① 彭文波，吴霞，谭小莉．获得感：概念、机制与统计测量 [J]．重庆师范大学学报（社会科学版），2020（2）：92-100.
② 熊文靓，王素芳．公共文化服务的公众获得感测度与提升研究：以辽宁为例 [J]．图书馆论坛，2020，40（2）：45-55.
③ 田旭明．"让人民群众有更多获得感"的理论意涵与现实意蕴 [J]．马克思主义研究，2018（4）：71-79.

备实实在在的物质基础。获得感要求得到实际的物质或精神满足并且被个体所体验到。获得感在本质上是主观的社会体验，内容丰富。获得感不能凭空产生，需要有客观实在。获得感应是实实在在、真真切切的，并非口号、数据和目标。

第三，获得感的内容具有综合性。人们的生活需求具有多样性。满足多层次需求就要求获得感的内容丰富多样，包含个体需求的不同层次。随着社会经济的发展，更高质量的生活替代温饱成为人们的追求目标。获得感的边界逐渐扩展，不仅产生了收入和公共服务的需求，也产生了政治权利和参加经济社会活动的需求[1]。获得感不仅包括物质方面，也包括精神方面，如理想、信仰、道德、伦理和艺术等。如果仅注重物质的获得感而忽略精神方面，就会导致内心空虚、理想信念缺失。只有坚持物质获得感和精神获得感的内在和谐统一，才能体现人们的生存价值和追求，体现人的主体性。党的十八大提出中国特色社会主义的"五位一体"总体建设，全面推进经济建设、政治建设、社会建设、文化建设和生态文明建设。获得感的内容也体现在"五位一体"建设中，因而包含丰富的内容。

第四，获得感存在差异性。由于个体差异及个体需求的不同，不仅获得感的水平存在差异，并且获得感与物质获得之间也存在差异。实际得到的利益与获得感的高低并非线性增长的关系，而是非线性的关系。获得感作为一种心理感受，存在边际效应和临界点效应。边际效应是指随着人们所得到利益的增加，获得感反而会逐渐减弱。临界点效应是指人们的获得感随着实际获得的增加而提升，当实际获得达到一个相对顶点后，实际获得的增加反而会导致获得感的减弱[2]。

根据获得主体不同、获得价值物的过程不同，人们的获得感也存在差异。相同的价值物，在不同的人面前其价值就存在差异。不同社会成员对某价值物的匮乏程度不同，那么获取等量价值物而产生的获得感也不同。对于缺乏生活必需品的社会成员，生活必需品的获得能够较大提升获得感。而生活资源比较丰裕的社会成员，并不缺乏这些生活必需品，难以产生相同程度的获得感。

第五，获得感具有提升性。获得感是动态发展的，人民对获得感具有提升的渴望。改革方面的成果在不断增加，人们的获得感也需要不断进行提升。并且个体需求的满足具有增长性，随着需求的满足，新的需求和更高水平的需求

① 黄艳敏，张文娟，赵娟霞. 实际获得、公平认知与居民获得感 [J]. 现代经济探讨，2017（11）：1-10，59.

② 彭文波，吴霞，谭小莉. 获得感：概念、机制与统计测量 [J]. 重庆师范大学学报（社会科学版），2020（2）：92-100.

不断出现。这些因素使得人们的获得感具有不断提升的要求。提升获得感不仅是提升当下的获得感，还包括未来的获得感能够得到保障和提升。获得感不但要立足当下，还要着眼长远，具有持续的提升性。

六、获得感的英文术语

由于获得感是一个中国特色的概念，没有与之对应的英文概念。国外没有"获得感"这一术语，但获得感的提出背景、内涵、价值意义、现实表现与减少贫困、缓解两极分化、提高公民生活质量、促进社会公平正义等改革发展措施有一定的相似性。获得感与欧美研究常使用的"生活质量""幸福感"等术语有一定的相似之处。

研究者在翻译"获得感"时，常用的英文术语有 the sense of obtain, gain sense, sense of acquired 等，还有 attain 和 achieve。每一种翻译均有不同的研究者在使用。翻译"获得感"常用的这几个英文单词，都有获得、得到的意思。但仔细辨析，attain 一般用于达到了某种共识，achieve 后面一般连接抽象的词语，与获得感的含义稍有差异。与获得感比较相近的是 acquired, gain 和 obtain。其中，gain 经常用于"no pain, no gain"，强调获得胜利、得到收益、得到好处。"获得"的英文单词"gain"在《朗文字典》里的解释是"to obtain or achieve something you want or need"或者"to gradually get more and more of a quality, feeling etc, especially a useful or valuable one"。"gain"做名词有利益的意思，表示得到自己所需或有价值之物，对通过努力获得的意思体现较弱；"obtain"表示获取和得到，通过一定的努力获得，"acquired"表示已经得到的、后天习得的。从"获得感是通过一定努力来产生的"这一本质来看，obtain 更符合获得感的本质特征。

获得感的概念界定丰富多彩，呈现出多科学、多角度的特征。这种现象反映了研究者对获得感的研究兴趣，也体现了研究者迅速回应社会关切、厘清社会热点问题的社会责任。目前虽没有公认的获得感的概念，但研究者对获得感的概念探索，为人们深入了解获得感的本质特点提供了基础和参考，有助于对获得感的系统化研究。

第四节　获得感与相关概念

与获得感联系最为密切的当属幸福感，其次是满意度。获得感与幸福感和满意度既存在联系也存在差异。

一、获得感与幸福感

获得感与幸福感既有联系又存在着区别。二者的联系体现在两个方面。一是在概念内涵上。获得感和幸福感都是基于价值判断而产生的积极情绪体验，反映了个体的愉悦、满足的心理状态，具有较强的主观性。主观幸福感是个体对生理状况、心理感受、社会能力以及整体生活的综合认知和判断，具有主观性、积极性和综合性的特征，包括正向情绪、负向情绪和总体生活满意度。获得感与幸福感或主观幸福感在概念上的相似性，容易使人们将二者混用。例如王积超和闫威就认为，获得感是在社会运行中人们的利益得到维护和实现时，进而产生的个体对自身生存和发展状况的满足感、成就感和主观幸福感[①]。这种界定将获得感作为一种主观幸福感。二是在目标实现上。获得感的提出，也将幸福感落到了实处，是对幸福感的进一步深化。获得感主要应用在人们共享改革进程后产生的幸福感方面。在获得感提出之前，获得感的作用和价值常常被幸福感所代替。

获得感与幸福感的差异有五点。

第一，概念提出的初衷不同。获得感用来评价改革成效，评价人民共享改革发展成果的感受，主要用于民生领域。获得感直接产生于社会改革发展，与民众具体的生活需求密切相关[②]。幸福感用来描述个体对自身生活状态的主观感受。幸福感的对象较为弥散和笼统，不针对具体的生活情境和生活事件。幸福感在西方学术界提出后，得到广为流传。研究者以幸福感来衡量物质生活条件、生活质量与福利情况的改善。

第二，概念内涵不同。幸福感是指人们根据自身的满足感与安全感而主观产生的一系列欣喜和愉悦的情绪。幸福感和主观幸福感，包括生活满意度、积极情绪和消极情绪三个基本成分[③]。幸福感是人们自身的主观感受，其产生和评价的主观性较强，不如获得感那样具有稳定性和客观性。而获得感的内涵还未有一致的看法，主要指人们对通过自身努力而得到的物质财富和精神财富的主

---

① 王积超，闫威. 相对收入水平与城市居民获得感研究 [J]. 中央财经大学学报，2019 (10)：119-128.

② 王俊秀，刘晓柳，刘洋洋. 人民美好生活需要的层次结构和实现途径 [J]. 江苏社会科学，2020 (2)：19-27，241.

③ ANDREWS F M, WITHEY S B. Developing Measures of Perceived Life Quality：Results From Several National Surveys [J]. *Social Indicators Research*，1974，1 (1)：1-26.

观感受。获得感强调一种实实在在的获得，必须有真实的获得。获得很多不一定就产生幸福感，获得较少也未必不幸福。获得感的强弱与幸福感没有必然联系，只有体现获得感的幸福才是真实的幸福。

获得感的内涵直接、客观、具体，幸福感的内容主观、抽象、复杂。获得感可触摸，实实在在，相对短暂；而幸福感复杂且持久。王俊秀等人认为获得感和幸福感持续时间存在差异[①]。幸福感是个体在一段时期内对自己生活状态是否满意的相对稳定的认知评价和情绪体验。幸福感是在需求满足等多种因素共同作用下产生的概括性的、结果导向的心理反应。但获得感与个体需求满足的状况直接相关，需求满足具有易变动的特点，获得感因而也存在即时性和情境性的特点，获得感处于需求满足和终极幸福感的中间状态。

第三，获得感的内容比幸福感广泛和全面。获得感更加务实，幸福感容易流于空泛。获得感更倚重实际获得，实际得到不仅包括获得的绝对数量，还包括与他人进行比较后的相对获得。获得感比幸福感更具体、全面，具有更高的含金量。实际获得的内容范围广，不仅包括物质利益和经济利益，还包括政治权利，文化、社会和生态等方面的发展成果。获得感克服了幸福感重视数据、指数而忽视主体感受的不足。获得感也超越了幸福感指标单一的不足，获得感的评价标准更为全面。一方面，获得感表现为实实在在、看得见摸得着的得到，如有房住、收入增加、能够接受优质教育、医疗和养老有保障等；另一方面，获得感不仅要求人们共享改革发展的成果，也使人们能够追求自身的梦想，得到公平公正的权益，享受具有尊严和体面的生活。获得感在使人们享受到改革成果的同时，也强调在精神层面使人们实现自身的梦想。

第四，研究进程不同。幸福感的研究取得了丰富的研究成果，国内外对幸福感的研究内容丰富，对幸福感从经济因素、社会因素、人口因素、文化因素、心理因素和政治因素等多方面进行了探索。获得感的研究则处于起步阶段，但发展迅速。

第五，获得感与幸福感在评价社会发展方面的针对性和有效性不同。获得感与幸福感相比，在评价改革成效方面具有针对性和科学性。随着社会经济的发展，人们的物质生活条件和生活质量不断提高，但人们的幸福感却没有相应提高，幸福感与生活水平没有同步提升。这可能是因为存在"边际效应递减"的现象。从感觉阈限来看，幸福感的阈限在提高。当人们的生活水平较低时，

---

① 王俊秀，刘晓柳. 现状、变化和相互关系：安全感、获得感与幸福感及其提升路径 [J]. 江苏社会科学，2019（1）：41-49，258.

生活水平的提升能够产生较高的幸福感。但随着社会经济的发展，人民生活水平不断提高，物质条件改善同样的程度，难以引起相同程度的幸福感。我国改革开放取得了巨大成就，而人们幸福感指数的提高却与此不相匹配。因此，用幸福感来衡量改革成效显得不准确。而获得感针对人们在改革中的成果共享体验，其提出就具有较强的针对性，目的明确、效果科学。

二、获得感与满意度

获得感和满意度是存在一定相关性并具有差异的概念。获得感和满意度的相似之处在于二者都是对民生发展的一种主观评价，都具有主观和客观相统一的性质。叶胥、谢迟和毛中根对获得感和满意度的现状与差异进行了研究[①]。结果发现民生获得感和满意度存在中等程度的正相关，但差异也较为明显。在目前研究中，也存在将满意度和获得感相混用的现象。但获得感更加贴合民生需求，体现出民众在社会发展过程中得到的利好和结果。

获得感和满意度的差异表现为决定因素、内容维度和主客观程度上的不同。首先，决定因素不同。满意度强调个体努力付出与主观期待之间差距的大小，并受到参照标准的影响，满意度取决于实际获得的效用与个人期望的差距。个体预期和实际获得是满意度的主要决定因素。获得感强调付出与收获的比较。其次，在数值、特征等内容上存在差异。在数值差异方面，民生获得感总体明显高于民生满意度。在特征差异方面，民生获得感在收入和年龄上存在显著差异，但民生满意度的差异因素较多，在年龄、居住环境、就业状态、收入和文化程度等因素上均存在显著差异。获得感和满意度在数量上的差异是由民生预期在获得感和满意度之间的消极调节作用造成的，在不同因素特征上的差异是由于年龄与收入两个因素能够同时影响民生获得感、满意度和民生预期，而其他因素的影响范围则较小。最后，在主客观程度方面不同。满意度的主观性强于获得感，获得感的客观性强于满意度。获得感需要以实际获得作为必要条件，而满意度则是心理感受。

三、获得感与相对剥夺感

(一) 相对剥夺感的含义

相对剥夺最初由 Stouffer 等人提出，认为相对剥夺是与参照对象相比，处于

---

① 叶胥，谢迟，毛中根. 中国居民民生获得感与民生满意度：测度及差异分析 [J]. 数量经济技术经济研究，2018，35（10）：3-20.

劣势地位的个体对自身劣势地位的认知评估和情绪体验①。熊猛和叶一舵认为，相对剥夺感（relative deprivation）是指个体或群体通过与参照群体比较而感知到自身处于不利地位，进而体验到愤怒和不满等负向情绪的一种主观认知和情绪体验②。相对剥夺与人们获得利益多少没有直接关系，而是相互比较使然。相对剥夺一般产生四种后果：压力症状、自我发展行为、社会暴力行为和社会建设行为。压力和自我发展行为与个体相对剥夺密切相关，社会暴力和建设行为与群体相对剥夺相关。

目前我国公众存在一定的相对剥夺感。发展的不平衡造成的区域差异、行业差异，使生活在不同地区、从事不同职业的人们的生活质量、收入水平和发展机会不同，感受到的获得程度存在差异。并且，城乡二元体制带来的人们获得感的结构性差异，使城乡居民在资源配置、政策设计和福利享受等方面存在较大差异，城市居民和农村居民对获得的权益产生不同的感知。此外，劳动力、资本、技术和知识的分配要素拉大了利益获得的差距，在很大程度上催生了相对剥夺感。这些因素导致人们存在一定的相对剥夺感。相对剥夺感和获得感都是人们通过社会比较而产生的主观评估，可能存在不准确性。在社会比较中，人们容易过高估计自己的劳动付出，低估自己的所得。这种社会比较上的偏差，也容易产生一定的相对剥夺感和较低的获得感。

（二）获得感与相对剥夺感的关系

相对剥夺感与获得感是相对的概念，二者是此消彼长的关系。弱势群体在横向比较中容易产生相对剥夺感，抵消了改革发展成果带来的获得感，抑制了获得感的提升。获得感与相对剥夺感是一体两面的概念，二者构成相对应的关系。获得感是人们的收益感，而相对剥夺感是人们的失落感。获得感与相对剥夺感处于一种对立矛盾的博弈状态。获得感是个体在权利、平等与尊严等价值性满足基础上产生的幸福体验，相对剥夺感则是处于不公平待遇情景下价值性生存权利被剥夺后产生的不满体验。在社会比较中产生的相对剥夺感会侵蚀获得感。个别群体在横向社会比较中产生了相对剥夺感，部分抵消了改革带来的获得感。

获得感和相对剥夺感的内在冲突有以下四点表现。一是社会经济在取得显

---

① STOUFFER S A, SUCHMAN E A, DEVINNEY L C, et al. *The American Soldier*：*Adjustment During Army Life* [M]. Princeton, NJ：Princeton University Press, 1949.

② 熊猛，叶一舵. 相对剥夺感：概念、测量、影响因素及作用 [J]. 心理科学进展，2016，24（3）：438-453.

著成就的同时，又面临着一定的贫富差距问题。二是国家着力打造清正廉洁的干部队伍，而存在着贪污腐败的现象。三是城乡发展一体化的城镇进程在有序推进，但存在社会弱势群体有被边缘化的趋势。四是社会阶层结构在多元化发展，但又呈现出社会阶层固化的趋势。获得感与相对剥夺感二者之间的冲突，实质反映了社会公平正义的问题。社会公平正义是产生获得感的影响因素，也是产生相对剥夺感的重要因素。要化解相对剥夺感与获得感之间的冲突，则要实现社会公平正义，落实共享发展。

有研究者认为，获得感并非相对剥夺感的简单反向①。从相对剥夺反面构建的获得感并非真正意义的获得感，而是相对剥夺感的反向临摹，是一种相对获得感。其研究认为，相对剥夺只是获得感中社会公平和安全等缺失造成的，促使个体在社会结构中处于劣势，获得感并没有特别强调社会比较和参照对象的作用，而这两个因素是相对剥夺感产生的主要条件。因此，对获得感与相对剥夺感之间的关系还需要进行分类研究。

在共享发展理念下，消解相对剥夺感、提升获得感应从国家和个体两个层面入手。在国家层面，健全和完善相应的体制机制。具体措施有：健全社会保障制度，构建获得感的社会基础；完善社会利益调节机制，构建获得感的内在机制；加强司法公正建设，构建获得感的关键防线。在个体层面，个体要调整获得感的价值坐标。具体措施有：深化实践，增强获取能力；调整坐标，端正获得态度。从国家层面和个体层面来共同提升获得感，有助于协调宏观视角和微观视角，明确不同层面的任务。但获得感作为一个具有较强社会心理色彩的概念，从社会组织、社会生活、社会心理因素方面也能够进行调整和提升。

（三）获得感与相对剥夺和相对满意

相对剥夺与相对满意处于一个连续体的两端，是相对而言的。相对满意是个体与参照对象进行社会比较后发现自身处于优势状态所产生的认知和体验②。相对满意与获得感既有相似之处，也存在差异。相似之处有三点：一是获得感和相对满意都是进行社会比较之后所产生的满足和愉悦感受；二是二者都是作为相对剥夺感的对立面出现的，获得感和相对满意越强烈，相对剥夺感越弱；三是参照标准和比较对象在二者的产生中起到了重要的作用。二者的区别有三

---

① 谭旭运，董洪杰，张跃，等. 获得感的概念内涵、结构及其对生活满意度的影响 [J]. 社会学研究，2020，35 (5)：195-217，246.

② ANIER N，GUIMOND S，DAMBRUN M. Relative Deprivation and Gratification Elicit Prejudice：Research on the V-curve Hypothesis [J]. *Current Opinion in Psychology*，2016，11：96-99.

点：一是二者概念体系不同。相对满意与相对剥夺是一个连续体的两个维度，而获得感则是个体自我评价的独立概念。二是比较对象不同，相对满意是与他人或自身进行比较，获得感是自身比较，将个体的付出与所得进行比较。三是产生后果不同。相对剥夺感和相对满意均会产生对参照群体的偏见与敌意，而获得感则会产生对自我的积极评价或消极评价。

四、连续体中的获得感、幸福感、安全感

（一）获得感、幸福感、安全感的提出

党的十九大报告中，习近平总书记提出要使人民获得感、幸福感和安全感更加充实、更有保障、更可持续。从获得感的首次提出到三感的并列提出，体现了党在领导新时代中国特色社会主义的伟大实践中，对人民群众的现实需要、改革发展的目标和归宿认识上的深化。党的十九大报告的论述，使我们对三感之间的逻辑关系有了更深刻和全面的认识，也赋予获得感新的时代含义。获得感从单独提出，到与幸福感、安全感并列，地位和作用也在不断深化。获得感从评价民生领域的指标，转变为评价人民共享改革成效的重要标准，最终发展为各项事业的奋斗目标。获得感、幸福感和安全感具有紧密的深层逻辑联系，既相互关联又相互渗透。对获得感的研究也应放在与幸福感和安全感相联系的框架中进行。

获得感、幸福感和安全感的提出，具有重大的社会意义。三感的提出，顺应了时代发展的需要，彰显出以人民为中心的发展目标。第一，三感有助于在新时代凸显党的初心与使命。为人民谋幸福是党的初心与使命，在不同的历史阶段具有不同的表现形式。第二，三感有助于在新时代密切党同人民群众的联系。三感的提出，回应了新时代社会诉求的变化，超越了物质层面的温饱与小康水平，在满足人民群众对富足物质生活追求的同时，也顺应了人民对美好生活的向往，不仅包括物质层面还注重精神层面的诉求。第三，三感有助于破解新时代全面深化改革的难题。解决全面深化改革中遇到的问题，要以获得感、幸福感、安全感为目标和归宿。

（二）获得感、幸福感、安全感的含义

获得感主要表现为人民能够感受到改革开放以来物质生活水平的提高，包括收入、福利的增加和就业、居住、出行等情况的改善，还包括精神文化需求的不断满足。获得感容易在个体劳动付出与实际收获的社会比较中得到满足。

幸福感和安全感较为注重个体的心理体验和主观感受，而获得感是在实际

得到基础上的主观体验。获得感具有一定的物质基础，具有稳固性。幸福感是一种愉悦的主观体验，是一种情感与心态。幸福感是在自我追寻和实现中得到的一种社会认同和价值共鸣的心理体验。幸福感强调的是在自身需要得到满足的条件下产生的愉悦情绪。愉悦情绪不仅指个体在生活和工作中享有的自尊和自豪等身心愉悦的心理状态，还包括在自我实现过程中得到的社会认同、价值共鸣等愉悦的心理体验①。幸福感是人们将自身对生活的预期与其现实生活状态对比后所产生的感觉。幸福感具有很强的主观性，它不能通过一套固定的客观标准来加以衡量，而是有赖于个体自身的主观判断。幸福感具有持续性与全面性，其不能以短暂的生活状态来衡量，而是对一段时期内生活状态的抽象评价；不是对某一特定生活领域的感知，而是对个体生活全方位的衡量。

安全感是建立在稳定有保障的外部环境基础上的一种抵御风险、安定稳固的主观感受，前提是有良好的生态环境和公平公正的社会环境。社会安全是社会发展的基本保障，安全感是社会安全的主要反映。安全感反映了人们渴望稳定、安全的心理需求，没有后顾之忧，具有稳定预期。安全感不仅反映个体对当前状态没有后顾之忧的稳定预期，也凸显出人们对未来稳固健全的社会保障和社会公平正义的强烈期待。俞国良和王浩认为，安全感具有心理学和社会学的双重属性②。心理学取向的安全感是一种人格特质的安全，对个体自身和外部环境具有一定的控制能力。社会学取向的安全感是一种处境状态的安全，强调社会环境对个体安全感的影响。公平感是当前阶段影响人们安全感最重要的因素。

稳定而有质量的就业、健全的社会保障体系和社会公平正义则是安全感的主要基础。安全感强调环境中的不确定性已经降到最低或者能够容忍的程度。在马斯洛需要层次理论中，安全需求是人们仅次于生理需求的要求优先满足的需求。安全感是人们在摆脱以自身为基准的内心环境和外部环境的困境中形成的，是一种在信任和认同基础上形成的对内外环境安全的主观认知③。安全感是人们对于其稳定与安宁的生活状态的主观评价。安全感表现在两个方面，一是能够对可防控风险进行规避，二是有能力对不可防控的风险进行处理。安全感

---

① 张士海，孙道壮．获得感、幸福感、安全感：以人民为中心的时代彰显［J］．国家治理，2017（44）：41-44.

② 俞国良，王浩．社会转型：国民安全感的社会心理学分析［J］．社会学评论，2016，4（3）：11-20.

③ 马振清，刘隆．获得感、幸福感、安全感的深层逻辑联系［J］．国家治理，2017（44）：45-48.

是主体对于生活的一种持续的稳定体验。当风险来临的时候，人们相信自己或社会有足够的能力化解风险。

安全感包含多方面的内容，研究者探索了安全感的维度。Peterson 等人将安全感分为个人安全感、经济安全感、社会安全感、政治安全感和环境安全感等内容①。个人安全感是指个体对健康、食物、家庭、工作场所和社区等环境因素的安全感受。经济安全感是个体对金融是否受到保护、工作是否受到保护、个人财产是否受到保护、土地使用和投资是否受到保护的感受。社会安全感是个体对政府提供的最低生活保障等社会保障水平的感受。政治安全感是个体对公共秩序是否得到保障、政治组织的合法性是否得到保护、国家安全是否可靠的感受。环境安全感是社会成员与自然环境之间相互作用产生的安全或不安全的感受。王俊秀和刘晓柳在已有的安全分类框架基础上，结合我国社会的实际情况，将安全感分为人身安全、财产安全、交通安全、医疗安全、食品安全、劳动安全和个人信息安全，后来又增加了环境安全的内容②。

（三）获得感、幸福感、安全感的联系与区别

获得感、幸福感和安全感是一个相互联系的有机整体，相互支撑，不断深化。三感内涵丰富、逻辑缜密、相互渗透和相互影响，存在着密切的互动关系。获得感反映了人们对自身劳动付出与实际获得之间的比较评估，主要在个体比较的范围内。幸福感反映了人们需求得到满足后所产生的愉悦体验，以及社会对自我的认可和尊重。幸福感不仅包含个体比较，更包含社会成员之间的比较。安全感反映个体对未来生活具有稳固保障和公平正义的期待，主要体现为对政府和社会的要求。获得感针对个体以往付出与现今回报之间的关系，来源于过去。幸福感是个体对当下需求满足程度的考量，着眼于现实。安全感是对未来公平和保障的期待，指向未来。从涉及范围来看，获得感、幸福感和安全感逐渐从个体领域扩展到社会领域和政府领域。从时间线上看，获得感、幸福感和安全感从过去、现实发展到未来，在时间上具有发展性。

三感存在一定的联系。

第一，三感具有较强的主观性。三感都属于人的主观感受范畴，本质上都是人的一种满足感或满意感。获得感、幸福感和安全感均为一种主观体验，是

---

① PETERSON C, PARK N, SELIGMAN M E P. Orientations to Happiness and Life Satisfaction：The Full Life Versus the Empty Life [J]. *Journal of Happiness Studies*, 2005, 6 (1)：25-41.

② 王俊秀, 刘晓柳. 现状、变化和相互关系：安全感、获得感与幸福感及其提升路径 [J]. 江苏社会科学, 2019 (1)：41-49, 258.

一种心理状态，体现了个体对客观行为的主观感受。但主观体验离不开相应的物质基础，并非凭空产生的。三感是主观和客观的统一，是较高层次需求满足后产生的愉悦体验。三感是建立在物质需求与精神生活得到相应满足基础之上的。

第二，三感的提升密不可分。人的需要理论是三感的理论基础。要提升三感，就要积极面对人的需要问题。在改革发展中，应处理好利益获得、追求幸福和保障安全之间的关系，不断提升获得感、幸福感和安全感。获得感和安全感是手段，目的则是增加人民的幸福感。获得感是幸福感的基础，如果没有物质和精神等多方面的获得感，就难以产生幸福感。安全感是获得感和幸福感的保障，没有安全，一切都将成为空中楼阁。内外环境的安全为人们的获得感和幸福感提供了最基本的保障。将获得感放在首位，意味着没有获得感，幸福感和安全感难以落实。获得感是幸福感的前提，是安全感的基础。在人们拥有获得感后，幸福感和安全感才能得到提升。获得感是幸福感的基础，幸福感是获得感的延伸。获得感和幸福感均具有主观反映于客观的特点。获得感的提升为幸福感和安全感提供了可能，安全感是提升获得感和幸福感的前提保障。

第三，获得感、幸福感和安全感是辩证统一体。幸福感是轴心，获得感是幸福感提升的物质基础，安全感是幸福感得以维持的切实保障。幸福感以获得感和安全感为基础，增强人民幸福感是根本目的。获得感是幸福感和安全感的基本来源，安全感是获得感和幸福感的重要保障，幸福感是获得感和安全感的最高表现。幸福感的前提是安全感，在具有安全感的前提下，才能产生稳定、快乐的情绪。安全感与涉及民生的实实在在的获得感直接相关。缺乏安全感，会导致人们信心下降，社会认同度降低，影响获得感的提升。王俊秀和刘晓柳调查发现，获得感、幸福感和安全感之间存在中等程度的正相关①。安全感与幸福感之间的相关度高于安全感与获得感之间的相关度，也高于获得感与幸福感之间的相关度。

获得感、幸福感和安全感也存在差异。三感之间的差异主要体现在用途上。获得感适合于衡量经济社会的均衡发展，社会发展成果是否为全民所共享。幸福感受到个人主观因素的影响较大，使得幸福感的衡量容易流于空泛，难以评价经济社会发展给全体人民所带来的实际利好，容易掩盖经济社会发展和分配过程中的不均衡。与获得感相比，幸福感在正确感知发展的协调与否方面能力

---

① 王俊秀，刘晓柳. 现状、变化和相互关系：安全感、获得感与幸福感及其提升路径 [J]. 江苏社会科学，2019（1）：41-49，258.

较弱。获得感考察的是物质成果惠及广大人民群众的程度，幸福感考察的是人民群众对现实生活的满意程度，安全感则考察人民群众对人身安全和社会保障的心理需求得到满足的程度①。

获得感与幸福感之间也存在细微的差别，可以从人的主观感受性质方面理解获得感和幸福感的差异。在接近感受对象方面，获得感更为直接地贴近感受对象，幸福感则较为间接地贴近感受对象。在感受内容的认知度上，获得感更为客观，更易于用量化指标衡量人们得到的利益实惠。幸福感较为主观，常用自我报告法进行测量。在感受保存的持久度上，获得感的体验维持时间较短，而幸福感能够持续较长时间。获得感是可触摸到的、实实在在的，而幸福感的主观性、复杂性、长久性更强，对人的意识层次和能力要求更高。获得感存在于物质层面和精神层面，而幸福感更多存在于精神层面②。获得感将单纯强调舒适、愉快和健康状态的主观幸福感具体化到现实层面。

（四）获得感、幸福感、安全感的提升

首先，获得感、幸福感和安全感的提升具有协调性。推动"五位一体"总体布局的发展，是提升三感的主要举措。只有实现社会经济发展、政治民主、文化进步、社会和谐与环境优美，才能使三感不断提升。提升获得感是前提，提升幸福感是核心，提升安全感是保障。只有在提升物质文明和精神文明获得感的基础上，才能提升自尊和自我实现的幸福感，才能维护长期长效的安全感。只有幸福感得到提升，才能使获得感转变为社会认同，产生对安全的需求。只有安全感得到提升，才能保障获得感和幸福感，使获得感和幸福感能够落到实处。

提升获得感的措施，也有助于提升幸福感和安全感。获得感是提升幸福感和安全感的基础，只有不断满足人民日益增长的美好生活需要，才能让人民群众从改革发展中获得实惠，人民的幸福感和安全感才可能提升。获得感是幸福感的基础。缺乏物质层面和精神层面的获得感，就难以产生幸福的体验和满足。王恬等人研究发现，居民的获得感在一定程度上有利于提升幸福感③。幸福感是安全感的条件，随着获得感的不断提升，人民的幸福感也得到提升，安全感得

---

① 段忠贤，吴鹏．"民生三感"测评指标体系构建及检验 [J]．统计与决策，2021, 37
　（24）：171-175.
② 王晶．居民获得感指标体系构建与统计测度：以甘肃省为例 [J]．兰州财经大学学报，
　2021, 37（6）：62-72.
③ 王恬，谭远发，付晓珊．我国居民获得感的测量及其影响因素 [J]．财经科学，2018
　（9）：120-132.

到增强。提升获得感与幸福感，都需要在具有安全感的前提下进行。在缺乏安全感的环境中，获得感与幸福感也将化为乌有。而人们获得感和幸福感的提升，有助于安全感的增强。在人们身体健康和生命遭受威胁的时候，安全感的重要性急剧凸显，远远超过了获得感和幸福感。安全感涉及个体安全、家庭安全、社会安全和国家安全。只有个体、家庭、社会和国家处在安定的环境中，提升获得感和幸福感才有意义。在提升民生三感时，要处理好利益获得、幸福追求和安全保障之间的逻辑关系。

其次，获得感和幸福感在影响因素上存在相似性。自身所处的社会阶层对获得感和幸福感均存在显著影响。家庭经济因素对获得感和幸福感也表现出显著的相关性。家庭收入越高，越有利于获得感和幸福感的提升。但个体特征、家庭和地区因素对获得感和幸福感的影响强度存在较大差异。

最后，解决民生问题有助于提升三感。提升三感，根本在于贯彻以人民为中心的发展思想，解决发展不平衡、不充分的问题。提升三感，不但要构筑民生安全的防护网，保障人民基本生活需求；而且要不断提升三感，共享平等发展机遇；还要完善制度保障，不断增加民生权益供给。通过协调推进发展、治理与安全，建设社会保障体系，完善收入分配制度改革，促进社会公平正义等措施，可以提升民众获得感。

第五节　获得感的提升研究

自获得感提出以来，如何提升人民群众的获得感，成为研究者关心的根本问题。在提升获得感方面，研究者在理论与实践方面进行了广泛探索，取得了一定的成果。提升措施围绕获得感的物质基础—经济建设、政治基础—社会公平公正、社会基础—社会帮扶和社会保障、法治保障—民主政治和安全感等方面进行。

一、提升获得感的理论探索

在理论探索方面，郑玉霞分析了西方哲学范式和中国哲学范式对获得感的提升方式[①]。西方哲学范式对获得感的提升方式主要有两种：一是通过物质财富的认可与取得而增强获得感，二是通过对人及其尊严的关注而寻求获得感。这

---

① 郑玉霞. 获得感及其价值意蕴探析［D］. 西安：陕西师范大学，2017.

两种途径实际体现了物质文明和精神文明对获得感提升的作用。中国哲学范式对获得感的提升方式也主要有两种：一是通过对财富的追求来实现获得感的满足，二是通过对权利的追逐来增强获得感。从中西方哲学范式的比较可以发现，物质财富在获得感提升中起到了重要作用，而中国哲学范式较为强调权利在获得感提升中的作用。

二、提升获得感的实践探索

提升获得感，需要落实共享发展理念。这是社会主义的本质要求，也是全面建成小康社会的客观要求，是实现中华民族伟大复兴的必然要求。共享发展理念包括两个基本内涵。一是共享的主体和客体。共享的主体是人民，是指以占人口绝大多数的工人、农民及其他劳动者为主体的全体人民，弱势群体理所当然也包含在共享主体范围内。共享的客体包括发展权利、发展机会与发展成果。二是共享的方式和途径。共享的方式是渐进共享，逐步实现共同富裕。在先富带动后富、最终实现共同富裕的过程中，弱势群体获得感薄弱的问题逐渐凸显，需要重点提升弱势群体的获得感。共享途径是共建共享。提升获得感需要全体人民共同参与，共同建设推动社会发展。在提升弱势群体获得感的过程中，也应坚持由弱势群体通过自身共建逐步提升获得感。

获得感包括多方面的内容，政府要从政治、经济、社会、生态、民生等领域切实作为，努力提升人民获得感。

第一，建设高效廉洁的政府，努力实现政府清廉、政治清明，使民众的政治获得感不断提升。坚持社会公平公正，构建和完善保障公众获得的制度。黄艳敏等人研究发现，当个体对自我获得处境存在公平认识时，将显著提升获得感①。当个体对社会抱有公平信念时，也将对获得感产生积极影响。因此，维护社会公平正义，有助于人们获得感的提升。这主要有三种途径：一是通过增加弱势群体的收入、增加公共服务供给、治理腐败等手段，提升社会公众的社会公平感；二是完善利益分配协调整合机制，加大对贫困地区、农村、弱势群体的扶持力度；三是建立畅通、多层次的利益表达机制，特别关注弱势群体的利益诉求②。

---

① 黄艳敏，张文娟，赵娟霞. 实际获得、公平认知与居民获得感［J］. 现代经济探讨，2017（11）：1-10，59.
② 田旭明. "让人民群众有更多获得感"的理论意涵与现实意蕴［J］. 马克思主义研究，2018（4）：71-79.

第二，不断发展经济，增加人民收入，使民众的物质获得感不断增强。坚持以经济建设为中心，为满足和提升获得感提供丰富的物质基础。提升获得感，要建立在高质量、稳增长的经济基石之上。改善实际获得是获得感提升的重要基础。特别是对低收入群体来说，收入获得感边际效应较强。家庭经济阶层对获得感的影响效果显著，家庭经济档位提升一个层级，获得感将提升 33.1% ~ 37.9%。对弱势群体而言，增加收入有助于改善弱势群体的经济地位，能够有效增强获得感。收入越低，从民生公共服务中产生的获得感越强①。因此，对低收入人群，增加收入是提升获得感的关键。

第三，提升社会管理水平，加强精细化管理。提升党和政府公信力，能够使民众的社会获得感增强。公共部门是人们获得感提升的实现者和维护者，公众获得感的提升成为公共管理部门领导能力提升的动力源和衡量尺度。构建完善的社会保障体系，有助于增强人民群众日常生活的保障，维持基本的生活。在当前的供给侧结构性改革中，将获得感作为连接基本公共服务供给侧和需求侧的桥梁，以需求侧的公共获得感为指引，提升公共服务层次，提升获得感。获得感也成为供给侧结构性改革的绩效评价指标，并且还要保障人民的政治权利，维护政治获得感。李强彬和李佳桧的研究发现，农村的会议协商是村民参与乡村公共事务的重要体现，村民的协商获得感是村民政治权利的重要体现②。

提升社会管理水平，也要加强和创新社会治理体系，通过制度建设，建立稳定可持续的社会问题解决机制，将良好的愿望和承诺通过社会治理落到实处。一是要完善公共资源的分配使用机制，确保公共资源更多用于教育、医疗、卫生、环境治理、社会保障、基本公共服务方面。二是要拓宽民意表达征集渠道，让人民群众参与决策，有利于重大项目决策的执行。三是健全政府绩效和领导干部绩效的考核机制，科学设置考核指标，将帮助群众解决生产生活困难的工作纳入绩效考核范畴。四是持续高压反腐，维护社会公正，重视治理群众身边的小腐败、微腐败，让人民群众的利益得到保障，心情舒畅。五是建立群众生活应急管理机制。通过社会风险排查，开展经常性的民生问题、社会矛盾、社会隐患的调查评估，经常进行风险研判，及时采取措施排除风险。特别是建立应急物资储备和应急方案，有备无患。

第四，坚持践行"两山论"，维护和改善生态环境，提升民众的环境获得

---

① 阳义南. 民生公共服务的国民"获得感"：测量与解析：基于 MIMIC 模型的经验证据 [J]. 公共行政评论，2018，11（5）：117-137，189.

② 李强彬，李佳桧. 村庄异质性、村民协商获得感与村委会工作满意度：基于 10 个乡镇 1987 个样本的实证分析 [J]. 经济社会体制比较，2018（4）：81-90.

感。随着人民对美好生活的追求不断提升，对生态环境的要求也在不断提高。目前严重的大气污染、土壤污染和水污染等环境损害，也削弱了人们的环境获得感。生态环境保护涉及每一个社会成员，关系所有群体的获得感。因此，对生态环境的保护力度要不断加大，努力建设美丽中国，提升人们的获得感。

第五，保障和改善民生，是提升获得感的基础性工作。在民生领域，应不断发放政策红利，使民众得到实实在在的实惠。提升民生获得感，应集中力量做好基础性民生改善工作。民生问题与获得感直接相联系，如果解决不好民生问题，容易消减人民群众对社会发展的认同。民生领域的问题是人们最关心最直接最现实的利益问题。

研究者总结归纳了民生领域的常见问题。胡洪曙和武锶芪调研发现，民众最关心的民生问题主要有七类①。这七类问题分别是医疗卫生、环境保护、公共安全、交通运输、社会保障、就业、教育。这七类问题主要表现为环境污染严重，社会安全网不够密实可靠，城市交通拥堵，农村留守儿童、留守妇女、留守老人、老年人养老等问题比较突出，部分下岗失业人员家庭生活比较困难，生产安全，食品和药品安全，社会治安形势严峻，学前教育供给规模不足，基本公共服务体系有待健全，公共服务质量有待提高，等等。在某些地方和群体中，"上学难、看病难和看病贵"问题突出，基础设施和公共服务是民生短板。民生短板越严重，民众的获得感就会越低。解决的具体措施是着力补齐民生短板，集中力量做好兜底性、基础性民生建设工程，解决好教育、医疗、卫生健康、社会治理、公共安全、扶贫、就业、住房、社会保障、环保等民众最为关心的生活发展问题。在改善民生时，针对不同群体，有针对性、有重点地提升获得感。黄艳敏等人研究发现，就业状况对获得感的产生有较为显著的正向促进作用②。就业机会增加一个单位，获得感提升19.2%～23.9%。就业也是保证人们基本生活的主要渠道。因此，加强基础设施建设、提高社会保障水平、提高政府公共服务是提升获得感的重要途径，而促进就业是解决民生问题和提升获得感的有效途径。

三、提升获得感的途径

提升获得感，首先要通过共建来实现共享。如霍兰顿所说："天赐食于鸟，

---

① 胡洪曙，武锶芪. 基于获得感提升的基本公共服务供给结构优化研究［J］. 财贸经济，2019，40（12）：35-49.

② 黄艳敏，张文娟，赵娟霞. 实际获得、公平认知与居民获得感［J］. 现代经济探讨，2017（11）：1-10，59.

而不投食于巢。"获得感的提升，还需要全体人民的共同努力，通过自身劳动创造来提升。获得感不是不劳而获，不会自动得到提升。获得强调以付出劳动为前提，因付出劳动而得到。在提升获得感时，不能抛开付出片面地谈获得，要正确处理"给予"和"获得"之间的关系。获得不是凭空出现或不劳而获，而是以个体的劳动付出为前提。在共建中实现共享，在共享中坚持共建，通过共建共享提升获得感。共享是目的，共建是实现共享的途径和方式，共建是为了共享，共享必须依靠共建。在共建中坚持共享，创造人人参与、人人尽责、人人都有获得感的社会环境。在社会实践中，要防止人们对获得感的片面认识，避免简单地根据某些社会现象下结论。良好的获得心态是实现获得感的重要保障，应正确看待获得感提升的持续性和艰巨性。获得感不是口号式的号召，也不仅是理论高度的阐释，而要通过实践来提升。马克思劳动价值论也指出，让劳动者有获得感是劳动的价值取向和追求目标①。因此，要引导人民客观认识改革成效，通过共建实现共享。

提升获得感，还要以发展为前提。提升获得感，离不开社会经济的不断发展，离不开发展所提供的物质基础和文化基础。离开发展，提升获得感就会成为空谈。提升获得感，满足人们在物质、文化、生态环境、政治权利等方面的需求，需要以发展为前提。满足人们在民生领域的诉求，也需要以发展为前提。民生领域的获得感，是人们获得感的主要内容。民生领域涉及点多面广，包括完善的社会保障体系、良好的社会公共服务、丰富的精神文化产品、美好的生态环境、广泛的社会政治权利等。提升民生领域的获得感，都需要以发展物质、文化、公共服务为基础。在社会发展的诸多方面，基础设施建设和公共服务模式具有较强的典型性。提升获得感的措施多种多样，其他途径还有提升人民群众的社会参与度、实现人民的政治权利等。教育也是提升获得感的重要途径，通过教育扶贫，可以提升贫困群体的获得感。

提升获得感，也需要通过深化改革来实现。改革开放要为人民群众提供更多的实现自我价值和社会价值的条件和机会，促进个体潜能的充分发挥。改革是发展的动力。通过深化改革开放，充分激发市场活力与社会创造力，能够为人民提升获得感创造良好的外部环境。

提升获得感还要重视心理因素的作用，心理因素与物质条件相互协同。获得感是一种主观心理感受，心理因素也是获得感的重要影响因素。收入仅是获

---

① 陈海玉，郭学静，王静. 马克思劳动价值论视域下劳动者获得感评价指标体系构建研究[J]. 生产力研究，2018（3）：7-11，161.

得感产生的必要但非充分条件，获得感对收入的响应服从边际效应递减规律。公平认知对获得感也存在较为显著的诱导效应。不论是宏观的公平认知还是微观的公平认知，对获得感的产生均具有重要影响。公平认知与实际获得产生交互作用，增强了公平认知对获得感的影响。王思斌认为，获得感不仅与物质获得有关，还与获得物质的社会比较有关，与获得的机制、获得时的人际关系和社会关系特征有关①。获得感是获得物、获得机制和获得附属的社会关系的综合感受结果。

在提升获得感的过程中，也要注意合理引导人们的获得感。获得感要通过自身劳动得到，提升获得感不是鼓励好逸恶劳，也不是强调不劳而获。党的十九大报告指出，我国社会主要矛盾的变化，没有改变我们对我国社会主义所处历史阶段的判断，我国仍处于并将长期处于社会主义初级阶段的基本国情没有变，我国是世界最大发展中国家的国际地位没有变。因此，在制定提升获得感的政策时，应注意结合社会经济现状，量力而行，实事求是。在满足人民群众基本需求的基础上，根据社会经济发展预期，制定合适目标。提高和改善民生，不能脱离我国实际，提出过高标准，不能盲目、不切实际地设置目标，过高引导人们的获得感预期。劳动是产生获得感的源泉。任何成果的获得都需要人们付出艰辛的劳动。获得感不是自动生成的，不是"等靠要"，而是要通过劳动奋斗得来。获得感要通过辛勤劳动、诚实劳动、创造性劳动来实现。坚持以劳动获得为光荣，以付出获得为途径。

四、特殊群体获得感的提升

弱势群体和贫困群体是两个存在密切关联的群体，在提升获得感的过程中，经常交织在一起。部分弱势人群收入较低，缺乏基本的生活生存条件。对贫困群体和弱势群体，更不能忽视其获得感。一是要提升贫困群体和弱势群体的获得感，向弱势群体提供社会救助，发挥社会政策的托底作用，如社会救助制度中的医疗救助、教育救助、临时救助措施，扶贫开发中的小额贷款和扶贫补贴等。二是要促进弱势群体就业。就业状况对获得感的产生存在较为显著的正向促进作用。因此，对弱势群体提供就业帮扶，有助于减轻失业对心理感受的消极影响，提升获得感。三是要加强对弱势群体的人文关怀。弱势群体在精神层面和心理层面也往往处于弱势，通过人文关怀机制，可提升其获得感。社会各界应加强对弱势群体的人文关怀，提升弱势群体的生活质量，使弱势群体产生

① 王思斌. 发展社会工作增强获得感［J］. 中国社会工作，2017（13）：62.

社会认同，增强社会凝聚力。

提升弱势群体的获得感，应遵循主导性、差异性和内生性三个原则。首先，在主导性方面，政府及社会各界在提升弱势群体获得感中应发挥主导作用。在政府主导下，整合全社会的人力、财力、物力、科技和智慧资源，构建全方位和多元主体的提升机制。政府发挥总揽全局、协调各方的作用。其次，弱势群体的成因各不相同，存在较大差异。因此，应采取精准提升的思路，针对弱势群体的特点，分类制定不同的帮扶政策，提高瞄准精度。提升弱势群体获得感时，应注重普惠性政策和特惠性政策相结合。普惠性政策解决弱势群体共同面临的问题，特惠性政策回应弱势群体的差异性需求。最后，在内生性方面，弱势群体要发挥自身积极性，通过自己诚实劳动、合法经营来提升获得感，而不是"等靠要"。弱势群体应激发自身内在的发展动力，调动能动性和创造性，从主体上提升获得感。

对贫困群体的获得感，也要进行提升。叶一舵等人分析了贫困大学生的获得感及提升措施①。研究发现，个体获得感稍高于群体获得感。提升措施主要有引导贫困大学生进行理性的社会比较，提供经济帮扶和发展机遇，并向贫困大学生构建全方位的扶贫体系，营造公平的扶贫氛围，加强心理疏导等。郭珍磊等人对贫困生群体的获得感进行分析发现，个体的自尊水平、人格特质、人际交往能力、归因倾向、社会支持等是影响获得感的重要心理因素②。从心理因素方面也能够有效提升获得感。一是提升弱势群体所受到的社会支持，加强沟通和交流，提升人际关系水平。二是在人格塑造方面，培养具有积极人格特质的个体，增强其社会责任感和社会适应能力，形成乐观向上的人生态度，应对社会生活中的困境。

李丹等在对贫困民族地区的获得感提升研究中，发现直接的物质或生产资料的帮扶能够显著提升物质获得感，社会保障的政府兜底作用能够显著提升贫困人口的安全获得感，贫困户精准识别过程中的公正性对贫困人口的获得感具有显著的影响③。精准扶贫有利于社会资本的积累，丰富的社会资本是实施精准扶贫的前提。因此，可以利用社会资本理论提高贫困户的获得感。增加贫困群

① 叶一舵，何小芹，付贺贺. 基于社会比较的贫困大学生相对获得感提升路径探讨 [J].教育现代化，2018，5（19）：316-319.

② 郭珍磊，尹晓娟. 高校贫困生获得感的提升策略 [J]. 大理大学学报，2017，2（1）：78-82.

③ 李丹，杨璐，何泽川. 精准扶贫背景下西南民族地区贫困人口获得感调查研究 [J]. 四川大学学报（哲学社会科学版），2018（3）：57-62.

体收入是提升贫困群体获得感的主要方式，例如通过提升就业技能、产业扶贫、企业带动、职业技能培训等途径，增加贫困户的家庭收入。在提升贫困群体的获得感时，可以采取电商扶贫的方式，提高贫困群体参与电子商务的获得感①。贫困群体参与电商扶贫的获得感受到电商平台、产品、政策和服务四个因素的影响。

有研究者分析了农村进城务工人员获得感的提升状况②。研究认为，农村进城务工人员的获得感是新时代人民群众获得感的重要组成部分。当前农村进城务工人员获得感的提升受到制度建设滞后、社会组织发展薄弱和自身能力不足的局限。制度建设局限表现在户籍制度、社会保障制度和教育制度等方面。社会组织发展困难主要表现为社会组织的自主性受限、专业水平较低、服务功能不足。农村进城务工人员自身能力困境表现为人力资源匮乏、社会资本匮乏和心理资本匮乏。因此，提升农村进城务工人员的获得感，要坚持共享发展理念。在制度层面，加快户籍制度、教育制度和社会保障制度改革。在社会组织方面，适当扩大社会组织的自主性，提升专业化水平，强化社会组织服务功能。在农村进城务工人员自身层面，提升自身的人力资本，构建社会资本，培育心理资本。

五、提升获得感面临的问题

目前，在提升获得感的过程中，存在一些困境和问题。一是精准不足消解了民生建设的社会认同。精准不足，容易造成获得感提升过程中民生供给与需求的结构性失衡，产生资源闲置与需求难以满足同时存在的状况。如最近流行的用"被"来造词的现象，体现了负面的社会情绪，如"被幸福""被中产""被中高收入"，甚至出现"被获得"的情况。"被"字深刻说明了民生供给精准不足导致的获得感不足。民生诉求在不断变化，出现了需求提升、需求差异和需求多样的特点，传统的概括化的民生建设模式，难以精准满足民生的需求。二是配给失衡诱发了民众的相对剥夺感。财富的过度集中和分配的相对失衡，改革成果的共享不足，产生了相对剥夺感，抵消了获得感的提升。在基层的贯彻阶段，是提升获得感的"中阻梗"。三是过高的承诺提高了公众的心理预期。

---

① 王昕天，康春鹏，汪向东. 电商扶贫背景下贫困主体获得感影响因素研究 [J]. 农业经济问题，2020（3）：112-124.
② 周云舟，聂雨晴. 共享发展理念下新生代农民工获得感提升研究 [J]. 北京农业职业学院学报，2018，32（5）：64-69.

盲目攀比、超高预期容易损伤获得感。提升获得感不能脱离社会经济的发展阶段，过度承诺和福利化可能落入中等收入陷阱。在现实生活中并不存在超越社会发展阶段的绝对平等，个体一旦在横向比较中产生非理性的比较，很可能产生心理失衡，抵消获得感。部分公众对获得感的期望过高，脱离了社会实际，容易产生失落心理。四是对人们的个体主动性和差异性关注不足。提升获得感，主要还是靠人们的劳动付出。提升获得感，不仅要从政府、社会出发，也要注重发挥人民的主体性作用。目前提升获得感的措施，偏重政府加大和优化对民生的投入，而对人民群众参与社会建设的主体意识重视不足。这种研究倾向容易增加政府的财政支出压力，消减民众提升获得感的内生动力，甚至在共享社会建设中滋生不劳而获的投机心理。

第六节　研究评价

一、获得感的研究成果

获得感问题，是关系社会发展成果分配和社会公平的重要问题，受到了研究者的高度重视。目前学术界对获得感这一重要概念的产生依据和社会根据进行了一定的研究。研究者从改革发展的角度对某些特殊行业的获得感进行了分析，对弱势群体获得感的研究也逐渐兴起，取得了一些成果。获得感研究主要集中在三个方面。一是基于获得与需求关系的研究，重视需求在获得感中的基础地位。获得感是人们评价社会供给对民生需求满足程度的重要指标。李斌和张贵生探索了居民自身的多元需求在公共服务获得感高低中的作用①。二是在获得与时序关系中论证获得感。秦国文认为应从理论获得感、现实获得感与预期获得感三个维度来理解其内涵②。汪来喜提出获得感包含获得（收入）、感受（公平）及持续（预期）三个方面③。文宏和刘志鹏利用 CSGS 调研数据对我国民众的获得感进行了时序比较，指出党的十八大以来我国人民获得感总体呈现

① 李斌，张贵生. 居住空间与公共服务差异化：城市居民公共服务获得感研究［J］. 理论学刊，2018（1）：99-108.

② 秦国文. 改革要致力于提高群众获得感［J］. 新湘评论，2016（1）：12-13.

③ 汪来喜. 我国农民获得感的内涵及理论意义探究［J］. 经济研究导刊，2017（3）：30-31.

上升趋势①。王浦劬和季程远则主张按照来源将获得感区分为空间维度的"横向获得感"，与时间维度的"纵向获得感"②。结合时序或空间来考察获得感，有助于发现获得感发展的差异性与不平衡性等特征。三是获得感社会价值与政策实践的研究。曹现强等提出获得感要以发展为前提，推动包容性发展、改善民生、实现公民政治权利是提高公民获得感的途径③。

二、获得感的研究不足

（一）获得感的概念研究薄弱

通过对获得感研究的梳理发现，获得感的理论构建、形成过程和提升措施等方面存在薄弱之处。获得感的概念结构研究薄弱。由于获得感的研究刚刚兴起时，大多停留在思辨性的规范探讨层面，如强调获得感的重要性、呼吁提升获得感等。多数研究者认为获得感的内涵丰富，不仅包括收入、社会保障、医疗、教育等客观物质获得，还应包括精神层面的自由平等、公平公正的权利享受，逐步实现人自由而全面的发展。但对获得感内涵的完整准确界定研究较少。

获得感的概念结构研究较少，缺乏一致的概念界定。既有研究中所使用的概念含义纷杂，对获得感概念内涵和基本结构的系统研究较少，缺少结合获得感本质特点进行相近概念辨析的研究。获得感作为一个本土性色彩较浓厚的概念，在国外尚无直接对应的术语，缺乏相关研究。国内研究处于起步阶段，以概念分析为主，泛泛而谈，缺乏针对性。在获得感的概念研究中，存在一定的片面性，多为定性研究。以往研究强调获得感"是否有获得"这一维度，但对获得感的前提"是否有付出"关注得较少，甚至处于忽视状态。

构建获得感概念结构是一项富有挑战性的工作，评价维度和指标确定是关键。获得感容易与相关概念如幸福感、安全感、尊严感等相混淆，与相对剥夺感的关系研究较少。获得感提出以来，研究成果不断涌现。但如何准确地对获得感进行操作化的定义，从而进行科学的测量，成为获得感研究面临的重要问题之一。对获得感的界定应当涵盖获得感的提出背景、价值、客观获得与主观感受相统一的特点。对获得感的概念界定还应突出个体通过自身努力来获取物

---

① 文宏，刘志鹏. 人民获得感的时序比较：基于中国城乡社会治理数据的实证分析 [J].
　社会科学，2018（3）：3-20.
② 王浦劬，季程远. 新时代国家治理的良政基准与善治标尺：人民获得感的意蕴和量度
　[J]. 中国行政管理，2018（1）：6-12.
③ 曹现强，李烁. 获得感的时代内涵与国外经验借鉴 [J]. 人民论坛·学术前沿，2017
　（2）：18-28.

质利益和精神权益的过程。获得感源于实际获得和心理感受，根据心理物理学的原理，客观刺激与心理感受之间并非线性增长的关系。因此，在对获得感进行理论内涵探索时，应注重心理学、社会学和经济学等学科的交叉。

在获得感的基本概念中，是否涉及心理预期还存在争议。获得感是个体将自身付出与实际所得进行比较后所产生，那么个体必然会对自己的付出与应得之间进行预期评估，个体付出多少努力，预期多少收获，即"一分耕耘、一分收获"。但也有研究者认为，获得感不强调心理预期，而强调实际付出与收获所带来的内心体验①。获得感的过程是否涉及心理预期，还需要进一步的探索。本书认为，获得感产生的核心过程是付出与得到的比较，在个体付出时，必然会涉及对自我付出可能得到回报的评估，产生付出的心理预期；再将预期的收获与实际的收获进行比较，产生获得感。获得感的付出与收获之间，存在着心理预期的中介因素。

（二）获得感的测量工具研究薄弱

由于学界对获得感的概念内涵未达成一致，使得获得感测量指标的选取存在较大差异。目前也并无广泛认可的测量指标和评价标准，进行测量和解析的定量研究还较少。在目前获得感的测量研究中，常见方式有三种。一是通过对某些问题的态度来测量获得感，如"当您遇到困难的时候以下单位或组织对您的帮助程度""最近三年的生活改善状况"等问题，这些问题大多是从模糊的获得感概念出发，指标的效度不理想，测量的信度和效度难以保证。二是采用某些社会调查中的项目来测量获得感。如以民众的得失感知来测量获得感，并根据时间维度划分为纵向获得感和横向获得感。或采用自我获得的满足程度和幸福感的感知作为获得感的测量指标，以个体实际收入的预期或超出公平收入预期来体现获得感。三是针对研究对象的特定方面和特殊性，编制具有针对性的测量工具。如针对贫困大学生相对获得感的研究，将获得感分为经济条件、家庭支持、人际关系、学校支持、教师关怀和发展机会六个维度②。如针对民办高校大学生学习获得感的研究，将获得感分为认同程度、满足状况、参与机会和成就水平四个维度③。测量工具各不相同，制约了获得感研究结果之间的可

---

① 陈沛然. 员工获得感及其镜像研究的管理启示 [J]. 甘肃社会科学，2020（3）：208-214.

② 何小芹，曾韵熹，叶一舵. 贫困大学生相对获得感的现状调查分析 [J]. 锦州医科大学学报（社会科学版），2017，15（3）：65-67.

③ 周海涛，张墨涵，罗炜. 我国民办高校学生获得感的调查与分析 [J]. 高等教育研究，2016，37（9）：54-59.

比性。

目前学术界对获得感的测量展开一定的研究，但得到广泛认可的研究成果不多。这可能是因为对获得感的概念界定未取得共识，影响了对获得感成分的认识和测量。获得感是实际获得引发的主观体验。以往一些研究测量获得感的实际获得而忽视主观感受，也有些研究仅测量主观感受而忽视实际获得。在对获得感的测量中，应结合实际获得和主观感受，二者缺一不可。实际获得是获得感产生的必要条件，在测量获得感时，要以测量对象实际生活的真实改善为前提。

获得感缺乏完整的测量指标，与相似概念的测量存在指标混用的现象。在获得感的测量上需要注意参照时间点的选择、参照对象的选择问题。参照时间点的选择影响到纵向比较的结果。获得感本身具有变动性和建构性，不同时代的获得感在内容和结构上存在差异，难以进行纵向比较。参照对象的选择影响横向比较的结果。与社会精英群体或社会底层群体相比，会产生迥异的社会比较结果。获得感的参照对象应该是与自身具有相似性的可比群体。目前的发展具有不平衡、不充分性的特征，不同地域、职业和年龄的群体，对于改革发展成果具有不同的期望和诉求，获得感的特征存在较大的差异。在开发获得感的测量方法时，也要注意不同群体获得感的差异性。

（三）获得感的形成机制研究薄弱

获得感的研究尚处于起步阶段，缺乏整合性的理论模型来解释获得感的形成过程，对获得感后果变量的研究较少，对获得感产生的中间环节和个体差异的研究不足。获得感是在外界刺激下经过复杂心理加工的产物，也会对其他社会心理因素产生影响。获得感也可能成为某些因素之间的中介和桥梁，或者成为其他心理机制中的调节变量。获得感兼具原因、结果、中介和调节作用四种属性。目前研究主要关注如何提升获得感，对获得感的产生过程和机制的研究较为薄弱。在获得感产生过程中，对诸多宏观因素和个体微观因素的作用也较少探索，对宏观因素和微观因素的交互作用也分析较少。由于获得感生成机制的研究薄弱，在获得感提升研究中，难以做到有的放矢。

（四）获得感的提升策略研究薄弱

提升获得感的研究较为薄弱和片面。提升获得感主要从政府部门出发，主体单一，对社会力量和弱势群体自身重视不足。提升措施集中于宏观方面和客观因素，忽视了内部心理过程如相对剥夺感等微观因素的影响。在提升获得感的过程中，大多数是关于政府如何提供公共服务的对策，对弱势群体自身如何提升获得感的研究较少。在分析获得感的影响因素时，多侧重于制约获得感的客观条件，对弱势群体自身的主观因素重视不足。这种现象反映出研究者对人民主体性的作用认识不够。提升获得感的措施集中于提高物质生活水平，完善法治建设，提升生活品质，增加休闲时间，健全教育、医疗、就业、住房等民生政策等客观方面的因素。这些因素几乎不涉及弱势群体自身，忽视了弱势群体的主动性和积极性。对社会组织等专业机构在提升获得感中的作用也重视不足。此外，目前关于获得感的实验干预研究较少，缺乏实证检验。因此有必要针对不同弱势群体的获得感开展干预实验，为提升获得感提供科学依据。

（五）研究总结

虽然学术界对获得感的研究在快速发展，对获得感的内涵、维度和提升途径进行了探索，但实证研究成果较少。已有研究大多关注改革成果的分配对人们获得感的影响，但较少从个体心理感受方面分析获得感所受的影响。获得感的研究视角也需要拓展。目前的研究范式存在的问题主要有两个。一是科学的研究范式不充足，大多研究还停留在解决民生问题、惠民政策如何改进的角度，与其他领域如认知和情感领域的交叉研究较少。获得感的研究层次有待提升，缺乏获得感研究顶层设计的创新与突破，战略规划方面的研究偏少，战术策略方面的研究较多。关于如何提升和改善获得感研究现状的研究较少。二是在影响因素和影响效果方面，以往研究多考察某一类变量下某些具体因素对获得感的影响，测量获得感的前因变量，但对获得感的后果变量研究较为薄弱。

获得感研究的不足，对于人们充分了解弱势群体获得感的现状，理解和认识获得感的生成机制，更有针对性地提升获得感，造成了不利影响。因此，本书在系统梳理弱势群体获得感研究的基础上，结合弱势群体的特征，试图对弱势群体获得感的概念结构、构成维度、测量指标体系、产生过程进行阐释，并根据获得感的影响因素，从多角度提出提升弱势群体获得感的措施。

第三章

研究设计与思路

第一节 研究设计

一、研究对象

本书以弱势群体在社会生活中产生的获得感为研究对象，探索获得感的基本内涵和产生机制，并尝试提升弱势群体的获得感。研究主体包括生理性弱势群体和社会性弱势群体。研究对象包含三个层面。一是理论阐释层面：界定弱势群体获得感的概念内涵，分析获得感的形成机制。二是测量层面：构建获得感的测量指标，设计获得感的测量工具。三是实践应用层面：提出获得感的提升对策，通过多种手段提升获得感。

二、研究问题

本书的科学问题是如何提升弱势群体的获得感。提升获得感，需要逐步解决四个问题。一是界定获得感的概念内涵。对获得感进行科学完整的概念界定，分析获得感的结构维度，描述获得感的内涵和外延。二是解决获得感的测量问题。编制获得感的测评量表，构建获得感的测量指标，科学有效地测量获得感的高低。三是分析获得感的产生过程。获得感受到众多宏观因素和微观因素的影响。分析获得感的影响因素，探析获得感的产生过程，构建获得感的理论模型。四是根据获得感的影响因素，提出获得感的提升措施。

三、研究目标

在学术层面，探索获得感的概念、形成机制和测量指标。在实践层面，通过多方协同，提升获得感。具体而言，包括以下目标。第一，明确获得感的结构和内容，厘清获得感与相关概念的关系。第二，解决获得感的测量指标问题。第三，明晰弱势群体获得感的产生过程，阐明形成机制。第四，通过多种措施提升获得感，促进共享发展的实施。

四、研究框架

本书包含四部分研究。首先，阐释获得感的基本内涵。其次，构建获得感的测量指标，并分析弱势群体获得感的现状。再次，探明获得感的影响因素与产生过程，构建形成机制。最后，提出增强获得感的策略。

第一部分：弱势群体获得感的概念界定。获得感是将自己劳动付出所得到的各种物质权益、精神权益和社会权益与预期收益进行比较，而产生的认知评估和情绪体验。实际获得对自身预期的符合程度与需要的满足程度，决定了获得感的高低。本书通过文献梳理，界定弱势群体获得感的概念，并分析获得感与相关概念的关系。

第二部分：弱势群体获得感的测量指标构建，包含两项研究。一是获得感的测量问卷。根据获得感的概念界定，研制获得感的测量问卷，并对测量问卷的科学性进行检验。二是进行问卷调查和数据分析，掌握弱势群体获得感的现状，分析弱势群体获得感的维度和特点。

第三部分：弱势群体获得感的形成机制研究。获得感受一系列主客观因素的影响。本书构建了获得感的形成机制，从宏观因素和微观因素入手，以政府公共服务、相对剥夺和主观满意度因素为主，分析获得感的产生过程。采用文献分析、问卷调查和数据分析的方法，构建和检验形成机制。

第四部分：弱势群体获得感的多元协同提升策略研究。根据弱势群体获得感的形成机制，从政府、社会和弱势群体自身三个层面构建提升策略。其中，政府发挥主导作用，社会组织积极参与，弱势群体发挥主体作用，三者相互协同。

第二节　研究思路

一、研究思路

本书以弱势群体的获得感为切入点，采用提出问题、分析问题和解决问题的思路。首先，提出问题。在共享发展理念的背景下，弱势群体较低的获得感影响全体人民获得感的提升，因此需要提升弱势群体的获得感。其次，分析问题。探索弱势群体获得感的概念结构，设计测量指标，构建获得感的形成机制，分析弱势群体获得感的现状及原因。最后，解决问题。构建多元协同提升策略，从政府、社会和弱势群体自身三个层面，针对弱势群体的特点，提升获得感。研究思路如图 3-1 所示。

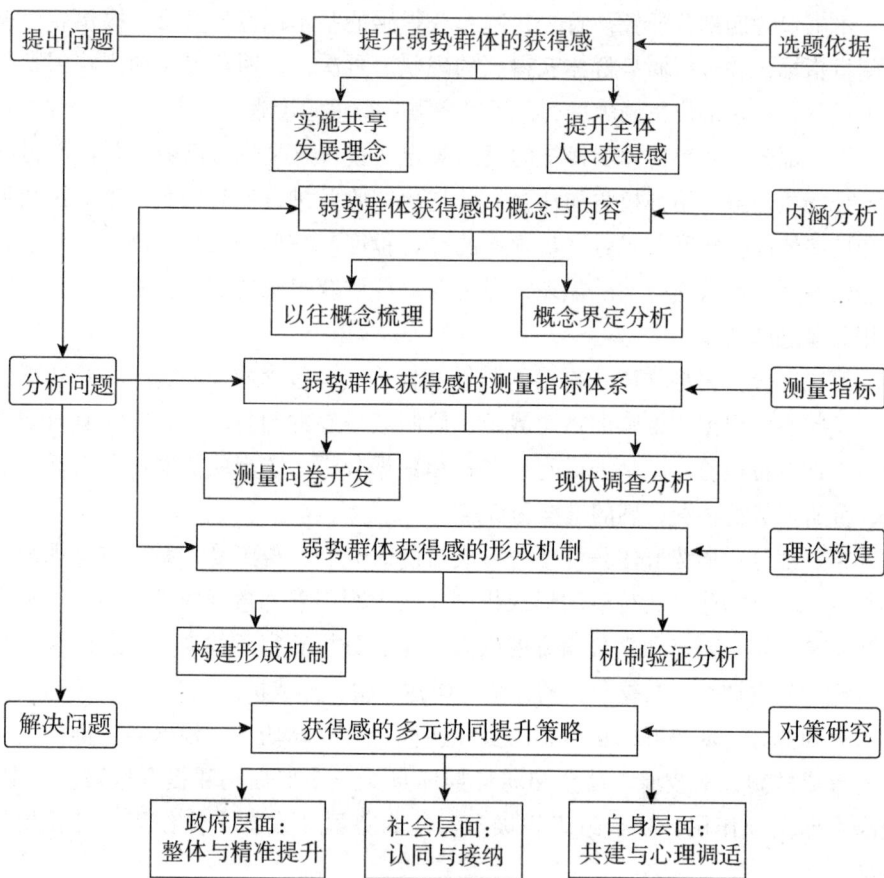

图 3-1 研究思路

二、研究方法

本书采用定性方法和定量方法相结合，完成研究目标。一是采用文献分析法，对习近平总书记关于获得感的系列讲话文本进行语义分析。通过文献分析，研读党的十九大会议公报。分析研究文献，构建获得感的概念结构，提出增强获得感的方法。通过文献分析，探索弱势群体获得感的产生过程和影响因素，分析相对剥夺感与获得感的关系。考察政府和社会组织在提升获得感中的作用。二是采用访谈法分析获得感的产生过程，归纳获得感的主要内容和影响因素，为测量指标和问卷提供项目。三是通过问卷研制和调查，分析弱势群体获得感的现状、特点和影响因素。数据处理采用描述统计、结构方程模型、中介效应与调节效应分析，统计软件为 SPSS20.0 和 AMOS21.0。

三、研究重难点

本书的重点有三个。一是分析弱势群体获得感的概念结构。这是获得感理论发展的需要，能够将获得感与相似概念相区别，也是后续研究的基础。二是构建获得感的形成机制。形成机制能够解释弱势群体获得感的成因，也是提升获得感的前提条件，在研究中起到承上启下的作用。三是研制获得感的测量指标体系。测量指标是弱势群体获得感调查和评价的依据，也是研制测量问卷的理论框架。

本书的难点也有三个。一是弱势群体获得感的测量。测量与数据分析需要花费一定的人力物力，工作量与工作难度较大。二是获得感提升中的多元协同。各提升主体之间的协同互动较少，实践经验薄弱，合力形成困难，可参考资料较少。三是弱势群体自身提升获得感。弱势群体自身主动性发挥不足，存在"等靠要"思想，潜能未充分发挥，心理调适缺乏实践指导。

第三节　研究价值与创新

一、研究价值

本书对获得感的理论构建和实践提升具有重要的学术价值和应用价值。学术价值有三点。一是促进共享发展理念的完备成熟。本书明确和完善了共享发展理念的对象与任务。弱势群体是落实共享发展的重要对象，提升弱势群体的获得感是共享发展的重要任务。二是有助于获得感的测量与评价研究。本书根据获得感的概念和内容构建获得感的测量指标体系，实现了对获得感客观准确的测量和评价。三是促进获得感形成机制的研究。本书在分析各种影响因素的基础上，根据获得感是对实际获得进行评估后形成的实质，构建了获得感的形成机制，有助于准确理解获得感的形成过程。

本书的应用价值有三点。第一，发现提升弱势群体获得感的紧迫性。弱势群体较低的获得感成为发展不平衡不充分的重要体现，是全面建成小康社会的短板。在社会转型过程中产生的风险可能更多地传递给弱势群体，使其获得感容易受到侵蚀。第二，形成科学合理的获得感观念。一是避免对获得感的片面认识、武断评价和简单由某些社会现象下结论，树立人们对获得感的科学认识，疏解社会情绪，提升民众获得感。二是认识到获得感是由对实际获得的主观评估而产生的。三是指明获得感并非不劳而获。获得感应通过共建共享来提升。第三，有助于提升弱势群体的获得感。这是党治国理政的重要任务，也是提升全体人民获得感的重要内容。本书通过提升策略增强弱势群体的获得感。

二、研究创新

本书的创新体现在学术思想和学术观点两个方面。

首先，在学术思想方面具有两个特色。一是以补短板的思路提升全体人民获得感。弱势群体是获得感较低的群体，增强其获得感能够提高全体人民的获得感。二是采用多元协同和精准分类的方式提升获得感。政府、社会和弱势群体三个层面相互协同，精准提升获得感。重视社会组织和弱势群体自身在提升获得感中的作用。

其次，学术观点具有三点创新。一是提升弱势群体的获得感是共享发展的重要体现。弱势群体是共享发展的对象，其获得感只有通过共享发展理念来提升。二是构建获得感的概念结构，界定与相关概念的关系。获得感是对实际获得比较后产生的认知评估和情绪体验。相对剥夺感与获得感相互对立、此消彼长。三是采用心理调适的方法能够有效提升获得感。相对剥夺感和经济收入是弱势群体获得感最强的主客观影响因素，心理调适可从相对剥夺和经济收入入手。

第四章

弱势群体获得感的结构与概念研究

第一节　弱势群体的获得感

一、弱势群体获得感的研究梳理

弱势群体获得感是较新的研究主题，反映了弱势群体的社会关切，主要研究有获得感的原因分析和提升策略。

首先，弱势群体获得感较低的原因有三种：经济原因、心理原因和社会原因。经济原因是最主要的客观因素，体现为收入较低和经济贫困。弱势群体的贫困问题依然突出，消费能力较低，不利于内生经济增长。虽然我国居民整体消费能力在提升，但消费增速明显低于经济增速和投资增速。心理原因是重要的主观因素，表现为相对剥夺感和需要难以满足。弱势群体在社会生活中的获得感相对不足，容易产生过激情绪，将个别不幸的特例放大为普遍性的存在，产生社会消极感受和言论。社会原因也极为重要。弱势群体由于社会地位较低而被边缘化，参与社会治理和社区活动较少，发展渠道受阻。王俊秀和陈满琪的社会调查也发现，获得感受到主观社会阶层的影响，中上和上层群体的获得感最高，下层居民的获得感和获得感需求均处于最低的水平①。

其次，获得感的提升研究。第一，增加收入是提升获得感的首要措施，应通过经济建设增加弱势群体收入、优化社会收入分配结构、缓解贫富差距过大问题。第二，社会保障是提升获得感的重要保证，可制定倾斜政策和帮扶措施，优化社会公共资源配置，发展社会工作等，解决弱势群体的生活困难。第三，

---

① 王俊秀，陈满琪. 社会心态蓝皮书：中国社会心态研究报告（2017）［M］. 北京：社会科学文献出版社，2017：17.

深化改革是提升获得感的主要动力，如推进社会主义民主政治、实施户籍制度改革、统筹城乡和区域协调发展等。

二、典型弱势群体的获得感

弱势群体涉及的对象较多，研究者分析了不同弱势群体的获得感，发现大多数弱势群体的获得感较低，具有提升的潜力。常见的弱势群体有贫困群体、老年群体、大学生群体等。

（一）贫困群体的获得感

贫困群体与弱势群体存在一定的联系和差异。联系方面有三点。一是贫困群体和弱势群体存在重合。一些群体既是弱势群体，同时也是贫困群体。二是摆脱贫困的同时，往往有助于摆脱弱势地位。弱势群体可能是贫困造成的，贫困群体也可能是由弱势造成的。对贫困群体的帮扶也有助于弱势群体的获得感提升。三是贫困和弱势都是相对而言的。贫困与富裕是相对而言的，弱势和优势也是相对而言的。在自身积极努力和外界有利条件下，贫困和弱势状况能够发生改变。差异也有三点。一是二者的视角不同。贫困群体是从拥有财富多寡的角度而言，弱势群体是从社会关系角度而言。二是二者不完全重合。贫困群体也可能在社会关系中处于优势，弱势群体也可能拥有大量财富。历史上存在着富有却社会地位低下的群体，如"士农工商"中的商人阶层、印度种姓制度中的底层、南非种族隔离制度中的非白人、纳粹集中营中的犹太人，他们可能拥有财富，但社会地位低下。三是摆脱自身现状的努力程度不同。贫困群体通过自身努力可以摆脱贫困，而弱势群体摆脱弱势处境，则需要改变社会关系中的相对位置，对外部情景的依赖较大。

农村贫困群体的获得感包含丰富的内容。农村贫困群体的获得感是指政府、市场、社会组织等供给主体通过物质和精神等手段开展脱贫攻坚，使农村贫困人口因参与精准扶贫而获得经济利益、政治利益、社会利益、心理利益和文化利益后所产生的具有相对稳定性的主观心理状态①。农村贫困群体的获得感具有主观性、相对稳定性和全面性的特点。贫困人口的获得感包括经济、政治、社会、心理和文化等方面的获得感。贫困群体的获得感与正常群体的获得感存在较大差异，基本生活条件和生活资料在获得感中占据了主要地位。卿定文与何爱爱研究发现，农村贫困人口获得感主要体现在两方面：一是在经济社会发

---

① 洪业应. 农村贫困人口的获得感：一个概念的社会学意义及其政策启示 [J]. 重庆理工大学学报（社会科学），2020，34（4）：82-89.

展中是否共享发展的资源、机会和实惠；二是贫困人口的生活环境、公共服务设施、民生状况、社会保障层次和水平等提高的程度①。贫困群体获得感的内容不全面，缺乏人文关怀，也缺乏政治、文化和生态环境领域的获得感。对农村贫困人口的社会保障制度也不够健全。

贫困人口的获得感是由其主导性需求决定的。主导性需求与马斯洛的需求层次理论密切相关。农村贫困人口的特点是生活困难，主要还是生理需求（衣食住行用）没有得到满足而处于贫困状态。农村贫困人口获得感的提升，主要依靠物质手段，但安全需求、社交需求、尊重需求和自我实现的需求也不容忽视。在提升获得感的过程中，在满足最基本的低层次需求的基础上，对于其精神方面和文化方面的需求也要注意满足。梁崇新和钟玉容在分析贫困群体精准脱贫过程中的获得感时发现，贫困户的政治获得感较高，而非贫困户的政治获得感则较低②。贫困户的经济获得感也高于非贫困户，贫困户的民生获得感也高于非贫困户。出现这种状况可能是由于贫困户在脱贫过程中获得了大量的政策、经济和民生帮助，得到了实惠，提升了各方面的获得感。要提升农村贫困人口的获得感，需要在坚持共享发展理念的前提下，构筑农村贫困群体的物质基础，发展社会保障网络，完善多领域的制度建设。

在贫困群体方面，不仅要关注农村的贫困群体，城市贫困群体的获得感也不容忽视。城市的贫困人口主要包括两部分：一是由先天自身缺陷或后天外部因素冲击导致的贫困人员，主要包括低劳动能力、低收入来源、无人监护或赡养的人群；二是生计面临困境的农村流动人口③。城市贫困人口具有绝对数量大、抗风险能力差、生存环境恶劣等特点。在全社会大力推动精准扶贫，帮助农村贫困群体脱贫的同时，城市贫困群体面临的困难也应受到关注。在提升全体人民获得感的同时，也要提升城市贫困人群的获得感。通过向城市贫困人群提供更均等的发展机会，通过基础设施建设、教育资源均衡化、加大民生投入和社会保障体系建设，使城市贫困群体获得均等的发展机会和良好的生活环境。

（二）农民工的获得感

农民工在社会发展和经济建设中发挥重要作用。获得感的高低是检验农民

---

① 卿定文，何爱爱. 提升农村贫困人口获得感的实现理路：基于共享发展理念视角 [J]. 长沙理工大学学报（社会科学版），2018，33（3）：35-42.

② 梁崇新，钟玉容. 精准扶贫政策实施过程中农户获得感的现状研究：以北流市平政镇双头村为例 [J]. 山西农经，2020（1）：58，62.

③ 张安驰. 中国式分权下的经济发展与城市贫困人群获得感提升 [J]. 经济与管理评论，2020，36（1）：15-25.

工所在城市生活质量的典型性、概括性指标，也是农民工融入所在城市的直接反映。从产生过程来看，农民工的获得感是指在新型城镇化的背景下，农民工经过建筑业、服务业等劳动，在经济收入、公共服务、社会关系、社会参与、尊严价值等方面得到切实收获，并将其与不同标准进行比较而产生的满足和喜悦感受①。农民工的获得感，关系到农民工的未来生活规划，也影响到我国新型城镇化目标的实现。从社会比较的角度来看，农民工的获得感是农民工对自身在社会经济发展过程中的客观所得进行社会比较后产生的主观感受。根据进行社会比较内容的不同，农民工的获得感可分为经济生活获得感、公共服务获得感、社会关系获得感、政治参与获得感和价值尊严获得感五个维度。这五个维度，包含了经济、社会、政治和心理方面，反映了农民工所看重的获得感的各个方面。

虽然农民工获得感具有重要作用，但由于获得感的研究刚刚起步，对农民工获得感的研究较为薄弱。目前研究主要在于农民工获得感的特点、影响因素等方面。在城镇化的发展过程中，农民工作为工作和生活在城镇的农村人，具有特殊的社会性质，其获得感也与城镇人口和农村人口不同。李磊对不同代际农民工的质性研究发现，农民工的获得感存在相同点，但也存在较多不同之处②。

首先，在相同点上，不同代际的农民工对超时劳动带来的劳动报酬具有较高的获得感，加班报酬为农民工带来较高的物质上的获得感。并且，不同代际的农民工获得感受到过度超时劳动、自我身份构建与认同、获得感提升预期和社会上升流动的影响。超时劳动造成了身体的健康风险和心理上的相对剥夺感，严重削弱了获得感。超时劳动虽然增加了物质获得感，但又降低了心理层面与精神层面的获得感。

其次，在不同点上，不同代际农民工在超时劳动的接受意愿与忍耐力、相关利益诉求与表达途径等方面存在不同。这些差异导致不同代际农民工的获得感存在差异。对农民工获得感影响较大的因素是超时劳动即加班，这个因素也表现出较高的代际差异。超时劳动根据农民工的自主意愿程度，可分为三种。一是市场机制下个体的自愿加班。农民工加班基本出于自愿，自主决定是否加班。一般情况下，农民工为增加收入，会自愿加班。这种情况多见于计件工资

① 龚紫钰，徐延辉. 农民工获得感的概念内涵、测量指标及理论思考 [J]. 兰州学刊，2020 (2)：159-169.
② 李磊. 获得感视域下的农民工超时劳动叙事：一项基于代际比较的质性研究 [J]. 安徽农业大学学报（社会科学版），2020，29 (1)：95-101，120.

制的行业，例如交通运输业、生产制造业。二是理性选择下的半自愿加班。这种超时劳动受业务量波动的影响较大，淡旺季加班比较明显，如个体工商户、餐饮服务业。由于旺季加班能够大幅度增加收入，农民工为增加收入和完成工作，也不得不进行加班。三是强制性的个体非自愿加班。在制造业工厂中，工人收入较大部分来自加班费，甚至受到管理者的严苛管理。对超时劳动的态度，不同代际农民工表现出较大不同。"60"后和"70"后农民工对超时劳动具有较强的忍耐力，而"80"后和"90"后部分农民工因不愿忍受而直接辞职。

（三）老年人群体的获得感

在老年人的获得感中，最重要的成分是养老保障。王永梅和吕学静研究了老年人的养老保障获得感①。养老保障获得感包括现实获得感、纵向获得感和预期获得感三个维度。在养老保障获得感中，传统的家庭保障和现代的社会化保障、老年人的需求及满足程度、养老保障的公平程度是养老保障获得感的重要影响因素。具体而言，经济独立性、社工数量和邻居数量对养老保障获得感具有积极影响。能够领取养老金或退休工资的老人，具有较高的经济独立性，其养老保障获得感明显较高。这部分老人对养老资源的支配控制度较高。老年人的养老观念也是获得感的重要影响因素，决定了老年人对不同来源养老支持的定位。其中，家庭养老观念起到了较大作用，社会养老服务提高养老保障获得感的作用开始显现。大多数老年人养老获得感的核心因素仍然是家庭，养老需要依靠家庭。老年人的文化程度也影响了养老保障获得感，随着文化程度的提升，老年人因自身保障能力提高，其养老保障也逐渐增强。与亲属合住的老人身边有随时能照顾自己的亲人，生活保障感较高，其养老保障获得感也高于独居老人和空巢老人。

（四）大学生群体的获得感

研究者对大学生群体中的弱势大学生获得感也进行了探索，研究内容主要有大学生获得感的结构、差异分析、测量工具和影响因素等。首先，在概念结构上。研究者对大学生的获得感进行结构探索，构建了大学生获得感的三维度结构，分别为参与机会、身份认同和个人成就获得②。在三维度结构中，参与机会包括读书机会、就业机会、发展机会。身份认同是指大学生身份的认同。个

---

① 王永梅，吕学静．老年人的养老保障获得感及其影响因素研究：基于北京市六城区的抽样调查［J］．中共福建省委党校学报，2018（10）：84-94.

② 文静．新时代大学生获得感 AIA 三维度研究［J］．广州城市职业学院学报，2018，12（1）：97-100.

人成就获得是指大学生学习和其他素质方面的提升。其次，在差异方面。叶一舵等人在对贫困大学生相对获得感的研究中发现，贫困大学生的获得感在专业上存在差异，理科专业学生高于文科专业学生①。再次，在测量工具方面。韦耀阳和王艳编制了大学生人际交往获得感量表，经数据检验，量表的信、效度达到了心理测量学的标准②。大学生人际交往获得感包括自我获得感和外界获得感两个方面。自我获得感包含社交知识获得感和社交能力获得感两个因素。外界获得感包含同学关系获得感、师生关系获得感、社会关系获得感和亲密关系获得感四个维度。在这六个因素中，社交知识获得感和社交能力获得感起到了决定性的作用，方差贡献率最高。最后，在影响因素方面。研究发现，民办高校大学生的家庭经济状况、城乡差异、学习能力和情绪适应能力是影响获得感的重要因素③。

第二节　获得感的结构维度梳理

对获得感测量以获得感的结构维度为基本前提。不同的获得感维度理论框架，产生不同的测量工具。以往对获得感结构维度的研究包括多维度的结构理论。

一、获得感的结构维度概况

目前对获得感的研究日益丰富，但研究中对获得感的概念界定各有侧重，对获得感的概念内涵和获得感的结构维度缺乏系统的研究。以往对获得感的测量研究中，常用社会调查问卷中的相近项目作为获得感的测量指标，这种测量对获得感的适配度和拟合度不高，各研究也存在较大差异。这些测量大多研究获得感与某些因素的关系，如将获得感作为社会发展的衡量指标，侧重人们在经济权益、社会发展成果和民生方面获得的内容；也有研究测量获得感的主观感受成分，对获得感的感觉和体验进行阐释。随着研究的深入，对获得感的测

---

① 叶一舵，何小芹，付贺贺．基于社会比较的贫困大学生相对获得感提升路径探讨［J］.教育现代化，2018，5（19）：316-319.

② 韦耀阳，王艳．大学生人际交往获得感量表的编制和信效度分析［J］．黄冈师范学院学报，2020，40（1）：101-106.

③ 周海涛，张墨涵，罗炜．我国民办高校学生获得感的调查与分析［J］.高等教育研究，2016，37（9）：54-59.

量从借用社会调查中的项目发展为研制针对性较强的获得感测量问卷。研究者从获得感的实际获得引起主观感知的本质特征出发，进行测量研究。如：孙远太在对城市居民获得感的调查研究中，采用近期生活状态的改善为测量指标①；黄艳敏等人采用个体实际获得与预期比较的符合程度进行获得感的测量②；王浦劬和季程远在分析获得感的内涵和测量时，采用人们的得失感知进行测量③。随着研究的深入，获得感包含丰富内容的特点也逐渐显现。研究者提出了民生获得感、政治获得感、经济获得感等解释框架，将时间比较维度也纳入获得感的理论体系，提出了横向获得感和纵向获得感等。这些研究将获得感的概念和测量逐渐推进，阐释获得感的内涵特征。

二、获得感的两维度结构

获得感包括物质层面和精神层面。王习胜认为获得感既有物质性获得，也有思想性获得④。物质性获得是物质实在性的需要，包括吃穿住用等生活方面的物质需要，也包括人的社会交往等社会实践性的发展需要。思想性需要主要指人们的精神生活及个体发展的需要，也包含了心理健康的维护及发展的需要。如果将获得感作为需要得到满足后产生的主观感受，那么不论人们的物质性需要还是思想性需要，得到满足后都能够产生获得感。获得感的强度与需要得到满足的程度密切相关。付安玲也认为获得感包括物质和精神两方面⑤。获得感具体表现为参与感、受益感、存在感、价值感、认同感和信仰感等。精神层面的获得感虽不如物质方面的获得感外化显著，但能反映出人们精神需求的满足程度，也不容忽视。精神层面的获得感能够彰显人的主体性、能动性和创造性。

三、获得感的三维度结构

获得感作为一个社会心理概念，存在自身的维度结构。获得感结构涉及的

---

① 孙远太. 城市居民社会地位对其获得感的影响分析：基于6省市的调查 [J]. 调研世界，2015（9）：18-21.

② 黄艳敏，张文娟，赵娟霞. 实际获得、公平认知与居民获得感 [J]. 现代经济探讨，2017（11）：1-10，59.

③ 王浦劬，季程远. 新时代国家治理的良政基准与善治标尺：人民获得感的意蕴和量度 [J]. 中国行政管理，2018（1）：6-12.

④ 王习胜. "思想咨商"助力提升思想政治教育"获得感" [J]. 教学与研究，2018（1）：105-110.

⑤ 付安玲. 大数据时代思想政治教育"获得感"的人学意蕴 [J]. 思想教育研究，2018（2）：37-41.

问题有获得感的主体、获得感针对的价值物或对象、不同价值物的获得感之间的关系、各种社会群体获得感的结构等。文宏和刘志鹏将获得感分为经济获得感、政治获得感和民生获得感①。经济获得感与国家宏观经济状况及个人家庭收入等因素密切相关，而且涉及当前、未来及对比趋势的各种不同因素，甚至还体现在对公平分配的主观感知层面。政治获得感是民众对政治氛围、政民关系、政治信任、政治认同以及政治参与热情的主观感知，可以细分为正风反腐获得感和政治参与获得感。民生获得感是民众的基本生存以及基本发展机会、基本发展能力和基本权益保护的状况得以实现与保障，从而形成的主观感知。民生获得感包括生存保障获得感和发展保障获得感。

四、获得感的五维度结构

王俊秀等人认为，获得感是在一定的社会环境下，通过个体努力，在物质和精神方面得到一定提升、肯定和奖赏后产生的认知与情绪体验②。其研究从获得感的产生过程出发，采用字词联想、原型枚举等心理学研究方法，对获得感联想得到的词语进行汇总分析，发现获得感的概念表征主要涉及五个方面。第一个方面是获得感的内容。既包括物质条件的获得，比如收入、金钱和加薪等；也包括精神方面的获得，如事业成绩、荣誉和成就等。第二个方面是获得感所处的环境。主要是社会为满足民众需求所创设的现实条件，如公平、安全、反腐、共享与合作等。第三个方面是获得感的体验。民众需求得到满足时产生的积极心理体验，如幸福、愉悦和满足等。第四个方面是获得的途径。民众满足需求过程中的自主性，如努力、刻苦和勤奋等。第五个方面是获得与分享。主要是产生获得感后的感恩、乐于助人和同甘共苦。以此为依据，研究开发了与居民生活质量密切相关的、针对获得感产生过程的测量问卷。董洪杰和谭旭运等人建构并检验了获得感的结构维度③。其研究认为获得感是个体对满足自身需求的内容、实现途径与所需条件的认知评价以及在此过程中的心理体验。通过问卷分析，验证了获得感是包含获得体验、获得环境、环境内容、获得途径和获得分享的五维度结构。

① 文宏，刘志鹏. 人民获得感的时序比较：基于中国城乡社会治理数据的实证分析［J］. 社会科学，2018（3）：3-20.

② 王俊秀，刘晓柳. 现状、变化和相互关系：安全感、获得感与幸福感及其提升路径［J］. 江苏社会科学，2019（1）：41-49，258.

③ 董洪杰，谭旭运，豆雪姣，等. 中国人获得感的结构研究［J］. 心理学探新，2019，39（5）：468-473.

五、特殊领域与群体的获得感结构维度分析

特殊领域与群体的获得感主要是公共服务领域和乡村教师群体的获得感。原光和曹现强曾将基本公共服务领域获得感分为六个一级维度，分别是服务数量感、服务质量感、便利可及感、服务公平感、服务持续感、服务支持感①。服务数量感是公众对服务总量的感受，体现了对基本公共服务的种类、规模、覆盖率的满意程度。服务质量感是公众对服务质量的体验，是对基本公共服务供给质量的满意程度，体现了公共服务的质量水平及与公众需求的契合程度。便利可及感是公众对基本公共服务便利性的感受，体现为基本公共服务能否便捷地输送到公众手中，公众能否无障碍地享受公共服务。服务公平感是对基本公共服务的平等性和均等性的感受，体现为公众在服务供给中能否被尊重，能否被公平公正地对待，能否获得大致均等的待遇。服务持续感是公众对服务可持续性的感受，体现为政府能否实现基本公共服务供给的可持续发展，公众能否长期、稳定地享受具有发展性的公共服务，能否获得良好的、持续的服务体验。服务支持感是公众对基本公共服务所包含的社会支持的感受，体现了服务的社会价值和社会支持功能。服务支持感是基本公共服务中产生较高层次影响的部分，体现了基本公共服务在满足公众基本需求时，能否做到以人为本、尊重公众、服务公众，从公众的自我实现和人生发展的需求角度进行制度设计。这六个维度与公众接受的基本公共服务密切相关，对评价公共服务具有重要作用，但也具有一定的局限性，囿于公共服务领域。

崔友兴在马斯洛需求层次理论的框架下，结合乡村教师的生存和发展实际，将乡村教师的获得感分为五个维度②。这五个维度分别为物质获得感、专业获得感、公平获得感、成就获得感和精神获得感。物质获得感指乡村教师在获得特定物质资源后所产生的主观体验，具体表现为教师的工资收入和福利待遇。专业获得感是乡村教师对所从事的教师职业以及任教学科产生的自我效能感和积极体验，主要是专业信念、专业知识、专业情感和专业技能。公平获得感是乡村教师在学校人际交往过程中得到公正对待和在学校事务中得到公平看待后产生的积极主观感知和体验。公平获得感体现在职称评定、职务晋升、工资福利

① 原光，曹现强. 获得感提升导向下的基本公共服务供给：政策逻辑、关系模型与评价维度 [J]. 理论探讨，2018（6）：50-55.
② 崔友兴. 新时代乡村教师获得感的内涵、构成与价值 [J]. 当代教育与文化，2020，12（2）：84-89.

发放、发展机会和奖惩中。成就获得感指乡村教师对自身所从事的教育职业带给自己的回报所形成的积极体验，包括教师自我获得的成就和学生发展获得的成就。精神获得感是乡村教师职业和教育实践所生成的理想境界和高峰体验，是乡村教师自身意义和价值的体现。

第三节　弱势群体获得感的概念界定

一、获得感的概念梳理

由于获得感是扎根生长于中国大地的新生概念，与外来研究概念不同，缺乏可以引用和翻译的理论阐释。对获得感的概念应结合我国的实际情况进行界定。提出和界定获得感，是坚定文化自信的表现。

研究者对获得感的认识多种多样，关注的视角和侧重点不同，概念界定也不相同。获得感包含的内容较为丰富，容易与相近概念混淆。例如，郑永扣等人认为获得感是指在经济社会发展过程中，居民在个人收入、社会安全、公共服务、权利保护及社会参与等方面，通过实实在在的得到而产生的安全感、舒适感和满足感[①]。获得感的定义包含三个方面。一是安全保障，主要是居民收入增加，医疗、教育、养老有保障。二是政府治理，居民的个人权利能够受到有效保护，居民能够享受到政府提供的基本公共服务，政府治理有所保障。三是生活质量，居民通过社会参与，体验社会公平，过上体面、有尊严的生活。该定义反映出获得感的主要实质为在社会发展诸方面的实际获得和主观体验，但将获得感归结为安全感、舒适感和满足感，又与相关概念混淆。

从语义的角度看，获得感是一个先分开再总和的概念。杨玉浩对获得感的语义进行分析，认为获得感是一种通过努力来满足现实需求的心理状态[②]。其研究将获得感进行单字分解。从"获"和"得"的起源来看，"获"在《新华大词典》中的本义是打猎来捕获禽兽。"获"的繁体字有两种，分别是"獲"和"穫"，表示得到猎物或粮食。"感"的含义是外界事物引起心理上的反应。

---

① 郑永扣，郑志龙，刘学民，等. 河南社会治理发展报告（2015）[M]. 北京：社会科学文献出版社，2015：266.
② 杨玉浩. "获得感"的应用语境及度量结构：基于习近平系列重要讲话的语义解析[J]. 福建省社会主义学院学报，2018（4）：38-44.

"获"在《康熙字典》中的解释为"猎所获也","得"的解释为"行走有所得"。杨玉浩的研究从字的起源分析了获得感的含义。但获得感不应仅仅从单个字的角度进行解释,而是一个整体的概念。对获得感的认识不能简单地将其拆分再总和。其单个字的含义完全能够被包含在获得感这一复合词的概念中。本书认为获得感应具有通过劳动而有所得到的含义。

研究者对获得感的概念界定也影响了获得感的测量指标。如果没有明确的概念界定,获得感的测量也难以稳定有效。在 2016 年的调查中,郑永扣等人采用安全感与尊严感两个维度进行获得感的测量①。这种情况也反映出研究者对获得感的认识处于动态变化之中。获得感的测量也存在指标混用的问题。同样的测量指标,有研究者用来测量幸福感,也有研究者用来测量获得感。在郑永扣等人对河南省城市居民幸福感的调查分析中,将政府质量与社会生活作为幸福感的测量指标,但也有研究者将类似的政府治理和生活质量作为获得感的测量指标。政府治理指标包括法治建设、政府建设和公共服务,社会生活指标包括社会参与度、生活质量、收入满意度、信心感、对所在城市的喜爱度、社会和谐度。在王积超和闫威对城市居民获得感的测量中,采用一道题目来测量获得感,即"总的来说,您觉得您的生活是否幸福"。这种测量方式将主观幸福判断作为获得感的测量指标。对比这些指标可以发现,幸福感与获得感的测量指标存在不少混用之处。

二、弱势群体的选取

本书要探索弱势群体的获得感,需要对弱势群体进行界定。弱势群体具有广泛的社会存在。弱势群体既包括从社会角度的划分,也包括从个体角度的划分。

(一) 从社会阶层角度对弱势群体的划分

社会阶层是划分弱势群体的重要依据。社会阶层是社会心理学的重要研究领域,指个体拥有的社会资源和对自己所处社会等级的感知。社会阶层对个体的心理感受具有重要的影响。社会阶层的高低取决于个体所拥有的客观的社会资源,以及与他人进行比较时知觉到自己在社会中所处的位置②。

---

① 郑永扣,郑志龙,刘学民,等. 河南社会治理发展报告:2016 [M]. 北京:社会科学文献出版社,2016.

② KRAUS M W, STEPHENS N M. A Road Map for an Emerging Psychology of Social Class [J]. *Social and Personality Psychology Compass*,2012,9 (6):642-656.

根据社会认知视角理论（Social Cognitive Perspective），较低社会阶层所掌握的社会资源较少，感知到较低的社会地位，感知到的社会公平也较低。低社会阶层的人群缺乏社会资源，对外部的依赖较强，形成了情境主义的社会认知倾向，容易将个体的心理与行为归因为情境因素①。低社会阶层的人群较少认为自身社会资源的不足是由个人内部因素造成的。高社会阶层的人群拥有的社会资源较为丰富，并感知到较高的社会地位，对外部力量的依赖比较弱，倾向于认为个体的行为主要受自身因素的影响。研究者发现，低社会阶层的人群相比高社会阶层的人群，对来自周围环境的各种威胁因素更加敏感，容易体验到被排斥感，容易处于弱势境地②。低社会阶层的人群也难以像高社会阶层的人群那样，利用所拥有的资源来应对环境中的不利因素。

备用容量模型（Reserve Capacity Model）认为低社会阶层的人群得到增加自身心理社会资源的机会较少，同时在社会生活中面临的压力也让他们耗费更多的心理社会资源③，容易受到消极情绪与认知的影响。心理资源和社会资源的枯竭，让低社会阶层的人群更容易处于弱势地位。

根据来源和依据，社会阶层可分为客观社会阶层和主观社会阶层。主观社会阶层是指个体对其自身在社会阶层结构中所处位置的感知，其基础是经济、权利、文化等资源分配或占有的差异。但在预测准确度上，研究者发现主观社会阶层具有更高的预测精准度④，在预测心理压力等主观感受时效度较高。客观社会阶层通过人们对主观社会阶层作用于获得感。研究者在考察社会阶层时，越来越多地采用主观社会阶层作为表征个体社会阶层的指标。个体的主观社会阶层通过社会公平感、无助感和相对剥夺感的中介效用，使个体产生弱势群体的认同和感受。研究者对新冠疫情产生创伤后应激障碍的调查也发现，主观社

① 朱英格，董妍，张登浩. 主观社会阶层与我国居民的获得感：社会排斥和社会支持的多重中介作用 [J]. 中国临床心理学杂志，2022，30（1）：111-115.

② CÔTÉ S, GYURAK A, LEVENSON R W. The Ability to Regulate Emotion is Associated With Greater Well-being, Income, and Socioeconomic Status [J]. *Emotion*, 2010, 10 (6): 923-933. 另：JOHNSON S E, RICHESON J A, FINKEL E J. Middle Class and Marginal? Socioeco-nomic Status, Stigma, and Self-regulation at an Elite University [J]. *Journal of Personality and Social Psychology*, 2011, 100 (5): 838-852.

③ GALLO L C, MATTHEWS K A. Understanding the Association between Socioeconomic Status and Physical health: Do Negative Emotions Play a Role? [J]. *Psychological Bulletin*, 2003, 129 (1): 10-51.

④ SAKURAI K, KAWAKAMI N, YAMAOKA K, et al. The Impact of Subjective and Objective Social Status on Psychological Distress among Men and Women in Japan [J]. *Social Science and Medicine*, 2010, 70 (11): 1832-1839.

会阶层较低的居民，其罹患创伤后应激障碍的比例显著高于主观社会阶层较高的居民，下层居民的发生率是中上层居民的 7.6 倍。其研究还发现，老年群体患病的比例较高，农村居民的患病率是城市居民的两倍多①。农村居民和老年群体的主观社会阶层也较低，属于弱势群体。从对资源的占有来看，社会阶层反映了人们对社会资源占有的差异。获得感反映了人们对所获取和占有资源的认同状况。在资源占有方面，社会阶层和获得感具有一定的相似性。

王俊秀等人对中国社会阶层的研究发现，当前人们的社会阶层认同以中层偏下为主，倾向于将自我类别化为弱势群体②。在自我类别化为弱势群体的过程中，外在的管理政策和自身状况具有重要作用。管理政策如户口类型具有重要的影响。研究发现，外地农村户口的人群更容易自我归类为弱势群体。自身状况如绝对收入、社会声望和权利资源等因素，也是导致自我归类为弱势群体的重要因素。研究发现，相对收入与绝对收入水平低、缺乏社会声望而又没有权利资源的个体，容易认为自己属于社会低下阶层③。主观社会阶层是界定弱势群体的一个重要依据。

（二）从个体角度对弱势群体的划分

部分社会成员由于身体的原因，如老年人、残疾人等属于弱势群体。低收入群体或者贫困群体，也属于弱势群体。不论是社会阶层较低者，还是经济贫困、身体衰老残疾者，均处在不利的境地，获得感需要提升。本书所称的弱势群体，既包括主观社会阶层较低的群体，也包括由身体原因造成的弱势群体。

三、弱势群体获得感的概念界定

通过对已有文献的分析，结合人们对获得感的认识，获得感的含义主要有五点。一是获得感要有实际得到。人们切实得到的实实在在的权益，是获得感的基础。没有真实的所得，获得感就会成为空中楼阁。二是获得感是通过劳动所得，而非坐享其成。各种所得，是通过劳动付出所得到的，不是"等靠要"来的。三是获得感的内容丰富，包含经济、政治、社会、文化和生态文明的内容，特别是民生方面的内容。获得感在概念内涵上应紧密结合中国特色社会主

---

① 王卫东，胡以松. COVID-19 疫情暴发后中国成人创伤后应激障碍流行及弱势群体［J］. 中华疾病控制杂志，2022，26（6）：703-708.

② 王俊秀，陈满琪. 社会心态蓝皮书：中国社会心态研究报告：2017［M］. 北京：社会科学文献出版社，2017：68.

③ 赵书松. 转型时期社会分层对个体弱势心理的作用机制［J］. 珞珈管理评论，2015（2）：32-48.

义建设"五位一体"的总体布局，涵盖这五个方面的获得感。四是获得感是主观感受。获得感是主观体验和评估，是个体的心理感受。五是获得感的高低，取决于实际获得与个体需求的满足程度。实际所得越能满足个体的需求，获得感就越强。有获得不必然产生获得感，满足需求的获得才能产生获得感。在提升获得感时，要注重精准提升。

在以往研究基础上，本书认为获得感是将自己劳动付出所得到的各种物质权益、精神权益、社会权益与预期收益和自身需要进行比较，而产生的认知评估和情绪感受。获得感包括所得认知、自我评价和情绪感受三个维度。概括而言，获得感是"现实中有得到，得到后很满足，满足后很高兴"的心理路径。所得认知包括个体在经济、政治、社会、文化和生态文明各方面的收获。实际获得对自身预期和需要的满足程度，决定了获得感的高低。所得认知是个体主观上对所得的感知，是一种主观评估，与实际所得可能存在不相符的情况。所得认知是获得感产生的前提和基础，只有切实有所得，才可能产生获得感。这种所得要为人们所切实感受到，引起心理上的认同和共鸣。所得认知体现了获得感中的"获得"属性。自我评价是个体将实际所得与需求满足程度进行比较评估，并对自己所得与付出的匹配程度进行评价。只有所得符合自己的预期和需求，认为自己所得与付出相匹配，才能产生获得感。自我评价是获得感的核心，是个体对实际所得的心理认同。情绪感受是积极自我评价后产生的愉悦情绪。需求满足后，个体的缺乏和不足状态解除，紧张减弱或消除，缓解了焦虑感。主要的情绪有高兴、愉悦、兴奋、舒适、欣慰和知足等。情绪感受是获得感中"感觉"属性的体现。

获得感将实际所得与主观体验连接起来，解释了所得与需求的关系。只有满足个体需求的所得，才能产生愉悦情绪。如果所得没有满足需求，个体则无动于衷。获得感作为个体心理上的认知和情绪感受，与个体的需求满足程度密切关联。获得感的形成源于个体生理需求和精神需求的满足。需求是个体的一种缺乏、不平衡、渴望的状态。个体的需求包括物质需求和精神需求等多个方面。只有精准地满足个体的不同需求，才能产生获得感。

在获得感的结构维度中，所得认知是弱势群体获得感中的重要组成部分。因为弱势群体在经济或社会方面拥有的资源和权利较少，依靠自身力量难以获取社会生活所需的资源，在生活工作中对各种资源的渴求比较强烈。弱势群体对实际获得的各种资源和权益较为敏感，在实际获得后产生的情绪感受也更为强烈。

本书对获得感的概念界定，重视弱势群体获得感的主观心理感受，将实际所得与需求的满足程度，作为获得感的决定因素。只有实际获得而无需求满足，则实际获得难以引起共鸣和认同。实际所得只有满足了个体的需求，才能有效提升获得感。要想提升获得感，就要精准了解人们的需求，实施精准化的提升策略。个体的需求具有多样性和层次性，需求满足具有差异化。在提升获得感时，应注重"投其所好，送其所要"。

四、弱势群体获得感的结构维度

获得感以实际获得为前提，经过一系列心理因素的作用，产生愉悦的心理体验。实际获得只有引起主观的感受和认知，才能产生获得的心理认同。获得感既要有物质上的得到，又要有心理上的感觉和评价。邵雅利对主观获得感的研究发现，获得感不仅要有客观获得，还要有主观感知①。从知情意的角度，认为获得感是一个包含人民群众对我国改革开放发展成果的认知评价、情感认同和需求满足等方面的积极感受的多维度的概念。需求满足导向实现需求的行为和动机。

获得感包含的内容丰富，是一个多维的心理结构。从概念构建上看，获得感包括所得认知、自我评价和情绪感受三个维度。第一，所得认知是对个体实际所得的感知，个体在经济、政治、社会、生态、文化等方面的实际获得，引起主观对所得的认识。个体认识到自己有切实的、真正的所得，所得受到个体的觉察和认同，即"我在某方面有所收获"。个体对实际获得的感知与否，决定了能否产生获得感。第二，自我评价维度。个体对自己的所得与付出、需要进行比较，评估所得是否满足所需。个体将自己在各方面的实际所得与需求进行比较，评估个体的需求是否得到满足，实际得到与个体需求是否匹配。实际所得对需求的满足程度，决定了获得感的高低。提升获得感时也应注重个性化的精准需求。第三，情绪感受。个体的需求得到满足后，产生情绪感受。个体面临的实际问题解决后，需求得到满足，内心的焦虑状态得到缓解，产生积极情绪。常见的积极情绪有满足、愉快、欣喜、享受等体验。愉悦的情绪感受，是获得感水平的主要表现。

以往研究主要关注人们对获得感的主观感知，侧重于各个方面的实际获得，而对实际得到引起获得感的心理体验之间的机制研究较少。实际获得并不必然产生获得感，实际得到和获得感之间还存在着重要的心理过程。个体需求的满

---

① 邵雅利. 新时代人民主观获得感的指标构建与影响因素分析［J］. 新疆社会科学，2019（4）：139-147.

足，是连接实际获得和获得感之间的桥梁和机制。获得感作为主观体验，其产生具有独特的心理机制和过程。对获得感的研究和提升，必须探索获得感的心理结构和机制。以往研究对获得感的情绪体验关注较少，不太重视获得感的情绪感受。获得感产生的愉悦的情绪体验，是各种所得在个体心理上的反映，是获得感最直观的体现。情绪感受是获得感的必要成分，直接与人们的感受相联系，使得获得感的概念更加丰富和完整。

本书构建的获得感概念，内容相比以往研究更为完整。何兰萍和傅利平认为获得感是人们对主观状况的客观映射，体现为"拿在手里，喜在心上"①。其概念界定体现出获得感的产生需要有实际获得和愉悦心理感受等必要条件，但对获得感的来源途径，即通过自己劳动所产生的内涵重视不够。本书界定的获得感概念，不仅包含实际得到和心理体验，还强调获得感是通过个体积极主动劳动而产生的过程，在概念内容上更为丰富完整。

本书构建的获得感结构维度，具有重要的价值和意义。首先，澄清了获得感的结构。概念界定总结归纳了已有的研究成果，并突出了获得感的核心心理过程，论述了获得感的结构维度和逻辑关系。其次，分析了获得感的产生过程，为提升获得感提供了指导。获得感经历得到、满足和愉悦的心理过程。实际获得对需求的满足程度，决定了获得感的高低。在提升获得感时，要注重精准化施策。最后，从个体角度提出获得感的评价标准。个体需求的满足程度，决定了获得感的高低。弱势群体判断是否产生获得感，要以自身需求是否得到满足为依据。本书构建了获得感的概念结构，并检验了获得感的结构维度。本书预计通过理论建构、文献分析、测量问卷项目整理、访谈调研的方法，收集获得感的测量项目，研制测量问卷。

五、弱势群体获得感的典型体现

弱势群体的获得感与弱势群体的社会生活密切相关。所得认知与自我评价来源于社会生活，特别是民生领域。首先，实际得到作为获得感的前提和基础，涉及的对象和范围广泛，牵涉到社会生活的方方面面。获得感的实际所得可汇总为经济、政治、文化、社会和生态文明五大方面。获得感表现在共享经济收入、依法治国、教育权利、公共服务和良好生态环境上。其次，获得感与民生领域的需求密切相关，民生领域是获得感的重要来源。最后，弱势群体面临的

① 何兰萍，傅利平．公共服务供给与居民获得感：社会治理精细化的视角［M］．北京：中国社会科学出版社，2019：123-124.

民生问题主要是住房、医疗和教育问题。住房问题是首先要解决的问题，是社会成员从事其他活动的必要前提。人均住房面积和居住环境是居住质量的主要指标。医疗问题是健康的重要保障，是人们工作生活的前提条件。身体健康是人民群众最基本的需求，也是实现其他需求的前提。医保覆盖面和报销比例的提高，解除了人们对身体健康的后顾之忧。教育是个体及家庭下一代发展的主要途径，子女入学问题是家庭持续发展的重要问题。民生领域的实际获得又与"五位一体"社会建设的所得存在交叉。这表明，某些领域的问题，既是全面建设小康社会需要着力解决的问题，也是人们较为关心的现实问题。解决这些问题，既是小康社会建设的重要成果，也是提升获得感的重要措施。

六、弱势群体的获得感与幸福感、安全感

在构建获得感的概念结构后，获得感与幸福感、安全感的理论研究取得了较大发展。获得感与幸福感、安全感的概念脉络更为清晰。获得感与幸福感的概念存在三点差异。一是获得感和幸福感的主要成分不同。获得感是经过所得认知、自我评价和情绪感受而产生的，包含了主观和客观的因素。幸福感是人们的主观感受，反映了个体内心愉悦的体验。二是获得感和幸福感的来源不同。获得感要求以客观实在的得到为前提，而幸福感则强调主观感受，幸福感的主观性比较强。幸福感既可以产生于实际的益处，也能够产生于抽象的利益。获得感来源于具体的、实实在在的得到，与个体的需求直接联系。三是获得感和幸福感的概括性不同。获得感受到具体实际问题的影响，幸福感比获得感的概括性强，获得感比幸福感更加具体实际。获得感经由一系列小微问题的解决得到提升，幸福感则经由重要的具有较大影响的改善而提升。获得感的不断积累产生幸福感，由获得感的量变引起幸福感的质变。幸福感较稳定和持久，获得感则具有情境性和即时性。持续不断提升的获得感带来幸福感的提升，是持续幸福感的保证。

获得感与幸福感也存在较为紧密的联系。一是二者都包含了需求得到满足的内容。个体的需求得到满足，才能产生获得感和幸福感。二是获得感和幸福感的提升具有关联性。但幸福感离不开获得感，没有获得感的逐步积累，幸福感难以凭空产生。获得感积累到一定程度，会引起幸福感的增加。获得感的量变积累是幸福感产生的基础，幸福感是获得感质变的飞跃。一个微小、具体问题的解决，有助于人们产生获得感，如解决了冬季暖气不热的问题、办理了新的身份证、享受了年度所得税抵扣等。而幸福感则需要较为重大的、一系列问题的解决来提升，如居住环境的提升、住房条件的改善、收入的大幅度增加等。

三是获得感和幸福感都能够引起人们积极的内心感受。产生获得感，人们感觉到愉快的情绪感受，是一个片段的情绪；产生幸福感，人们产生完美、满足体验，是一系列完整的情感状态。

获得感和安全感存在着紧密的内在联系。个体的安全感包含了丰富的内容。安全感近年来提升到越来越重要的位置。我国有重视安全的传统，强调安全第一，安全是最大的效益，事故是最大的成本。如果没有安全，幸福和获得则全无所依。安全包含的内容丰富多样，安全几乎涉及了方方面面。追求安全稳定是人们的内在动机。处在不安全的环境中，人们会产生对风险的焦虑不安感受，为摆脱焦虑状态，人们要寻求安全感。

安全感是获得感和幸福感的保障。实现和提升获得感与幸福感需要在安全的社会环境中。安全感由多方面因素共同构建，如健全的社会保障制度、公平公正的社会环境、关爱包容的社会心态和社会信任等。社会保障制度让人们在追求获得感和幸福感时没有后顾之忧，社会公平公正使人们实现获得感和幸福感时充满信心，使人们相信通过自身努力能够满足自身的需求。积极向上的社会心态使人们在追求获得感和幸福感时处于和谐友善的社会氛围中。社会信任是对社会中不同亲密关系的他人、抽象的社会角色、社会群体和社会系统的信任①。社会信任使人们在追求获得感和幸福感时，树立了付出与回报相平衡的心理认知，降低人际交往中的焦虑感。如果缺乏安全感，获得感和幸福感最终也难以维持。随着改革的不断推进和社会转型的逐步深入，社会利益关系的调整日益深刻，矛盾凸显，社会发展不均衡，利益分配不均，导致人们的安全感下降。当人们拥有安全感时，认为自己处在不受威胁、稳定的环境中，获得感和幸福感才能保证。如果个体处于充满危险和不确定的情景中，高度焦虑，个体最基本的安全需求都难以满足，获得感和幸福感就难以产生和维护。

获得感和幸福感是安全感的基础。安全稳定的环境，需要以丰富的物质和心理满足为基础。安全感并非凭空产生的，安全稳定的环境需要以实际物质财富为支撑。发展是安全的基础，安全是发展的前提。"手中有粮，心中不慌"这句话充分诠释了物质基础和安全感之间的关系。手中之粮满足了饮食的需求，粮食有着落，安全感才能落实。提升安全感，需要摆脱焦虑和不安，获得感和幸福感所表现出的实际获得和心理愉悦，消减了焦虑不安的感受，能够提升获得感。实际获得和自我评价，也消除了人们对未来的焦虑和恐惧，使人们对未

---

① 王俊秀. 社会心态：转型社会的社会心理研究［J］. 社会学研究，2014，29（1）：104-124，244.

来的生活充满美好期望，产生安全感。

安全感是获得感和幸福感的最终彰显。人们处在充满安全感的国家和社会，未来生活可期，是人们拥有获得感和幸福感的最终表现。获得感和幸福感，最终落实在安全感上。如果充满获得感和幸福感，却要时时处处为安全感所担心忧虑，这种获得感和幸福感也难以长久，也是不完整的。处在安全稳定的环境中，人们才有可能通过自身的努力提升获得感和幸福感，相信自己的努力能够改善生活。如果缺乏安全稳定的社会环境，人们安全感缺失，自己获得没有保障，需求难以实现，则获得感和幸福感无从谈起。所有的获得感和幸福感，最终都需要安全感来保驾护航。已有的获得感和幸福感，有利于安全感的提升。未来的获得感和幸福感，只有在安全感的保障下才能实现。

七、弱势群体的获得感与相对剥夺感

在对获得感完成概念界定后，获得感与相对剥夺感的关系也更加清晰。获得感与相对剥夺感是相对立的两个概念。获得感产生于有所收获，而相对剥夺感产生于丧失。虽然每人的所得存在差异，却实实在在有所得到。虽然人们产生了相对剥夺感，但更产生了获得感。时间维度上的获得感高于空间维度上的相对剥夺感，人们往往不会因为相对剥夺感而采取过激行为。获得感维护了社会的长期稳定，使得某些社会矛盾总体处于温和状态，某些凸显的社会矛盾没有向着极端的方向演变。当人们感觉到自己的付出与得到不相对等时，就可能产生相对剥夺感，进而影响获得感。陈喜强等人的研究发现，缩小地区居民的收入差距，降低相对剥夺感，能够为提升获得感创造客观基础①。所得与所失，两相对比产生获得感与相对剥夺感，进而产生不同的情绪感受。但二者也各具特点。获得感是将自己所得与所需是否相符进行比较，是在个体内部进行的比较。获得感也强调通过个人的劳动和努力而有所得。但相对剥夺感没有特别强调个人努力所得的结果，只是强调在社会比较中的缺乏和不足。相对剥夺感是将自己所得与他人所得进行比较，在不平衡心理的作用下，认为自己所得少于他人，形成相对剥夺感。

---

① 陈喜强，姚芳芳，马双. 区域一体化政策、要素流动与居民获得感提升：基于政策文本的量化分析［J］. 经济理论与经济管理，2022，42（6）：96-112.

第五章

弱势群体获得感的测量研究

第一节 弱势群体获得感的测量方式梳理

测量弱势群体获得感的目的在于考察弱势群体共享改革发展成果的程度。人们对获得感的期待，从治国理政到柴米油盐，涉及收入增长以及与自身生活发展密切相关的医疗、教育和养老等方面。对获得感的测量既有共性也有差异性。获得感的测量具有一定的共性，认为获得感存在社会比较的过程，获得感具有多个维度等，但在测量的侧重点和指标的完整性上存在差异。目前获得感测量主要分为物质层面和精神层面。在物质层面，获得感主要体现在民生领域。在人们特别关注的收入、教育、养老、医疗保险和生态环境等方面，进行获得感的测量。在精神层面，主要从公平、尊严和追求梦想的权利等方面进行测量，考察促进人的自由而全面发展的程度。

一、采用客观指标的测量方式

在社会实践中，对获得感的测量常以某一公共政策或具体改革措施的出台为分界点，研究该分界点后人们获得感的提升情况，并倾向于采用带有货币单位的客观指标作为判断依据。这种测量方式较为简单，侧重对获得感客观基础方面的测量。虽然在精确度方面较为可信，但缺乏对人们主观体验的测量。也有研究者以生活状况的改善程度作为获得感的测量指标。蔡思斯在研究主观获得感对社会阶层认同的影响时，采用改革收益程度、生活改善程度和自致成功性作为测量指标①。获得感作为一种主观感受，适宜采用自我报告的方法进行测

---

① 蔡思斯.社会经济地位、主观获得感与阶层认同：基于全国六省市调查数据的实证分析
[J].中共福建省委党校学报，2018（3）：96-104.

量，客观的指标难以反映个体的内心感受。外显行为的观察不能明确个体的需求，也难以明晰个体如何满足需求。自我报告的测量方式能够量化，直观简便，易于统计分析。

二、采用主观指标的测量方式

在学术研究中，对获得感的测量通常聚焦于某一改革发展领域，对某种具体的获得感展开主观体验层面的测量。如采用公共服务获得感和满意度来测量环境治理获得感，采用熵值法构建农户获得感评价指标体系，或采用在具体民生方面的评价来测量获得感。这种测量方式存在将获得感等同于满意度的倾向，未能反映出获得感这一概念的本质。有研究者在对获得感的测量中，采用一个综合性的主观指标进行测评。冯帅帅和罗教讲在研究中，采用一个问题"我已经得到了我在生活中想得到的重要东西"来测量获得感[①]。这种测量方式以自身预期得到满足的程度来反映获得感的高低。

三、采用主客观指标相结合的测量方式

研究者采用主客观指标相结合的方式进行获得感的测量。郑瑞坤和向书坚通过构建统计测度方法测量获得感[②]。其研究选取消费需求满足感而非收入来进行测度，将经济增长与消费意愿结合起来测度居民的获得感。结果发现，无论是在温饱阶段还是在小康阶段，中国城乡居民共享经济发展成果都是不充分的。随着人们需求层次的提高，不断追求高质量的生活，共享改革发展成果越来越困难，获得感的失衡现象越来越明显。黄艳敏等人采用中国综合调查的数据，使用个体的实际收入、公平收入期待以及个体对生活幸福程度的感知作为获得感的指标[③]。实际收入以个体在上一年度全年的总收入计算，公平收入期待以自己认为目前的公平收入计算。幸福感以个体对生活是否幸福的评价来测量。梁土坤在研究中低收入家庭的获得感时，将获得感分为总体获得感和相对获得感，以对目前家庭经济状况的评价来测量经济总体获得感，以目前家庭经济地位来

① 冯帅帅，罗教讲. 中国居民获得感影响因素研究：基于经济激励、国家供给与个体特质的视角 [J]. 贵州师范大学学报（社会科学版），2018（3）：35-44.

② 郑瑞坤，向书坚. 城乡居民共享改革发展成果的一种测度方法及应用 [J]. 财贸研究，2018，29（4）：15-25.

③ 黄艳敏，张文娟，赵娟霞. 实际获得、公平认知与居民获得感 [J]. 现代经济探讨，2017（11）：1-10，59.

测量经济相对获得感①。

陈海玉等人将客观获得感和主观获得感相结合来反映获得感的内涵②。客观获得感描述劳动者需求因素的实际状况和水平，采用《中国统计年鉴》和中国经济数据库的原始数据进行测量。主观获得感反映劳动者对于需求现实满足情况的理解、体验和评价，采用量表进行测评。其研究将经济生活、政治生活、文化生活、社会生活和生态文明生活五个维度作为劳动者主观获得感的维度。经济生活获得感就是不断满足人们的物质生活需要，提高其物质生活水平，为产生更高的精神追求奠定基础，是提升劳动者获得感的根本。经济获得感可以从经济发展、收入水平、消费水平和居住质量等方面进行衡量。政治生活获得感就是维护和保障劳动者的民主权利，提高其民主法治意识与能力，落实依法治国基本方略，这是提升劳动者获得感的重要保障。政治生活获得感可以用民主法治和公平正义等指标进行衡量。文化生活获得感是不断丰富和充实劳动者的文化生活与精神世界，使劳动者在学习、个人发展及自我增值等方面获得满足感，实现自我价值，是提升劳动者高层次获得感的必要条件。文化生活获得感可以从教育培训和文化发展等方面进行衡量。社会生活获得感是为劳动者的生活提供一个平等、自由、和谐的社会环境，为劳动者的身心健康与安全提供保障，是提高劳动者获得感的关键因素。社会生活获得感可以从社会保障、公共服务、健康安全和支持网络等方面进行衡量。生态文明获得感就是坚持绿色发展理念，打造良好的生态环境，实现人与自然和谐发展。这是人类生存与健康的基础，也是提升劳动者获得感的基础。生态文明获得感可以从环境资源和环境治理等方面进行衡量。

四、采用分维度细化的测量方式

更多研究者将获得感进行维度划分，采用相对精准的指标进行测量。细化的测量大多也采用主客观指标相结合的方法。谭旭运等人分析了获得感的测量方式，将获得感的测量内容与指标分为两类③。一是基于人们需求实现对不同领域获得感的测量。孙远太在对城市居民社会地位获得感的研究中，采用最近三

---

① 梁土坤. 环境因素、政策效应与低收入家庭经济获得感：基于 2016 年全国低收入家庭经济调查数据的实证分析 [J]. 现代经济探讨，2018（9）：19-30.
② 陈海玉，郭学静，王静. 马克思劳动价值论视域下劳动者获得感评价指标体系构建研究 [J]. 生产力研究，2018（3）：7-11，161.
③ 谭旭运，张若玉，董洪杰，等. 青年人获得感现状及其影响因素 [J]. 中国青年研究，2018（10）：49-57.

年的生活状况作为获得感的测量指标①。何小芹等人在研究贫困大学生相对获得感时，采用经济条件、家庭支持、人际关系、学校支持、教师关怀、发展机会六个方面考察贫困大学生的获得感②。二是兼顾需求与时序考察获得感的策略。王浦劬和季程远以民众的得失感知来界定获得感，并结合时空差别探讨了"纵向获得感"与"横向获得感"③。

文宏和刘志鹏构建了较为系统的获得感测量指标体系，将获得感分为经济获得感、政治获得感和民生获得感④。经济获得感又分为宏观经济获得感、个人经济获得感和分配公平获得感。王恬等人的研究延续了这一概念框架，细化了获得感的测量指标⑤。对经济获得感，采用家庭收入、社会经济地位、社会经济地位变化三个指标进行测量。对政治获得感，采用政治参与情况和公平感两个指标进行测量。获得感是民生领域的重要指标，民生获得感的测量指标较详细，共有七个测量指标，分别是社会保障项目参与度、社会保障服务满意度、公共教育服务满意度、医疗卫生服务满意度、住房保障服务满意度、社会治理满意度和环境治理满意度。

叶胥等人在对民生获得感的测量中，采用了对民生成效的评价作为测量指标⑥。其研究对民生获得感的测量与满意度相关较高，测量内容具有一定的重叠。对民生满意度的测量包括五个一级指标，分别为经济生活、社会保障、文化教育、生活环境和公共事务。这五个一级指标与获得感的内容存在一定重合。因为获得感的内涵也涉及民生领域的这些方面，混淆了获得感与满意度的概念。阳义南在对民生公共服务获得感的测量中，采用便利性、充足性、普惠性、均等性四个指标⑦。

① 孙远太. 城市居民社会地位对其获得感的影响分析：基于6省市的调查 [J]. 调研世界, 2015（9）：18-21.

② 何小芹, 曾韵熹, 叶一舵. 贫困大学生相对获得感的现状调查分析 [J]. 锦州医科大学学报（社会科学版）, 2017, 15（3）：65-67.

③ 王浦劬, 季程远. 我国经济发展不平衡与社会稳定之间矛盾的化解机制分析：基于人民纵向获得感的诠释 [J]. 政治学研究, 2019（1）：63-76, 127.

④ 文宏, 刘志鹏. 人民获得感的时序比较：基于中国城乡社会治理数据的实证分析 [J]. 社会科学, 2018（3）：3-20.

⑤ 王恬, 谭远发, 付晓珊. 我国居民获得感的测量及其影响因素 [J]. 财经科学, 2018（9）：120-132.

⑥ 叶胥, 谢迟, 毛中根. 中国居民民生获得感与民生满意度：测度及差异分析 [J]. 数量经济技术经济研究, 2018, 35（10）：3-20.

⑦ 阳义南. 民生公共服务的国民"获得感"：测量与解析：基于MIMIC模型的经验证据 [J]. 公共行政评论, 2018, 11（5）：117-137, 189.

　　龚紫钰和徐延辉在对农民工获得感的测量中，将获得感分为经济生活、公共服务、社会关系、政治参与和价值尊严五个方面进行测量①。第一，经济生活获得感与农民工的家庭收入状况、对家庭收入状况的横向和纵向比较、实际收入与价值期待之间的比较有关。经济生活获得感有四个测量指标：一是纵向获得感，农民工收入与五年前的家庭收入进行比较；二是横向获得感，农民工将自己的收入与同村人进行比较；三也是横向获得感，农民工将自己的收入与所在城市居民的收入进行比较；四是社会公平获得感，农民工对自己的工作付出与工作报酬之间匹配的程度进行评价。第二，公共服务获得感，指教育、医疗、交通和养老的社会公共资源对农民工的开放程度及由此产生的满足感。公共服务获得感有三个测量指标：一是均等性，二是便利性，三是总体满意度。第三，社会关系获得感，对农民工群体具有一定的特殊性。其他群体的获得感具有较高的稳定性，而农民工从原来的农村来到城市，社会关系从以亲缘和地缘为主体的关系网转变为以工作为主体的关系网。这种社会关系网络的变化，会影响农民工社会关系获得感。新的社会关系网络可能给农民工带来情感支持和物质帮助，也可能使农民工体验到歧视感、疏离感。社会关系获得感有两个测量指标，一是农民工感受到的本地人的态度，二是农民工在遇到困难时的求助对象。第四，政治参与获得感是农民工实现政治权利的重要途径，是社会参与的最主要形式。政治参与获得感有三个测量指标：一是村委会选举参与，二是村委会选举的公平性，三是正风反腐评价。第五，价值尊严获得感是获得感的最高体现，意味着农民工的潜能得到发挥，在社会建设发展过程中实现了自身的价值并得到了他人认可。价值尊严获得感有两个测量指标：一是自己做的事情能否被人认可，二是能否得到他人的尊重。来自他人的肯定和赞许是价值感产生的重要源泉。但他人的肯定不是平白无故就能获得的，而是需要通过个体付出才能获得。

　　从获得感测量方式的研究历程来看，获得感的测量经历了从单一指标到细化分维度指标的过程。获得感的测量研究在不断深入细化。虽然目前对获得感的测量方式较为丰富，但针对获得感实质进行测量的研究较少。测量指标常用客观经济统计指标，难以反映出获得感的主客观感受实质，测量指标也存在混用现象。研究经常将获得感和幸福感、主观幸福感混用，用幸福感来反映获得感的高低。

---

　　① 龚紫钰，徐延辉. 农民工获得感的概念内涵、测量指标及理论思考［J］. 兰州学刊，2020（2）：159-169.

第二节 获得感的测量指标分析

一、以"五位一体"社会主义现代化建设为主的获得感测量

党的十八大提出经济建设、政治建设、文化建设、社会建设和生态文明建设的"五位一体"布局，党的十九大进一步明确和重申，"五位一体"建设并举产生了重要影响。不少研究者也从"五位一体"建设方面出发，以经济建设、政治建设、文化建设、社会建设和生态环境建设为框架，结合获得感的心理感受，进行获得感的测量。按照"五位一体"总体布局构建获得感的评价指标体系，是时代的要求，也突显了社会发展以人为本的理念。如徐延辉和李志滨在研究城市居民的获得感时，认为社会发展与社会建设每个方面的变化都会对人们的主观感受产生较大影响，因此将获得感分为相互贯通和促进的五个维度的获得感，即经济获得感、政治获得感、文化获得感、民生获得感和生态获得感①。

"五位一体"的测量指标分为客观指标和主观指标。客观指标包括经济因素、政治因素、文化因素、社会因素和生态因素。在经济方面，测量指标主要有工资水平、消费水平、居住质量等。在政治方面，测量指标主要有政府部门公平执法、正风反腐、民主法治指数、参与社区管理等指标。在文化方面，测量指标主要有受教育年限、劳动技能培训、公共文化惠及人口。在社会生活方面，测量指标有社会保险覆盖面、人均公共医疗费用、食品药品安全等。在生态环境方面，测量指标主要有绿地面积、空气质量优良天数等指标。主观指标以满意度为主。

二、以获得感时间比较为主的测量

社会比较是自我认知的重要来源，人们通过社会比较获知自己的社会地位。社会比较是获得感产生的重要过程。研究者以横向或纵向的时间比较来对获得感进行测量。按照时间分为横向获得感和纵向获得感，测量通过社会比较产生的获得感。测量指标以个体与同龄人、自己三年前或五年前的社会经济地位比

---

① 徐延辉，李志滨. 社会质量与城市居民的获得感研究 [J]. 南开学报（哲学社会科学版），2021（4）：169-181.

较结果为主。

三、以特定群体为对象的测量

某些研究关注特殊弱势群体的获得感，针对一些特定群体的获得感进行了研究。所针对的特殊群体有农民工群体、贫困群体和病患群体。该类研究的指向性和目的性比较明确，调查对象具有一定的特殊性，因此在项目设计上比较聚焦，特定的问题情景比较明显。在民族贫困群体的获得感研究中，李丹等人将获得感分为物质、安全、公平、能力和尊严五个维度①。在对贫困大学生群体的研究中，叶一舵等人将贫困大学生的获得感分为经济条件、家庭支持、人际交往、学校支持、教师支持和发展机会六个方面②。在测量指标上，针对农民工的测量有工作收入水平、社会保障参与度、城市融入度等指标。

此外，还有部分研究采用一道题目对获得感进行测量。单项题目测量的概括性比较强，但精准性不足。在王俊秀等人的研究中，采用一道题目"直到现在为止，我都能够得到我在生活上希望拥有的重要东西"来测量获得感的高低③。在对居民医疗改革获得感的测量中，也有研究者采用一道题目进行测量，如彭宅文和岳经纶在研究医改获得感时，采用医疗费用风险防范来测量居民获得感④。还有研究者采用从宏观逐步到微观细化的方法，对获得感进行了测量。王晶从国家层面、社会层面、个人层面、个人发展和生活保障五个方面构建了获得感的测量指标，将获得感的测量逐步细化，并测量甘肃省居民的获得感水平⑤。

四、获得感测量的总结

以往对获得感的研究，既取得了一定的成果，也存在不足。在成果方面，从获得感的测量研究中可以发现，以往研究对获得感按照不同维度标准进行了

---

① 李丹，杨璐，何泽川. 精准扶贫背景下西南民族地区贫困人口获得感调查研究 [J]. 四川大学学报（哲学社会科学版），2018（3）：57-62.

② 叶一舵，何小芹，付贺贺. 基于社会比较的贫困大学生相对获得感提升路径探讨 [J]. 教育现代化，2018，5（19）：316-319.

③ 王俊秀，陈满琪. 社会心态蓝皮书：中国社会心态研究报告：2017 [M]. 北京：社会科学文献出版社，2017.

④ 彭宅文，岳经纶. 新医改、医疗费用风险保护与居民获得感：政策设计与机制竞争 [J]. 广东社会科学，2018（4）：182-192，256.

⑤ 王晶. 居民获得感指标体系构建与统计测度：以甘肃省为例 [J]. 兰州财经大学学报，2021，37（6）：62-72.

分类探索，测量了获得感的不同方面，也对不同群体的获得感进行了测量。在不足方面，主要是指标混用和忽视心理感受。在指标混用方面，以往研究将不同测量指标进行混用，将幸福感、生活满意度和获得感进行了混同。在忽视心理感受方面，以往研究对获得感测量存在的主要不足是对获得感主观心理感受重视不足，大多数测量仅针对民众对社会治理和社会问题的满意度，或者进行社会比较。对民生领域具体、直接问题的测量比较多，对民众实际得到实惠的测量比较多，但对由解决问题、得到实惠而产生内心感受的测量较少，主要关注获得感的物质层面，对获得感的心理和精神层面关注较少。

概括而言，以往对获得感的测量，偏重"获得"，忽视了对"感"的测量。物质方面的成果，是实实在在能够物化外显的，容易引起人们的关注。而物质方面引起的心理状态的变化，不像物质成果那么明显，容易被人们忽视。但对获得感而言，内心的满足和充实状态，才是获得感的真谛，只有个体自身确实体验到满足感，发自内心的满足状态，才是物质成果引起内心认同的表现。因此，对获得感的测量，物质成果和内心认同缺一不可。

目前还缺乏严格按照心理测量学要求研制的获得感测量量表。测量工具的不完善，在很大程度上限制了从实证角度分析获得感与相关变量的关系，在提升获得感时也难以精准施策。因此，有必要根据获得感的内容维度，开发出符合心理测量学要求的、信度与效度较高的弱势群体获得感测量量表。

第三节　弱势群体获得感测量问卷的开发

本书根据获得感的概念，构建获得感的测量问卷，并通过信、效度分析，检验测量问卷的可靠性。首先，将以往研究中获得感的测量项目进行汇总分析，搜集整理获得感的测量项目；并吸收整理一些专业社会调查中的测量项目，如中国综合社会调查（CGSS）①、中国家庭追踪调查（CFPS）② 等。其次，通过文献分析、访谈调查，搜集汇总获得感的测量项目。然后，发放问卷进行测量，

---

① 中国综合社会调查（Chinese General Social Survey, CGSS）始于 2003 年，是我国最早的全国性、综合性、连续性学术调查项目。CGSS 系统、全面地收集社会、社区、家庭、个人多个层次的数据。

② 中国家庭追踪调查（Chinese Family Panel Studies, CFPS）是一项全国性、综合性的社会追踪调查项目，旨在通过追踪收集个体、家庭、社区三个层次的数据，反映中国社会、经济、人口、教育和健康的变迁。

收集数据用于结构维度的验证。最后，在对获得感问卷信、效度进行检验的基础上，形成正式问卷。

一、获得感测量问卷的主要内容

通过对以往的获得感测量研究发现，要实现对获得感的科学完整测量，就要体现出获得感的本质特征，即将客观获得和主观感受结合起来，将实际得到与心理体验相结合。根据获得感的结构维度和以往的测量项目，测量获得感实际所得的项目可以归类到"五位一体"建设中。获得感内容与我国社会经济发展的宏伟蓝图密切相关。党的十九大报告明确提出，中国特色社会主义事业的总体布局是包含政治、经济、文化、社会和生态的"五位一体"布局。经济方面的测量项目有"收入满意度""收入增长""收入分配""家庭经济状况""居住质量"。政治方面的测量项目有"法治建设""政治参与""参加选举和监督""正风反腐""参与社会管理"。社会方面的测量项目有"公共服务""食品药品安全""治安状况""社会公平""使用文化和体育设施"。生态方面的测量项目有"生态环境的满意度""绿地面积""空气质量""垃圾分类处理"等。文化方面的测量项目有"教育培训""劳动技能培训""外出旅行"和"文化娱乐消费"等。民生领域的测量项目主要在于实际所得方面，如教育保障、养老保障、就业保障、医疗保障、住房保障、劳动就业保障等。测量获得感自我评价的项目有"得到所期望拥有的东西""生活接近理想""收入和能力相匹配"。测量获得感情绪感受的项目有"生活幸福""幸福和满意""某种对象的满意度"和"就医条件满意"。

二、测量对象的选择

本书的主要测量对象是弱势群体。在一般性的获得感上，已有研究者进行了探索，取得了一定的成果。而探索不同主体的获得感，对获得感进行细化研究，有助于人们较为深入和细致地掌握新时代不同群体的获得感内容与需求。在弱势群体的选择上，本书根据弱势群体在某方面处于不利境地的根本特点，选取贫困群体、农民工、残疾人作为研究对象。贫困群体作为典型的弱势群体，因经济贫困在家庭生活、工作就业和社会交往中受到不利影响，是因经济收入较低形成的弱势群体。梁土坤的研究发现，低收入群体的总体获得感、纵向获得感、横向获得感水平都比较低，与预期获得感存在较大差距①。

农民工因身份界定模糊，在城市中缺乏社会认同感和稳定住所，处于弱势地位。一是农民工工作不稳定，受工作需求的影响较大，一般是"哪里有活去哪里"，工作地点经常在全国范围内变动，工作内容根据需求变动。二是农民工的工作环境较差，劳动保障薄弱。工作条件一般在户外，劳动保护较弱，基本没有五险一金，仅有部分雇主为农民工购买人身意外保险。三是农民工权益保障薄弱。农民工存在欠薪风险，讨薪难、讨薪成本高。四是大部分农民工年龄偏大。农民工通常以五十岁及以上年龄为主，随着年龄增加，在务工过程中机会越来越少，甚至大龄农民工面临着被清退的状况。

残疾人也属于弱势群体。残疾人由于身体的障碍，在生活、工作方面的诸多不便，带来比较大的困难，许多残疾人同时又属于贫困群体。智力障碍者虽然也属于弱势群体，但由于存在智力不足，难以进行沟通和交流，故暂不列入研究范围。也有研究者将病患作为弱势群体对待，本书认为病患具有特定的情景属性，且群体不固定，人人都有可能患病。病患康复后即成为正常人员，不具有弱势群体的固有特点，因此本书未将病患作为研究对象。

本书选取贫困群体、农民工和残疾群体作为弱势群体的典型代表。这三类弱势群体由经济、社会和生理原因所形成，自我认同的社会阶层也较低。贫困群体由于经济贫困处于不利境地，农民工由于社会认同和社会身份处于不利境地，残疾群体由于身体原因处于不利境地。残疾群体属于生理性弱势群体，贫困群体和农民工属于社会性弱势群体。

本书将主观社会阶层较低的人群也包含在弱势群体中。这部分人群具有较强的弱势心理，自认为处于社会底层。在目前的社会生活中，人们具有一种普遍的弱势心态，"打工人"的情绪弥散在人们中间。"打工人"这一词汇也反映了人们缺乏安全感、获得感和幸福感的心理状态。打工人缺乏职业稳定性、认同感和归属感，在某种意义上也属于弱势群体。随着社会转型的深入，人们的社会心理也发生了重大变化。社会心理弱势化是伴随社会阶层分化的一种比较典型的社会心理现象。弱势心理的产生和蔓延并非偶然，而是个体和社会多重因素共同作用的结果。打工人的经济地位、社会地位和权利地位较低，在主观上将自己归属于社会弱势群体，产生较多的弱势心理。但打工人情况复杂，一些收入较高、社会地位较高的社会成员也自认为是弱势群体，认为自己的社会

---

① 梁土坤. 环境因素、政策效应与低收入家庭经济获得感：基于2016年全国低收入家庭经济调查数据的实证分析 [J]. 现代经济探讨，2018（9）：19-30.

阶层较低。这部分人与传统的弱势群体存在差异。因此，本书在选取调查对象时，将自称是"打工人"而又收入较高、社会地位较高的群体筛选出去，不作为数据分析对象。

本书选取的研究对象较好地涵盖了弱势群体的各种成因和类型，将传统的弱势群体包括进来，也选取了具有时代特点的"打工人"的弱势群体，选取了主观社会阶层较低群体，研究对象较为全面。本书的调查对象选择以个体特征为主要标准，同时考虑社会地位和家庭经济水平。个体特征为研究者所设计的筛选弱势群体的变量，主要有农民工、低收入者、身体残疾者和打工人，不在以上四类中的调查对象归为其他。其他类的调查对象不属于本书所称的弱势群体，将其排除掉。社会地位和家庭经济水平也是弱势群体的重要标准。在CGSS2015的问卷调查中，将社会阶层分为从1到10逐渐增高的10个等级。数值越高，表示调查对象自认为所处的社会阶层越高；数值越低，表示调查对象认为自己所处的社会阶层越低。本书采用主观社会阶层来选取弱势群体，根据社会经验和已有研究，将自我社会阶层选择在1-3水平的调查对象作为弱势群体。

三、获得感测量问卷的初步编制

(一) 问卷项目搜集

弱势群体获得感包括所得认知、自我评价和情绪感受三个维度。本书通过多种渠道搜集弱势群体获得感的测量项目。

首先，将已有获得感的测量项目进行汇集整理，按照与获得感结构维度联系的紧密程度，选取测量项目，归类到相应维度中。

其次，选取一些影响力较大的社会调查项目。本书分析了中国人民大学中国综合社会调查（CGSS）2015 年和 2017 年的调查数据，从中搜集获得感的项目。CGSS2015 对获得感设置的测量项目有"根据自己能力所得到的收入的合理程度""您觉得生活是否幸福""当今社会公平不公平"。CGSS2017 对获得感设置的测量项目有"根据自己能力所得到收入的合理程度""您觉得生活是否幸福""当今社会公平不公平""对自己现在整体生活的满意度"。北京大学开放研究数据平台主持开展的中国家庭追踪调查（CFPS）问卷中，涉及获得感的项目有"有多幸福""努力工作能有回报""聪明才干能得回报""对自己的生活满意度"。

(二) 访谈搜集问卷项目

本书也通过访谈法搜集获得感问卷的项目。通过访谈提纲进行访谈，并对访谈结果进行汇总分析。选取一些典型的弱势群体进行访谈调查，了解他们对获得感的认识和所关心的问题。根据获得感的含义和以往研究，设计了获得感的访谈提纲。邀请社会心理学专家、专业研究者对访谈提纲进行优化，随后选取部分农民工、残疾人和贫困群体进行访谈调查。

为了使访谈过程更加规范严谨，需要让访谈对象更加清晰地理解访谈问题，以便更准确地描述获得感的内容。在访谈前向访谈对象介绍了获得感的含义，并进行举例说明，使访谈对象掌握获得感的实质。之后明确访谈的主要问题，包括获得感的内容、获得感的体验、获得感的事件和获得感的提升等。进行访谈后，围绕获得感的主题提炼条目。为弥补结构化问卷获取信息有限的不足，在访谈之后设计一道题目"需要补充说明的内容"，让受访者补充自己认为重要的认识，以使问卷不遗漏重要信息。对访谈结果进行汇集整理。访谈收到认真回答的访谈结果 12 份，对其进行整理分析。从访谈结果中发现，人们较为关注获得感中的具体内容，如升职、加薪、考取技能证书、自己劳动取得收入等方面，获得感与人们的生活工作密切相关。

本书对访谈对象的回答进行初步处理，将具有多重含义的回答（自己的付出得到回报，并且对回报是认可的）进行拆分，剔除掉与获得感完全无关、与研究主题无关联的回答，之后将其表述为含义唯一的条目。对得到的条目进行归类汇集，合并重复的条目，保留含义清晰、单一的条目。对一些与获得感明显无关的回答进行甄选（买到质量低劣的物品、饮食不满意），将获得感与幸福感、安全感相混淆的回答（感觉很幸福）进行剔除。对访谈结果进行整理分析，有三点发现。

一是访谈对象认为获得感包括物质和精神等多方面的收益，如岗位晋升、收入增加、受到尊重、得到想要的东西、获得奖励、知识与技能得到提升、自己的努力得到回报和认可。能够引起人们获得感的事件与实实在在得到的收益紧密相连，满足需求的收益能够大大提升获得感，如获得晋升、通过努力提升能力、期望得到满足、尊重、缓解焦虑、社交需求得到满足、旅游、休假、购物、通过面试等。

二是需求满足后会产生积极的情绪。获得感让人们产生满足感、幸福感、成就感、充实感、自信心、心情愉悦、充满憧憬、积极乐观的情绪。人们的需求没有得到满足，会造成获得感的丧失。如考试失败、职业发展受阻、生病、遭遇金钱困境、遭遇不公、面对问题无能为力等。失去获得感，会让人产生沮丧的感觉，如无力感、失落感、挫折感、灰心丧气、焦虑不安、失望与愤怒、不自信、付出没有回报等。

三是在提升获得感方面，需要通过提升自身能力，付出更多努力来取得更大收益；内心的满足和良好的心态也有助于提升获得感，适当降低预期，减少不合理的比较等。

通过访谈调查发现，访谈者大多认为获得感是通过自身努力而有所收获。获得感是人们确实得到实际收益后产生的。获得感的所得包括多个方面，如物质方面、精神方面和社会权益等。获得感受到人们需求满足的影响，满足需求产生获得感。需求没有满足会造成获得感的丧失。需求是否得到满足，是自我评价的结果。得到获得感，会产生积极愉悦的情绪；失去获得感，会产生失落挫折和焦虑的情绪。获得感需要通过自己的努力来提升，一些心理调适也有助于提升获得感。

（三）初始问卷

本书将多种渠道搜集来的获得感项目进行汇总分析。首先，对项目进行筛选，将一些与获得感概念联系较弱的项目进行剔除。其次，按照获得感的概念结构，对项目进行分类。最后，对获得感的项目进行完善修改、语言优化，使项目符合普通民众的日常习惯，之后形成获得感的初始问卷。根据规范研究的方法，对所得到的条目进行归类和命名，以形成更加清晰明确的获得感结构。在归类时，充分理解各个条目的含义，归类基本按照每个条目只能归到一个类别里、意思最为接近的条目归为一类的方法进行。

随后对项目的语言描述和语义精准进行修改和完善。接着对问卷项目利用 Excel rand 函数进行随机化处理。问卷采用在获得感测量中比较常用的李克特式五级计分法，测量受测者对问卷中项目的赞同程度，从 1 "非常不同意"到 5 "非常同意"，2 表示"比较不同意"，3 表示"同意"，4 表示"比较同意"。在初始问卷中，按照对实际获得的所得认知、自我评价和情绪感受三个维度，将项目进行分类。初始问卷共设计 22 个项目。

所得认知主要涉及"五位一体"建设方面的内容，涉及 10 个项目。在以往对弱势群体获得感的测量中，也采用了"五位一体"建设的思路，将经济生活、政治生活、文化生活、社会生活和生态文明五个方面作为弱势群体获得感的测量内容。第一，在经济方面选取经济收入和生活水平两个项目。获得感要有实实在在的所得，收入则是最典型的所得。收入增长产生获得感，收入增加提升生活水平，改善生活质量。第二，在政治权利方面，选取选举权和社会公平两个项目。参加社区或村委会的选举是最基本的政治权利，是政治建设方面获得感的体现。社会公平反映了社会治理效果，涉及所有社会成员，对弱势群体而言更为重要。第三，在文化建设方面，选取知识技能和休闲娱乐活动两个项目。

丰富自身的知识和提升自己的技能是接受教育和培训的主要体现，反映了在文化方面的获得感。随着文化产品的丰富，享受休闲娱乐活动也是获得感的体现。人们享受的休闲娱乐活动增加，也体现出文化精神领域获得感的提升。第四，在社会生活方面，民生问题是获得感的直接体现。在人们所关心的诸多民生问题中，选取了人们最关注的"急难愁盼"问题，即医疗保障和教育问题。医疗保障问题涉及自身的生命健康，特别是对弱势群体而言，对疾病风险的抵御能力较弱，医疗保障的需求更为突出。上学问题涉及受教育权的维护，涉及个体和家庭的长远发展，上学难的问题也比较突出。第五，在生态环境方面，人们对美好生活的追求也包括对良好生态环境的追求。享受到美好的生态环境也是获得感的重要组成部分。本书选取居住环境和工作环境两个项目进行测量。

在自我评价维度，主要考察个体的付出回报和生活状态的评价。自我评价维度是获得感产生的关键，可分为三个方面，分别是得到所需、生活满意和付出回报。得到所需方面，对所得的东西要考察是否满足需求，选取了"得到了所想要的"和"所得正好是所需"两个项目。只有满足自身需求的所得才能提升获得感。在生活满意方面，选取了"接近理想生活"和"生活比较满足"两个项目。当个体生活比较满足时，处于比较幸福充实的状态，获得感比较高。在付出回报方面，评价自己的付出与回报是否相符，选取"努力工作有回报"和"能力与收入合理"两个项目。获得感强调的所得是个体通过自身努力劳动所得，而非不劳而获。自己努力有所回报，才能真正体现获得感。努力工作的回报与努力相符，自己的努力得到认可，表明获得感为自己努力所得，并非坐享其成。自我评价维度共设计6个项目。

在情绪感受方面，产生获得感会引起积极的情绪感受，失去获得感会产生消极的情绪感受。自己的所得，首先，让人产生高兴和舒适的感觉；其次，让人对自己充满信心和希望，意图实现更为美好的预期；最后，让人感到充实，没有虚度，摆脱焦虑感。情绪感受维度共设计6个项目，测量获得感带来的高兴、舒适、自信、希望、充实和摆脱焦虑的感觉。

本书开发的获得感初始问卷，也符合以往研究对获得感的界定。在实际获得方面，通过所得认知维度反映了个体在"五位一体"建设方面的实际得到。所得认知维度也反映了获得感的丰富内容，基本都可以归入"五位一体"建设方面。在劳动所得方面，自我评价维度列出了"努力工作有回报"和"能力与收入相符合"项目来体现。在获得感的主观感受方面，自我评价和情绪感受维度均能反映出获得感的主观感受。在获得感的高低方面，自我评价维度体现了需求满足的程度。

此外，根据研究需要，也参考获得感研究中的通常做法，在问卷中设置了一些人口统计学项目，如被调查者的性别、年龄、年收入、教育程度、婚姻状况等。

四、获得感问卷的初步施测与分析

（一）问卷发放与校标选择

本书通过多种渠道发放问卷，调查对象为农民工、残疾人和贫困群体等弱势群体，以及主观社会阶层较低群体。通过问卷星、腾讯问卷等专业调查机构发放部分问卷，通过实地调查发放一部分问卷。具体为实地调研走访发放一部分问卷，通过微信链接发送一部分调查问卷。在人口统计学变量中，设置社会阶层的统计变量。对社会阶层的测量参考谭旭运的测量方式①，采用主观社会阶层和客观社会阶层相结合的测量方式。主观测量采用国内外常用的阶梯量表，客观测量采用教育程度和经济收入两个指标。

调查问卷为开发的获得感量表初始问卷，共有 22 个项目。在校标工具上，选取生活满意度量表和幸福倾向量表。从获得感的概念来看，获得感是与生活满意度和幸福感关联最紧密的概念，但获得感又与这两者存在本质区别。因此选取生活满意度和幸福感作为获得感的校标工具。

生活满意度量表选取熊承清和许远理修订的 SWLS（Satisfaction with Life Scale，生活满意度量表）②。该量表为单维度量表，包含五个项目，项目之间为中等程度的相关，项目与总分之间相关度较高。该问卷的 Cronbach's α 系数为 0.78，分半信度为 0.70。问卷采用李克特七点计分法，得分越高表示生活满意度越高。

主观幸福感采用主观测量的方法，常用测量方式有三种。一是采用单个项目的概括测量。有一个项目的简便测量，如在 CGSS2015 中的项目"总的来说，您的生活是否幸福"，采用五点计分的方法，选项分别为"非常不幸福""比较不幸福""说不上幸福不幸福""比较幸福"和"非常幸福"。二是对主观幸福感的调查有 WHO-5 幸福感指数量表，该量表由 WHO 心理研究协作中心修订而成，进行幸福感的自我评定，具有较高的敏感性和特异性，应用范围也较广泛。该量表有 5 个条目，用时间频率来计分。该量表要求被试根据自己近两周内的

---

① 谭旭运. 获得感与美好生活需要的关系研究 [J]. 江苏社会科学，2021（3）：68-77.

② 熊承清，许远理. 生活满意度量表中文版在民众中使用的信度和效度 [J]. 中国健康心理学杂志，2009，17（8）：948-949.

情况来回答问卷。量表采用六点计分法，"从来没有""有时候""少于一半时间""超过一半时间""大部分时间"和"所有时间"，分别计为 0~5 分，分值越高表示主观幸福感越高。三是使用主观幸福感量表。该量表由 Diener 和 Suh 编制，包括生活满意度、积极情感和消极情感三个子量表①。生活满意度量表有 5 个项目，积极情感量表有 6 个项目，消极情感量表有 8 个项目。

本书根据研究需要和以往研究中对主观幸福感（subjective well-being）的测量，选取 WHO-5 幸福感指数量表。因为一个项目的测量方式过于概括化，对幸福感的测量比较笼统，不够具体。三维度的主观幸福感量表项目较多，并且包含了生活满意度量表，与本书中将获得感与满意度相区分的概念设定不符。

（二）问卷预测

本书选取部分被试，对问卷进行了小范围预测分析。通过实地走访和新媒体渠道进行问卷发放和数据回收。预测共发放问卷 120 份，回收问卷 112 份，经过问卷核对，剔除乱答问卷、全选一个答案问卷、有规律的答卷、某一选项过多的问卷，共删除 28 份，获得有效问卷 84 份，问卷有效率为 75%。

对回收的问卷进行初步的统计分析。

首先，进行项目区分度的检验。将获得感问卷进行各维度加总计算，按照 27%的通用标准进行高低分组，计算出高分组、低分组和分界线。低分组以 60 分为分界线，高分组以 76 分为分界线。进行高低分组后，计算各个项目与总分的相关和区分度。在获得感初始问卷的 22 个项目中，每个项目的区分度均较高，在高低分组上的差异较为显著，独立样本 t 检验的显著性为 $p < 0.00$。仅有第 9 个项目的显著性为 0.039，但也小于 0.05，达到了显著水平。这表明获得感初始问卷的项目能够有效地将高低分组的被试区分开来。

其次，计算各个项目与量表总分的相关性。经过相关分析发现，相关系数从最低项目的 0.309（$p=0.004$）到最高项目的 0.725（$p=0.000$）。相关分析表明各个项目与量表总分存在中等程度以至较高程度的相关性，并均达到了显著水平。获得感初始问卷的各个项目对量表总分具有显著的贡献。量表各维度与量表总分之间也存在较高的相关性，达到了显著水平，相关系数从 0.797 至 0.808（$p<0.01$）。量表各维度之间也存在中等程度的相关性，相关系数从 0.404 至 0.574（$p<0.01$）表明各维度存在一定相关性，但又不完全相同。

本书初步统计获得感问卷的信度，尽管被试量较少，但量表的信度较高，

---

① DIENER E D, SUH E M, LUCAS R E, et al. Subjective Well-being: Three Decades of Progress [J]. *Psychological Bulletin*, 1999, 125 (2), 276-302.

达到了 0.892，达到信度的统计标准。

经过对预测问卷数据的初步分析发现，获得感问卷基本达到了相关标准，能够进行正式施测。在对问卷的版式进行修改完善后，进行问卷施测。

第四节　弱势群体获得感问卷的施测与数据收集

一、获得感问卷的施测

本书将经过预试的问卷进行正式发放施测，通过多种渠道收集数据。主要收集数据渠道有三种。一是通过专业调研机构进行问卷发放和收集，经过问卷星调研收集部分数据。二是通过微信朋友圈传播收集部分问卷。三是通过腾讯问卷平台发放收集问卷。在收集问卷时，对作答对象进行限定。通过在问卷平台设置每位作答者只能回答一次，以保证数据的有效性。在作答完毕后即可获得三至五元的现金红包。数据发放后，将所得数据进行汇总分析。专业调研机构和数据平台对问卷进行了初步筛选，删除无效问卷。无效问卷主要是大部分选项选择一个答案的问卷、回答明显带规律性的问卷、答题时间过长和过短的问卷。再将不符合调查对象要求的数据剔除，将所有问卷汇总合并后，得到问卷 2579 份，有效问卷 2382 份，有效率 92.36%。有效问卷包含农民工 441 份，低收入者 563 份，身体残疾者 54 份，打工人 1324 份。

本书将回收的数据作为弱势群体获得感的调研数据总库，从中抽取数据进行分析。在数据描述性统计分析、项目分析、信度分析和探索性因素分析中，从数据总库中随机选取 1050 份数据，约占 44.08%，用于统计分析，标记为数据样本 1。在数据的验证性因素分析和校标效度分析中，从数据总库剩余数据中随机选取 895 份，约占 37.57%，用于统计分析，标记为数据样本 2。在重测信度检验中，从数据总库剩余数据中选取 437 份数据，约占 18.35%，用于统计分析，标记为数据样本 3。使用 SPSS20.0 中的描述统计、信度分析和探索性因素分析作为分析手段。使用 AMOS20.2 作为验证性因素分析的工具。

二、问卷数据的共同方法偏差检验

（一）共同方法偏差

共同方法偏差（Common Method Biased，CMB）是指同样的数据来源、相同的评分者或相同的测量环境、项目语境和项目本身特征所造成的预测变量与校标变量之间人为的共变[①]。Lindell 和 Whitney 研究认为，如果研究中的数据来自单一渠道（相同的评分者或被试），而被试又是自陈式作答，这种收集数据的方式更容易受到共同方法变异（Common Method Variance，CMV）的影响[②]。数据来源越单一，测量方法越类似，共同方法变异使研究结果产生偏差的可能性越大。共同方法变异能够对测量和测量间的相关性产生严重影响，甚至使研究得出错误的结论[③]。Common Method Biased 和 Common Method Variance 在概念内涵上是一致的，但是研究者使用的倾向不同。

研究者使用 CMV 来客观描述这种变异的大小，而使用 CMB 的概念确定一个临界标准，用来评估共同方法变异在多大范围时，能够显著影响研究结果的有效性[④]。pector 认为：CMV 侧重于表示因采用了相同数据收集方法而导致的与所预研究的构念无关的变异；CMB 是指当两个变量使用相同的测量被试时，会造成两个变量之间的关系偏离"真分数相关"而引起虚假相关的程度[⑤]。熊红星等人认为，CMB 讲的是 CMV 导致的偏差性结果，CMV 概念的使用灵活性比 CMB 要大得多[⑥]。

共同方法偏差的来源主要有四种，分别是同一数据来源或评分者、项目题目特征所造成的偏差、问卷内容上的偏差、测量环境所导致的偏差[⑦]。同一数据来源或同样的评分者偏差，数据来源于相同的被试者或同样的评分者，容易导致自变量与因变量之间人为的相关。造成这种偏差的机制主要有一致性动机、内隐相关偏差、社会称许性、宽大效应、心境情绪状态、默认倾向等。问卷题

①　周浩，龙立荣.共同方法偏差的统计检验与控制方法［J］.心理科学进展，2004（6）：942-950.

②　LINDELL M K, WHITNEY D J. Accounting for Common Method Variance in Cross-sectional Research Designs［J］. *The Journal of Applied Psychology*，2001，86：114-121.

③　杜建政，赵国祥，刘金平.测评中的共同方法偏差［J］.心理科学，2005（2）：420-422.

④　邓稳根，黎小瑜，陈勃，等.国内心理学文献中共同方法偏差检验的现状［J］.江西师范大学学报（自然科学版），2018，42（5）：447-453.

⑤　SPECTOR P E. Method Variance as an Artifact in Self-reported Affect and Perceptions at Work：Myth or Significant Problem？［J］. *Journal of Applied Psychology*，1987，72：438-443.

⑥　熊红星，张璟，叶宝娟，等.共同方法变异的影响及其统计控制途径的模型分析［J］.心理科学进展，2012，20（5）：757-769.

⑦　熊红星，张璟，郑雪.方法影响结果？方法变异的本质、影响及控制［J］.心理学探新，2013，33（3）：195-199.

目所导致的偏差，主要是由项目的特性影响被试对项目的理解和反应而导致的偏差，如被试反应风格①。造成这种偏差的机制有问卷项目的社会称许性程度、问卷项目的暗示性、问卷项目的不确定性、问卷项目的锚定效应、项目的反向计分导致的偏差等。问卷内容上的偏差，主要是项目的语境所导致的，即某个项目与构成该问卷的其他项目之间上下文联系所造成的对该题目独特的理解和解释。造成这种偏差的机制有项目启动效应、项目嵌套、语境诱发因素、量表长度和不同构念项目的混合。测量环境导致的偏差，主要是测量时间和地点所带来的误差，以及使用相同测量方法所导致的偏差。

（二）共同方法偏差的控制

由于共同方法偏差可能导致变量之间的虚假效应，扭曲构念之间的关系，本书通过一系列措施减少共同方法偏差的影响。常用的方法有程序控制法和统计控制法，程序控制是首选的方法。

首先，从程序上避免共同方法偏差的产生。在获得感问卷研制时，选取多种校标变量，避免单一校标变量的不足。在获得感问卷项目研制时，对项目进行随机化处理，避免相似项目对被试造成的猜测效应。在获得感问卷施测过程中，采用多次测量回收数据。对测量问卷进行分批分期施测，在问卷测量中，采用匿名测试保护被试，减少被试对项目的猜测。在获得感问卷长度上，在保证测量完整的前提下尽可能压缩问卷长度。

其次，本书通过统计检验对共同方法偏差的效应进行检验。虽然对共同方法偏差进行了前置防范，但由于现实条件和环境的局限，难以完全消除共同方法偏差的影响。因此本书在数据分析前，采用统计分析的方法来进行检验和控制，进一步降低共同方法偏差的影响。本书采用常用的 Harman 单因素检验和A-mos 潜在误差变量控制法进行共同方法偏差的检验。

在采用 Harman 单因素检验过程中，使用 SPSS20.0 中的因子分析法进行。将问卷中的所有项目放入因子分析的窗口，进行因子分析。因子分析的结果显示因素分析第一公因子的方差解释百分比为 31.472%，没有达到常用的 40% 的临界标准②。因此，认为本书数据不存在严重的共同方法偏差。

接着，本书采用潜在误差变量控制法对共同方法偏差进行检验。潜在误差变量控制法的检验力较高，也是国内外常用的检验方法。在结构方程模型中，

---

① 张缨斌，王烨晖．反应风格的测量与统计控制［J］．心理科学，2019，42（3）：747-754.

② HAIR J F，TATHAM R，ANDERSON R，et al. *Multivariate Data Analysis*［M］. 5th ed. New York：Prentice Hall，1998：648-650.

将共同方法偏差作为一个潜变量加入测量模型，比较包含共同方法偏差潜变量的模型与未包含共同方法偏差潜变量的模型在模型拟合上的差异[1]。如果包含共同方法偏差潜变量的测量模型的拟合指数较好，则表明存在共同方法偏差，表示包含共同方法偏差潜在变量的模型，对于预测变量和校标变量的估计控制了共同方法偏差。本书采用 AMOS20.0 进行共同方法偏差的潜在误差变量控制检验。首先，设定测量模型。根据获得感的结构维度，设定了获得感的三因子测量模型，该模型不包含共同方法的潜在误差变量。根据潜在误差变量假定，设定包含共同方法偏差的潜在误差变量。在设定包含共同方法偏差的潜变量模型时，因为共同方法偏差对每个观测变量的影响相同，因此将共同方法偏差潜变量到观测变量的路径系数设为相同。并且，为了模型能够正常运行和拟合，将共同方法偏差潜变量的方差设置为 1。其次，运行模型。将研究数据导入 A-MOS20.0 软件，运行两个对比模型。最后，根据模型的拟合指数，对比包含和未包含共同方法偏差潜变量的模型。两个模型的拟合指标对比情况见表 5-1。

表 5-1 共同方法偏差模型拟合指标对比

模型	拟合指数									
	χ^2	df	χ^2/df	NFI	RFI	IFI	TLI	CFI	GFI	RMSEA
未包含 CMV 模型	802.018	201	3.990	0.937	0.927	0.952	0.945	0.952	0.932	0.053
CMV 模型	1144.080	206	5.554	0.910	0.899	0.925	0.916	0.925	0.906	0.066

从包含 CMV 的模型和未包含 CMV 的模型的结构方程拟合指数来看，两个模型在模型拟合方面没有明显差异，包含共同方法偏差潜变量的模型的拟合指数甚至低于未包含共同方法偏差潜变量的模型。因此，本书的数据基本不存在严重的共同方法偏差问题。

三、获得感问卷项目的描述统计分析

在调研数据中，获得感问卷共有 22 个项目，本书对各项目的平均数、标准差、峰度等进行了计算，结果见表 5-2。从数据的峰度和偏度来看，获得感问卷各项目的峰度的值波动范围较小（-0.852 至 0.421），偏度的变化范围也较小

---

[1] WILLIAMS L J, HARTMAN N, CAVAZOTTE F. Method Variance and Marker Variables: A Review and Comprehensive CFA Marker Technique [J]. *Organizational Research Methods*, 2010, 13 (3): 477-514.

（-0.575 至-0.056），数据基本为正态分布。

表5-2　项目的描述统计结果（n=1050）

序号	项目	平均数	标准差	Skewness	Kurtosis
1	我的经济收入有所增长	2.92	0.909	-0.341	0.404
2	我的生活水平有所提高	3.13	0.906	-0.362	0.421
3	我居住的自然环境有所改善	3.44	0.899	-0.377	0.273
4	我工作的自然环境有所改善	3.26	0.911	-0.242	0.292
5	我认为医疗保障工作有所改进	3.44	0.982	-0.407	0.022
6	我认为上学问题（中小学和幼儿园）有所改进	3.46	1.020	-0.483	-0.107

接着计算各项目的鉴别力。鉴别力又称区分度，主要用于考察测评指标对研究对象各项特征的区分能力。项目鉴别力是问卷指标的重要评价标准。鉴别力较高，说明该项目能够较好地将问卷的高低分组被试区分开来。本书计算获得感问卷各维度和项目的总分，根据总分高低分组。将总分的前27%作为高分组，后27%作为低分组，检验各项目在高低分组上的区分度。前27%总分最小值为81，后27%总分最大值为65。将高于81作为高分组，低于65作为低分组，进行独立样本t检验。高分组样本量为278，低分组样本量为282。接着对高低分组进行差异检验。从独立样本t检验中发现，获得感问卷各项目对高低分被试具有较强的鉴别力，能够区分出高低分组被试。高低分组被试在问卷项目上具有显著的差异性（p<0.01）。因此，获得感问卷的临界比率CR值达到了显著性标准。

第五节　弱势群体获得感问卷的探索性
因素分析与信度分析

获得感问卷的质量如何，需要进行信、效度检验。效度检验和信度检验相辅相成，是问卷必不可少的质量标准。信度只能保证问卷的可靠性，但不能保证问卷能够精准地测量到所拟测量的对象。信度是效度的必要条件，效度是信度的充分条件。问卷具有较高的信度，并不一定具有较高的效度。但若问卷的效度较高，能够精确测量所欲测量的对象，则信度必定较高。所以，需要对获得感问卷的信度和效度进行检验。在获得感问卷的信度符合要求后，继续检验获得感问卷的效度。常用的信度指标为内部一致性信度，效度指标有结构效度、校标效度和内容效度①。对结构效度的检验采用探索性因素分析和验证性因素分析进行。

一、获得感问卷项目的相关分析

本书利用数据样本 1 进行获得感问卷的探索性因素分析，采用 SPSS20.0 软件对获得感问卷的 22 个项目进行探索性因素分析。在因素分析前，对问卷项目进行了相关分析。从相关分析中可以发现，获得感问卷各项目之间具有中等程度的相关性，相关系数从 0.245 到 0.713，显著性为 p<0.01。同一维度的项目具有显著的相关性，但又避免了各项目之间的相关性过高造成的共线性问题。

二、获得感问卷的探索性因素分析

根据因素分析的通常做法，样本量至少为问卷项目的 5 倍，最好为 10 倍以上，一般情况下不少于 200 个样本②。本书中样本量为 1050 份，达到了探索性因素分析的标准。本书首先利用 SPSS20.0 软件进行样本数据的适当性检验和 Bartlett 球形检验，结果发现，KMO 值为 0.946；Bartlett 球形检验的 χ^2 为 12585.990；df 为 231，表明获得感问卷的数据适合进行因素分析，具有共同因素存在。

本书接着采用极大方差法和主成分分析法进行因素分析，采用正交旋转法对因子进行旋转。共同度分析发现，获得感问卷各项目的共同度较高，各项目间存在共同因子，共同度从 0.475 到 0.749。碎石图显示，获得感问卷抽取 4 个因子比较合适。根据获得感的理论维度构建和因素分析的结果，逐次进行项目的删减。从旋转后的成分矩阵中发现，自我评价维度的第 2 个项目（我得到的东西正好是我所需要的）在 2 个因素上具有较高的因子载荷，载荷相差不大，将其删除。之后继续进行探索性因素分析。因素分析结果见表 5-3（部分项目），获得感问卷包含 4 个因子，方差解释量达到了 61.438%。因素分析删掉一个项目后，剩余 21 个项目，从属于 4 个维度。

① 戴海琦. 心理测量学 [M]. 北京：高等教育出版社，2015：264.

② 侯杰泰，成子娟，马殊赫伯特. 验证性因素分析：问卷题数及小样本应用策略 [J]. 心理学报，1999（1）：76-83.

表 5-3　获得感量表各维度的因子载荷

项目		因子载荷			
		情绪感受	具身体验	自我评价	问题解决
1	我所得到的东西让我感到自信	0.807			
2	我所得到的东西让我感觉充实	0.776			
3	我的所得让我对生活充满希望	0.758			
4	我所得到的东西让我感觉舒适	0.753			
5	我所得到的东西让我感觉高兴	0.734			
6	我所得到的东西让我不那么焦虑	0.686			
特征值		4.410	2.940	2.924	2.718
贡献率		21.000%	13.998%	13.925%	12.942%
累积贡献率		21.000%	34.997%	48.922%	61.864%

情绪感受和自我评价 2 个维度几乎完全符合理论预期，但所得认知维度在因子旋转后，变为 2 个维度。结合获得感的理论构建和项目内容，对这 2 个维度进行了命名。其中一个维度主要与个体的生活水平、经济收入和居住环境相关，这些内容与个体的直接体验密切相关，称为具身体验。该维度直接与个体的亲身经验相联系，决定个体的生活质量，甚至决定了个体的生存状况。具身体验获得感是个体获得感提升中的基础和保障性因素，缺乏将会严重影响获得感的产生。该维度直接指向个体的实际所得，是获得感中最直接、最显著的成分。获得感的内容丰富，包含多方面内容，但个体不一定会体验到所有方面。而具身获得感，是个体所直接体验的获得感，个体主要依据直接经验对获得感进行评价。个体的体验在认知获得与社会评价中发挥了重要作用。宏观方面的社会发展进步和改革发展成果，在转化为个体直接接触、经历的生活水平提高后，才能真切地提高获得感。具身体验将宏观的社会发展成果落地，转化为个体微观层面的生活状况的改善。

另一维度与个体在日常生活中面临的问题相关，如常见的上学问题、医疗保障问题等。这些问题是个体在发展过程中面临的问题，涉及社会生活的诸多方面。对这些问题的解决，是社会发展的进步，有助于获得感的提升。这部分项目的内容与个体对社会发展的感知密切相关，也是个体在社会生活中所面临的实际问题。这些问题的存在，制约了获得感的提升。项目中反映的问题解决后，有助于获得感的提升，因此将该维度命名为问题解决。

获得感量表各因素的因子载荷见表5-3。最终确定的获得感问卷共有4个因子，分别是：情绪感受维度，包含6个项目；具身体验维度，包含4个项目；自我评价维度，包含5个项目；问题解决维度，包含6个项目。4个因子能够解释61.864%的方差变异。从4个维度来看，情绪感受维度的影响最大。这体现出获得感作为一种心理感受的本质特点，人们比较重视自己的情绪感受。有没有获得感，首先是自己所得带来情绪状态的体验。劳动所得能让自己高兴，就有获得感；其次反映出在获得感的评价中，容易受到情绪状态的影响，获得感这种主观感受会表现出波动。其他3个维度的影响差异不大，表明这3个维度也是获得感的重要组成部分，具身体验、自我评价和问题解决在获得感结构中具有相似的重要性。具身体验是个体以自己为观测对象的直接评价，获得感作为具有较强主观性的概念，个体直接感受对获得感的高低具有直接影响。自我评价维度表明只有精准地满足个体的需求，获得感才能提升。这一维度具有较强的主观性，个体的需求满足与否，不仅取决于外在的物质成果，更取决于个体的主观判断。自我评价的程度高低，也具有较强的个体差异。问题解决维度反映了影响获得感的具体民生问题，与获得感的民生属性紧密联系。个体所面临的实际问题的解决，有助于获得感的提升。在实际工作中，要从人们切实关心的急难愁盼问题入手，提升其获得感。

在获得感问卷结构维度基本清晰后，本书对四个维度进行了相关分析。Pearson积差相关结果见表5-4。获得感四个维度存在中等程度相关，相互之间具有一定的联系。

表 5-4 获得感问卷各维度相关矩阵

维度	M	SD	1	2	3
1. 情绪感受	21.0876	4.62718	1	.	
2. 具身体验	12.7419	2.95131	0.561**	1	
3. 自我评价	15.4695	4.02844	0.702**	0.625**	1
4. 问题解决	20.2048	4.19212	0.571**	0.623**	0.617**

注：M为平均数，SD为标准差，**表示p<0.01

三、获得感问卷的信度分析

信度检验主要用于分析问卷测量结果的可靠性或一致性，即考察问卷测量结果是否具有良好的稳定性。

（一）内部一致性信度

为了检验获得感问卷的信度，本书采用 Cronbach's α 系数作为问卷信度的检验指标。结果发现，包含 21 个项目的获得感总体问卷的信度系数为 0.935，各项目对问卷的信度贡献较为均衡，删除某个项目后问卷的总体信度没有显著提升。总体量表的信度达到了心理测验所要求的标准。获得感量表各维度的信度系数也达到了心理测量学的标准，信度系数也较高。获得感问卷中，情绪感受维度 6 个项目，信度为 0.911。具身体验维度 4 个项目，信度为 0.830。自我评价维度 5 个项目，信度为 0.864。问题解决维度 6 个项目，信度为 0.764。

（二）分半信度

本书接着对获得感问卷的分半信度进行检验。使用 SPSS20.0 中的 Reliability Analysis 工具进行分半信度计算。分半信度对问卷项目进行了分半处理，计算两半问卷的相关系数，进而计算出整个问卷的信度[①]。分半信度对获得感问卷进行了随机的奇偶分半，两个部分的 Cronbach's α 信度分别是 0.867 和 0.920，Guttman Split-Half Coefficient 为 0.840。分半信度前一部分 11 个项目，后一部分 10 个项目。

（三）重测信度

本书接着对获得感问卷的重测信度进行检验。重测信度用同样的问卷对被调查者间隔一段时间进行施测，统计分析两次测量之间的相关系数[②]。在问卷施测后，间隔四周选取被试进行重新测量，共回收有效问卷 437 份，重测问卷的 Cronbach's α 为 0.926。情绪感受维度重测信度为 0.898。具身体验维度重测信度为 0.808。自我评价维度重测信度为 0.843。问题解决维度重测信度为 0.773。

从信度分析中可以发现，本书编制的获得感量表具有较高的稳定性和可信性，问卷各项目之间具有较高的一致性，问卷各维度内的项目也具有较高的一致性。

---

① 席仲恩，汪顺玉．论负克伦巴赫 alpha 系数和分半信度系数 [J]．重庆邮电大学学报（自然科学版），2007（6）：785-787.

② 郑立新，吴宗文，成新宁．中国幼儿智力量表（CISYC）短、中期重测信度的研究 [J]．中国临床心理学杂志，2000（1）：43-44.

第六节 弱势群体获得感问卷的效度检验

一、数据概况

在对获得感问卷进行探索性因素分析后，基本确定了获得感问卷的结构维度。获得感问卷是包含情绪感受、具身体验、自我评价、问题解决4个维度的构念。为了继续验证获得感的结构维度，本书采用验证性因素分析的方法，对获得感的四维度结构进行检验。本书采用发放问卷的方式收集数据，采用数据样本2进行效度检验，样本容量为895份。本书使用该部分数据进行验证性因素分析，统计软件为结构方程模型软件AMOS20.0。结构方程模型（Structure Equation Model）是基于变量间协方差矩阵来分析变量之间关系的统计方法，是多元统计分析的重要工具。结构方程模型能够探索变量特别是潜变量之间的因果关系，并使用路径图和路径系数等形式加以描述。结构方程模型还能够处理传统统计方法难以处理的潜在变量之间的多个自变量和因变量的情景。对获得感问卷的结构效度检验而言，获得感及其各个维度均为潜变量，结构方程模型是通用的方法。本书采用结构方程模型中的测量模型，对获得感问卷的结构效度进行检验。

根据验证性因素分析的通常做法，样本量至少为问卷项目的5倍，最好为10倍以上，一般情况下不少于200个样本[①]。本书中样本量为895份，达到了验证性因素分析数据量的标准。用来进行验证性因素分析的获得感问卷共有21个项目。

在验证性因素分析发现的4个维度中，4个维度的相关系数和描述统计结果见表5-5。从表5-5中发现，4个维度的平均数和标准差差异不大。获得感问卷的4个维度之间存在中等偏高的相关，表明同属一个概念的4个因子之间具有一定的相关性，具有共同属性。

---

① 侯杰泰，成子娟，马殊赫伯特. 验证性因素分析：问卷题数及小样本应用策略 [J]. 心理学报，1999（1）：76-83. 另：李姚矿. 统计抽样测试中影响样本量的因素分析 [J]. 运筹与管理，2000（1）：115-118.

表5-5 获得感问卷各维度相关矩阵

维度	M	SD	1	2	3
1. 情绪感受	21. 3866	4. 38936	1		
2. 具身体验	13. 3318	2. 79470	0. 549[**]	1	
3. 自我评价	15. 6197	3. 93929	0. 674[**]	0. 581[**]	1
4. 问题解决	20. 4358	3. 87501	0. 537[**]	0. 620[**]	0. 542[**]

注：M 为平均数，SD 为标准差，＊＊表示 p<0.01

二、验证性因素分析的模型拟合

本书使用 AMOS20.0 绘制获得感问卷的结构维度图，并进行验证性因素分析。在模型结构图中，F1 因子为情绪感受因子，F2 因子为具身体验因子，F3 因子为自我评价因子，F4 因子为问题解决因子。情绪感受因子中包含 6 个情绪感受项目，分别命名为 EF1 至 EF6，EF 为 Emotional Feeling 的简称。具身体验因子中包含 4 个具身体验项目，分别命名为 EE1 至 EE4，EE 为 Embodied Experience 的简称。自我评价因子中包含 5 个项目，分别命名为 SE1 至 SE5，SE 为 Self-Evaluation 的简称。问题解决因子中包含 6 个问题解决项目，分别命名为 PR1 至 PR6，PR 为 Problem Resolve 的简称。

在验证性因素分析中，对 AMOS21.0 软件采用极大似然估计法（Maximum Likelihood），设定各维度之间自由估计，估计各维度和项目的方差和截距，数据迭代设置为默认值，进行问卷结构的验证分析。根据软件的输入结果，对模型拟合度进行评价。模型验证的结果显示，获得感问卷四维度模型的 χ^2 为 757. 822，自由度 df 为 183，χ^2 与自由度的比值为 4.141，显著性为 p<0.001。模型各项目在因子上的载荷系数较高，各项拟合指数较好。

在验证性因素分析的模型修正部分，根据模型修正指数对模型进行适当修正，以取得更好的模型拟合效果。在对一些研究者关于结构方程模型的研究成果进行汇总后，吴明隆、侯杰泰等、温忠麟等、郭庆科等，总结了常用的拟合指数及其相应标准[①]。在模型修正指数（Modification Index，MI）中，逐次从 MI

---

① 吴明隆. 结构方程模型——Amos 实务进阶 ［M］. 重庆：重庆大学出版社，2013. 另：侯杰泰，温忠麟，成子娟. 结构方程模型及其应用 ［M］. 北京：教育科学出版社，2004. 另：温忠麟，侯杰泰，马什赫伯特. 结构方程模型检验：拟合指数与卡方准则 ［J］. 心理学报，2004（2）：186-194. 另：郭庆科，李芳，陈雪霞，等. 不同条件下拟合指数的表现及临界值的选择 ［J］. 心理学报，2008（1）：109-118.

指数最大开始，让部分项目误差自由估计，模型的拟合指数有所提高①。误差自由估计的项目可能存在一定的系统误差，项目之间可能存在一定的关联。在允许误差自由估计后，并未使其整体结构发生实质性改变，而使模型的拟合指数有所改善。验证性因素分析的标准化路径系数见表5-6。

表5-6 获得感问卷各项目的因子载荷系数

因子 （潜变量）	项目 （显变量）	非标准化 载荷系数 （Coef.）	标准误 （Std. Error）	Z	p	标准化载 荷系数 （Std. Estimate）
情绪 感受	EF1	1.000				0.772
	EF2	1.099	0.042	25.939	0.000	0.831
	EF3	1.122	0.043	25.938	0.000	0.823
	EF4	0.951	0.040	23.574	0.000	0.760
	EF5	0.871	0.038	22.618	0.000	0.733
	EF6	0.898	0.044	20.644	0.000	0.679
具身 体验	EE1	1.000				0.843
	EE2	0.877	0.034	26.011	0.000	0.797
	EE3	0.728	0.037	19.427	0.000	0.644
	EE4	0.680	0.037	18.183	0.000	0.620
自我 评价	SE 1	1.000				0.668
	SE 2	1.301	0.063	20.636	0.000	0.822
	SE 3	1.305	0.066	19.762	0.000	0.787
	SE 4	0.972	0.046	21.208	0.000	0.659
	SE 5	1.114	0.057	19.488	0.000	0.760
问题 解决	PR 1	1.000				0.566
	PR 2	1.031	0.077	13.421	0.000	0.595
	PR 3	1.078	0.098	11.044	0.000	0.459
	PR 4	1.056	0.074	14.220	0.000	0.642
	PR 5	0.865	0.070	12.405	0.000	0.566
	PR 6	1.068	0.081	13.110	0.000	0.605

---

① 胡鹏，路红，马子程. 验证性因子分析中允许误差相关的可行性与条件性 [J]. 统计与决策，2018，34（19）：37-41.

模型的拟合指数汇总见表5-7。从模型拟合指数来看，获得感问卷的四维度模型拟合指数达到了测量学的标准，四维度模型是较为科学合理的测量模型。虽然 ACI 指数没有完全达到标准，但其他主要拟合指数达到了标准。并且结构方程模型的拟合指数容易受到样本量、载荷量、评分等级的影响，应根据不同的研究条件选取适当的临界标准，并没有普遍存在的"金标准"[1]。对拟合指数而言，NNFI 和 IFI 在不同条件下的平均值是最稳定的，其次是 CFI、RMSEA 和 SRMR，这几项拟合指标在本书中均较为优良。

表5-7　获得感问卷的验证性因素分析拟合指数

统计检验量	拟合标准或临界值	检验结果	模型拟合判断
绝对拟合指数			
χ^2	p<0.01	569.998	是
RMR	<0.05	0.038	是
RMSEA	<0.08（良好），<0.05（优秀）	0.049	是
GFI	>0.90	0.941	是
AGFI	>0.90	0.924	是
增值拟合度指数			
NFI	>0.90	0.938	是
RFI	>0.90	0.928	是
IFI	>0.90	0.957	是
TLI（NNFI）	>0.90	0.950	是
CFI	>0.90	0.941	是
简约拟合指数			
PGFI	>0.50	0.733	是
PNFI	>0.90	0.804	是
PCFI	>0.90	0.820	是
CN	>200	333* 357**	是
χ^2/df	<5	3.167	是

---

[1]　郭庆科，李芳，陈雪霞，等. 不同条件下拟合指数的表现及临界值的选择［J］. 心理学报，2008（1）：109-118.

统计检验量	拟合标准或临界值	检验结果	模型拟合判断
ACI	理论模型同时小于 独立模型和饱和模型	671.988	671.988<9308.417 671.988>462.000
CAIA	理论模型同时小于 独立模型和饱和模型	967.636	967.636<9430.150 967.636<1801.066

注：* 表示 p<0.05，** 表示 p<0.01

在验证性因素分析结果中，可以发现各项目在相应因子上的路线系数和显著性。本书对获得感问卷中各个项目在相应维度上的标准化回归系数进行汇总，见表5-6。从标准化载荷系数中可以发现，获得感问卷各项目在相应潜变量的载荷系数大部分较高，超过了0.7，显著性达到了 p<0.001，说明项目与其维度存在较强的相关性。从整体上来看，获得感问卷的因子与测量项目之间存在良好的对应关系，聚合效度较高。

三、获得感问卷的路径系数分析

为了更清晰地显示项目与各维度之间的关系，本书将 AMOS 软件运行输出结果的各变量的标准化回归系数进行整理，见表5-7。从表中可以发现，所有潜变量与观测变量之间的标准化路径系数都达到了显著性水平，路径系数都通过了 p<0.01 的显著性检验。

从获得感问卷各维度和项目的标准化路径系数中，可以发现各个维度与测量项目之间回归系数的情况。在情绪感受维度，第二个项目（我所得的东西让我感觉充实）的标准化回归系数最高，其次是第三个项目（我的所得让我对生活充满希望）和第一个项目（我所得的东西让我感到自信）。这三个项目是与情绪感受维度关联度最强的项目。这可能是与获得感的本质特征相联系，因自己切实得到的东西而产生了愉悦的情绪感受，缓解了焦虑情绪，提升了自我效能，增强了生活预期，让人感觉充实，有希望和自信。获得感所产生的最强烈的情绪感受是充实、希望和自信等积极情绪。

在具身体验维度，联系最密切的项目是第一个项目（我的生活水平有所提高）和第二个项目（我的经济收入有所增长）。从获得感的实质和前提条件来看，只有生活水平有所提高，经济收入有所增长，才能切实提高获得感。获得感不是空中楼阁，需要有物质基础。人们要想提升获得感，必须有实实在在的生活水平的提升，而经济收入的增长是生活水平提升的物质基础。没有经济收入的增长，生活水平难以提高。经济收入的增长，无论是相对收入还是绝对收入①，都是获得感的促进因素。生活水平提高和经济收入增长，是个体能够切实感受到的，是与个体的自身属性密切相关的。只有个体本身才能够体验到生活水平的提高。经济收入和生活水平提高是获得感的物质基础和心理基础。这种体验只能由本人感觉到，他人难以进行替代。获得感不会凭空产生，很难想象存在着生活水平下降，经济收入减少，而获得感增加的情况。

在自我评价维度，联系最密切的是第二个项目（我对自己的生活比较满足）和第三个项目（我目前的生活接近了理想的生活）。生活需求的满足是自我评价的主要维度，只有个体对自己的生活比较满足，才能对自己产生认可和积极评价。自我评价虽然涉及个体的多个方面，如工作、身体健康、人际关系等，但对生活状况的评价难以从自我评价整体中剥离出来。个体的生活状况直接影响了自我评价，甚至是自我评价的重要内容。很难想象生活状况贫乏的人，能够拥有良好的工作、身体和人际关系，生活状况出现危机的个体难以拥有较高的获得感。获得感起源于民生领域，与个体的生活状况密切相关。当个体的生活接近理想的生活，达到了理想的状态，个体的各种需求得到满足，才能拥有获得感。自我评价是个体对自己的感受和评价，与获得感作为一种主观经验直接相关。只有个体在主观上对自己的生活比较满意，物质上的获得感才能得到人们的认可。获得感从外在的物质转化为内在的心理感受，并提升个体的自我评价。

在问题解决维度，联系最密切的是第四个项目（我认为医疗保险工作有所改进）、第六个项目（我的休闲娱乐活动有所丰富）和第二个项目（我认为社会公平有所提高）。对社会居民特别是弱势群体而言，最为关注的是身体健康问题，特别是某些弱势群体就是由于身体原因成为弱势群体的，弱势群体需要花费大量的、长期的时间和金钱维持身体健康。而医疗保障工作的改进，有助于人们降低医疗开支，提升身体健康水平，使人们有病敢医。研究也发现，基本医疗保险对人们特别是低收入群体的公共服务获得感具有显著的影响②。身体健康和生命健康是人们最为关注的内容，特别是在受新冠疫情威胁的形势下，身体健康的重要性更加凸显。因此，医疗保障工作的改进，对获得感的影响最大。身体健康是享受物质成果和精神成果的前提，只有身体健康，才能享受到社会

---

① 赵晶晶，李放，李力. 被征地农民的经济获得感提升了吗？[J]. 中国农村观察，2020
　（5）：93-107.

② 张仲芳，刘星. 参加基本医疗保险与民众的"获得感"：基于中国综合社会调查数据的
　实证分析 [J]. 山东社会科学，2020（12）：147-152.

发展的成果。只有身体健康，获得感才有物质载体。在休闲娱乐活动方面，随着人们生活水平的提升和我国全面建成小康社会，消除贫困现象，人们满足了基本的生存需要后，对美好生活的追求提升，希望过上高质量的生活。因此，在保证生命健康的前提下，人们对休闲娱乐活动的需要迅速增长，娱乐性活动和消费大幅增加。如风靡网络的短视频平台，成了人们日常娱乐的重要途径。另外，社会公平也是人们关注的重要方面。确保获得感增进过程中的公平是提升获得感的前提。公平正义的缺失会侵蚀获得感，公平正义的增强能够提升获得感。公平正义是获得感在精神层面的重要来源。社会公平程度越高，人们的获得感越高。主观感知的社会公平比客观公平因素对获得感的影响更大①。社会公平的增强，也有利于人们增进对改革的信心，提高对改革发展成果的认同度。在公平公正的社会环境中，人们能够通过自身的努力进行自我发展，不用担心受到暗箱操作、内幕操作的影响。社会公正让人们树立通过奋斗来获得美好生活的信念，践行"幸福是奋斗出来的"理念。

在问题解决维度也反映出人们需要的层次性。人们首先最为关注的是身体健康，其次是生活的丰富多彩，最后是社会环境。人们只有在拥有了健康的身体后，才能追求高品质的生活，再追求公正的社会环境。这反映出人们的需要是逐步提升的，基本需要满足后，产生更高层次的需要。这种层次性，也反映出人们对获得感的追求是不断提升的。

综上所述，从获得感的4个维度来看：在情绪感受维度，充实和希望是获得感的主要情绪感受；在具身体验维度，生活水平和经济收入是获得感的直接物质基础；在自我评价维度，对生活的满足是获得感的主要标志，生活中的需要得到满足，能够提升获得感；在问题解决维度，身体健康、娱乐休闲和社会公平依次出现，是获得感逐步提升的表现。由此可以发现，获得感的4个维度是紧密相连的，只有4个维度相互协调提升，才能增强人们的获得感。提升获得感，也要从这些主要方面入手。首先，要增加人们的经济收入，提高生活水平。其次，要满足人们的需求，通过社会比较、心理调节等手段，产生生活满足感。再次，要解决实际问题，保障人们的医疗、娱乐和社会公平。最后，要引导心理感受，在物质满足的基础上，激发人们产生充实和希望的情绪感受。

① 夏敏，张毅. 实际获得与主观获得感：基于社会公平感知对公共服务的调节作用［J］. 甘肃理论学刊，2020（6）：120-128. 另：吴敏，梁岚清. 社会公平因素对居民公共服务获得感的影响：以中国综合社会调查2015年度数据为基础［J］. 西南石油大学学报（社会科学版），2021，23（1）：30-36.

四、获得感问卷的聚合效度和区分效度

在对获得感问卷结构效度进行验证时，也应对获得感问卷的聚合效度和区分效度进行检验。本书通过平均方差抽取量（Average Variance Extracted，AVE）和组合信度（Composite Reliability，CR）进行聚合效度与区分效度的检验①。组合信度是所有显变量信度的组合，表示潜变量的指标具有内部一致性。平均方差抽取量反映出每个潜变量所能解释的方差变异中有多少来自该潜变量中的所有题目。平均方差抽取量较高时，反映该潜变量具有良好的聚合效度。平均方差抽取量常用验证性因素分析中达到显著水平的标准化路径系数进行计算。本书采用吴明隆研究中的插件程序②进行运算，将各项目的标准化因子载荷输入插件中，得到平均方差抽取量和组合信度的数值。平均方差抽取量的评价标准为AVE>0.5③，组合信度的评价标准为CR>0.7④。获得感问卷中，情绪感受维度的AVE值为0.5900，CR值为0.8959；具身体验维度的AVE值为0.5632，CR值为0.8197；自我评价维度的AVE值为0.5506，CR值为0.8588；问题解决维度的AVE值为0.3306，CR值为0.7458。获得感问卷大部分维度的平均方差抽取量达到了相应标准，部分项目未能达到标准。在获得感问卷的问题解决维度，其平均方差抽取量为0.3306，未达到相应标准。也有研究者认为最低标准为0.32，处于基本能够接受的范围⑤。获得感问卷4个维度的组合信度均达到了相应标准。已有研究成果中，效度检验的指标众多，能够从不同侧面对问卷的结构效度进行验证。在本书中，获得感问卷的大多数效度检验指标达到了相关标准。

在对获得感问卷的聚合效度进行检验后，本书接着对问卷的区分效度进行检验。区分效度检验将使用平均方差抽取量的平方根值与各因子间的相关系数

---

① 乜标，金杨华. 管理胜任特征评价方法及聚合效度研究 [J]. 管理世界，2009（2）：176-177.

② 吴明隆. 结构方程模型——Amos 实务进阶 [M]. 重庆：重庆大学出版社，2013：61.

③ FORNELL C，LARCKER D F. Evaluating Structural Equation Models with Unobservable Variables and Measurement Error [J]. *Journal of Marketing Research*，1981，24（2）：337-346.

④ HAIR J F，TATHAM R，ANDERSON R，et al. *Multivariate Data Analysis* [M]. 5th ed. New York：Prentice Hall，1998：648-650.

⑤ 邱皓政，林碧芳. 结构方程模型的原理与应用 [M]. 北京：中国轻工业出版社，2009：101.

进行比较①。如果平均方差抽取量平方根值高于该因子与其他因子之间的相关系数，表明该因子具有良好的区分效度。本书利用获得感问卷各维度的平均方差抽取量，之后再使用 SPSS20.0 软件计算获得感问卷各维度的相关系数，进行平均方差抽取量的平方根与相关系数的比较。获得感问卷大部分维度的平均方差抽取量的平方根均大于该维度与其他维度的相关系数。情绪感受因子的 AVE 根号值为 0.768，大于该因子与其他 3 个因子之间的相关系数值（最大相关系数为 0.674）。具身体验维度的 AVE 根号值为 0.751，大于该因子与其他 3 个因子之间的相关系数值（最大相关系数为 0.581）。自我评价因子的 AVE 根号值为 0.742，大于该因子与其他 3 个因子之间的相关系数值（最大相关系数为 0.674）。只有问题解决因子的 AVE 根号值为 0.575，未全部大于该因子与其他 3 个因子之间的相关系数值（最大相关系数为 0.620），但绝对差距并不过大（0.045）。该因子的区分效度稍低于其他因子，是因为该因子的平均方差抽取量稍低，但未对其他因素和获得感问卷的整体区分效度产生较大影响。获得感这样一个复杂多变的主客观心理特征，具有较大的复杂性，含义丰富，其实质和内在因素还需要进行深入的探索和研究。

五、验证性因素分析的竞争模型比较

在结构效度检验中，在对获得感的四因子测量模型进行检验的同时，还要对获得感问卷的竞争模型进行对比，以考察四维度模型是不是最优模型。根据获得感的概念和结构维度，设计竞争模型。竞争模型分别有单维度模型、两维度模型、三维度模型。单维度模型只有一个维度，21 个项目从属于 1 个获得感维度。以往研究有采用 1 个项目来测量获得感的高低②。两维度模型包含两个维度，21 个项目从属于 2 个维度，具身体验和问题解决从属于 1 个维度，情绪感受和自我评价从属于 1 个维度。具身体验和问题解决侧重外显物化方面，情绪感受和自我评价偏重人们的内心感受。三维度模型包含 3 个维度，21 个项目从属于 3 个维度，具身体验和问题解决从属于 1 个维度，情绪感受和自我评价各自从属于 1 个维度。四维度模型包含 4 个维度，分别是具身体验、问题解决、情绪感受和自我评价。本书通过 AMOS21.0 软件进行竞争模型的比较研究，各

---

① 段忠贤，吴鹏．"民生三感"测评指标体系构建及检验［J］．统计与决策，2021，37（24）：171-175.

② 彭宅文，岳经纶．新医改、医疗费用风险保护与居民获得感：政策设计与机制竞争［J］．广东社会科学，2018（4）：182-192，256.

竞争模型的拟合指数见表5-8。经过对竞争模型运行结果的拟合指数的对比，四维度模型的拟合指数较好，在各个拟合指标上显著优于竞争模型。竞争模型比较支持获得感的四维度结构模型。

表5-8　获得感问卷的竞争模型比较

拟合指数	竞争模型			
	单维度模型	两维度模型	三维度模型	四维度模型
χ^2	2172.038	1468.680	925.023	569.998
df	189	188	186	180
χ^2/df	11.492	7.812	4.973	3.167
p	<0.01	<0.01	<0.01	<0.01
NFI	0.766	0.842	0.900	0.938
RFI	0.740	0.823	0.887	0.928
IFI	0.782	0.859	0.919	0.957
TLI	0.757	0.842	0.908	0.950
CFI	0.781	0.859	0.918	0.957
GFI	0.760	0.836	0.903	0.941
RMSEA	0.108	0.087	0.067	0.049

六、获得感问卷的校标效度检验

在对获得感问卷的结构效度进行检验之后，本书继续探索获得感问卷的校标效度。校标效度也称校标关联效度，是指问卷测量分数与校标测验分数的相关性[1]。本书选取的校标工具为生活满意度量表和主观幸福感量表。生活满意度和主观幸福感与获得感在概念上存在一定的相关性，但又是不完全相同的概念。获得感、生活满意度和主观幸福感三者均是个体的一种主观上的满足与否的评价，只是在评价对象、评价范围和概括程度上存在一定差异。生活满意度和主观幸福感在相关领域的应用也比较广泛，适合作为获得感问卷的校标变量。生活满意度量表选取熊承清和许远理修订的生活满意度量表。主观幸福感测量选取主观幸福感量表。在本书中，生活满意度量表的信度系数为0.890，主观幸福感量表的信度为0.911。

---

① 郭秀艳.实验心理学［M］.北京：人民卫生出版社，2008：52.

本书采用 Pearson 积差相关分析，对正式施测的获得感问卷、生活满意度问卷和幸福倾向问卷进行校标关联分析。本书通过问卷施测和数据收集，获得有效问卷 628 份。通过 SPSS20.0 对样本数据进行相关分析计算，结果见表 5-9。

表 5-9 获得感问卷的校标关联效度检验（n=628）

问卷	M	SD	1	2	3	4	5	6
1. 获得感	70.744	12.867	1					
2. 生活满意度	17.067	5.522	0.599**	1				
3. 主观幸福感	24.700	7.393	0.664**	0.577**	1			
4. 情绪感受	21.172	4.499	0.870**	0.533**	0.548**	1		
5. 具身体验	13.304	2.817	0.809**	0.487**	0.505**	0.584**	1	
6. 自我评价	15.720	3.986	0.865**	0.534**	0.714**	0.720**	0.612**	1
7. 问题解决	20.548	3.978	0.810**	0.455**	0.456**	0.549**	0.636**	0.548**

注：**表示 $p < 0.01$

从获得感问卷与生活满意度问卷、主观幸福感问卷的相关分析可以发现，获得感与校标变量生活满意度和主观幸福感存在显著的正相关性。获得感各维度与校标变量也存在显著的正相关性，说明获得感问卷具有良好的校标效度。

七、获得感问卷的内容效度

本书通过多种渠道保障问卷的内容效度。首先，通过专家评价提升问卷项目质量。在项目编制过程中，邀请心理测量领域的专家、社会心理学研究者等专业人员，对问卷项目与拟测对象的符合性进行评价，对问卷项目进行修改和完善，力图使项目既符合测量学的要求，又能反映获得感的实质。其次，对问卷项目的语言进行精简完善。对获得感问卷的项目进行多次严苛的审读，对语言、用词和句式进行多次修改，从语法和意义上进行修改和完善，使问卷语义明确，语言流畅，通俗易懂。再次，通过预测试，对问卷进行修订。在正式施测之前，通过小范围的预测试，检验问卷的施测效果，及时修改问卷的不足之处。最后，参考国内一些高质量的问卷。获得感问卷在研制过程中，参考了中国综合社会调查（CGSS 2015）中的部分项目，吸取已有获得感的测量问卷，博采众长，使获得感问卷更加完善科学。

整体而言，本书开发的弱势群体获得感问卷具有良好的效度。首先，获得感问卷的编制过程比较科学严谨，有助于问卷内容效度的提升。其次，探索性因素分析与验证性因素分析中各项指标达到了现代心理测量学的标准，说明该问卷具备良好的结构效度。再次，各维度与总问卷之间的相关性较高，内部结构稳定稳固。最后，获得感与各校标变量关系紧密，校标效度较高。

第七节 弱势群体获得感问卷的讨论分析

一、获得感问卷的主要内容

本书通过项目分析、探索性因素分析、验证性因素分析、信度分析和校标效度检验，研制了弱势群体获得感问卷。获得感问卷共有 21 个项目，分属于 4 个维度，分别是情绪感受、具身体验、自我评价和问题解决。问卷的信度为 0.935，结构效度良好。

本书开发的获得感问卷，包含了个体需要满足的内容，与需求层次理论相一致。获得感问卷含有对社会问题改善的评价，体现了社会比较理论的内涵。获得感问卷还包含通过自身努力获得积极自我评价的内容，与自我决定理论相符合。获得感问卷与获得感的理论基础相一致，具有坚实的理论基础和测量学依据。因此，获得感问卷能够作为测评弱势群体获得感的有效工具。

二、获得感问卷开发中弱势群体的特殊性

在弱势群体的获得感问卷中，与基本社会生活、民生领域相关的项目具有特殊的重要性。对弱势群体而言，由于其所处的弱势地位，自身能力的不足，使其难以像正常人那样生活和工作。弱势群体成员难以解决在工作生活中面临的问题。获得感首先起源于民生领域，获得感的许多指标与民生领域密切相关。民生保障的内容，对弱势群体成员而言显得特别重要。正常社会成员相对轻松就能解决的问题，对弱势群体成员而言，就需要花费特别大的力气才能克服。如一位坐轮椅的残疾人说道："健康人抬脚就能迈过去的一个小坎，我就不敢过，需要推很远的路才能绕过去。"弱势群体获得感问卷中，问题解决是一个非常重要的维度，也是与弱势群体联系最密切的一个维度。弱势群体面临的基本生存、生活问题的解决，能够在较大程度上提升弱势群体的获得感。

三、获得感问卷的维度

本书开发的获得感问卷包含情绪感受、具身体验、自我评价和问题解决 4

个维度，相比理论假设的所得认知、自我评价和情绪感受三维度模型，所得认知维度拆分为具身体验和自我评价 2 个维度。这一方面是因为所得认知本身包含的项目数较多，项目内容按照个体的关注点分为自己直接感受到的获得感和对自身各种状况评价的获得感两类。另一方面，获得感也强调人们对获得的自我评价，强调实惠。自我评价这一维度则较好地体现了人们对自己所得的评价，反映了对自己获得的满意程度。具身体验和自我评价维度是获得感问卷研制中新分化的维度。

（一）具身体验维度

具身体验维度来源于具身认知理论与获得感的研究。具身认知（Embodied Cognition）是认知科学的一场革命，具身认知的历程从哲学研究发展到实验研究，进而扩展到应用研究①。具身认知理论认为，人们认知的内容是由身体提供的，人们的身体、身体与外部世界的互动提供了认识世界的材料。具身认知理论认为认知对身体具有依赖性，身体的体验影响了思维、判断、态度和情绪等心智过程，人们对客观世界的认识依赖于身体的活动②。人们的思维和判断等认知过程与身体感觉具有密切的联系③。认知科学从"离身认知"向"具身认知"发生转变，离身认知以计算机信息加工的原理来模拟人的认知加工过程，忽视了个体的感知在信息加工过程中的作用。离身认知是将身心相互分离而导致身体被认知主体所遗忘而产生的。具身认知认为认知是心智嵌入大脑、大脑嵌入身体、身体嵌入环境的一体过程④。在人们对外界刺激的感知评价过程中，自身的经验体验产生的作用不可忽视，身体感知对认知获得也具有重要作用。个体身体的体验对认知产生重要影响，身体体验建立在个体的生理心理状况、神经系统结构和身体活动方式基础上。人们对自身的主观感受为语言和思维提供了基础内容，身体的感觉影响到理解和判断。事物意义的产生离不开身体的感觉，身体感知造成了事物对于人们的意义。

本书尝试创新性地将具身认知的研究领域从信息加工的认知领域扩展到对社会对象的评价领域。在个体和社会比较、社会公平、社会发展成果评价等方

① 胡万年，叶浩生. 中国心理学界具身认知研究进展［J］. 自然辩证法通讯，2013，35（6）：111-115，124，128.
② 叶浩生. "具身"涵义的理论辨析［J］. 心理学报，2014，46（7）：1032-1042.
③ 王维芬，邓宇. 国外具身认知研究动态的 CiteSpace 分析［J］. 外文研究，2022，10（1）：20-27，106.
④ 魏晓波. 从"离身认知"到"具身认知"：考量思政课获得感生成的新视角［J］. 教育理论与实践，2020，40（27）：34-36.

面，具身认知也起到了重要作用。在对社会发展的感知和评价领域，也存在具身认知的影响。人们直接感受到的社会进步，对获得感的高低起到重要作用。个体的认知与身体不可分割，身体是认知的身体，认知是身体的认知。人们对周围世界的认知依赖于人们所拥有的身体体验。伍秋萍等对具身认知的实验研究发现，人们与外界事物互动过程中的身体感受状态会影响随后对事物的态度，如评价和选择倾向等①。在人们感知获得感时，身体的反应是影响获得感的重要因素。人们自身直接感受到生活水平和环境状况的改善，对获得感的认知产生促进作用。在具身体验维度，人们身体能够直接感受到生活水平的提高、经济收入的增长、生态环境的改善，这些具身感受是个体所得到的，与身体体验和认知紧密相连。之所以命名为具身体验，是因为该维度是个体的身体直接感知到的，是最真实真切的所得。具身体验比从各种传媒途径得到的信息更加真实，是个体能够体验和真实相信的获得，是获得感中最稳定真实的成分。具身体验，因为与个体的直接身体感受相联系，也不容易受到干扰和误导，可靠性最强。本书将心理学、哲学、教育学和人类学中新兴的具身认知理论引入获得感的研究，将获得感中个体具身感知的内容命名为具身体验，不仅拓展了具身认知的研究领域，也使得获得感这一概念更加真实，使获得感结构维度的理论基础更加坚实。

　　李强总理在 2023 年两会期间强调，大家更关心的是自己身边的具体事情。这是因为自己的实际感受发挥了重要作用。具身体验维度则完好地诠释了这一论断。激发人们的具身认知，也有利于深化弱势群体对社会发展和改革开放成果的认识。具身体验维度的项目是个体直接感受到的，个体有着最直接、最真实和最深刻的体验与认识。具身体验强调个体的感知作用和体验，强调个体自身与外部情景交互中的认知塑造。获得感作为人们对获取外界资源的一种感知判断，离不开人们自身的体验、感受和参与。具身体验的观测对象就是自身，个体的主观感受更为明显。人们所经历的事件，激发积极的正向体验，产生获得感。人们对发生在自己身边、自己身上的事情，体会最为深刻。例如公安机关帮忙追回了自己被盗的电动车，这种喜悦之情溢于言表，对获得感的提升是巨大的。随着社会治安的好转，涉及人们日常生活的小案，侵害的是人们的切身利益。这种案件对公安机关来说虽然是小案，但对人民群众来说，小案的破获对获得感的提升却是巨大的。一个个单独个体获得感的提升，最终汇集成全

---

① 伍秋萍，冯聪，陈斌斌. 具身框架下的社会认知研究述评［J］. 心理科学进展，2011，19（3）：336-345.

体人民获得感的提升。国家采取的各种提升人民生活水平的措施，推动经济、政治、文化、社会和生态发展的努力，转化为人民能够切身感受到的改善，引起人们主观经验的变化，才能促进人们的获得感、幸福感和安全感的提升。

（二）问题解决维度

问题解决维度的项目是个体在社会生活中所面临的比较常见、典型的问题，具有代表性。包含项目数较多的所得认知维度，在因素旋转时其内部的两个分维度容易显现出来。问题解决维度，涉及的都是具体的问题，是人们身边的一件件具体事项，是看得见摸得着的事情。只有解决了群众身边的每一个具体问题，才能使群众产生具体真实的获得感。

具身体验和问题解决维度是获得感中个体所面临的不同方面，原本从属于所得认知维度。所得认知维度包括个体对自己所获取利益的认知、自己所面临问题的解决。这两个方面在因素分析中经过旋转，拆分为两个更为清晰的维度。具身体验和问题解决维度使得所得认知维度更加精准和细化，较好地反映了弱势群体在获得感产生过程中的心理变化。

个体的直接感受和面临的问题，都是获得感的重要内容。王俊秀和刘晓柳的研究认为，获得感与个体的需求满足状况直接相关[①]。具身体验维度直接表现了获得感主观体验的本质，是"感"这一特征的外化。问题解决维度是政府和社会对个体面临困难的支持程度，反映了社会政策和社会支持氛围对人们生活问题和工作需要的满足程度。问题解决维度反映出人们在社会生活中面临的问题，解决了这些问题，获得感就会得到提升。如果人们面临的日常问题得不到解决，困扰了人们的工作和生活，进而影响到个体需求的满足，愉悦情绪难以产生，获得感的提升就难以实现。问题解决维度和具身体验与民生领域的社会问题密切相关。这两个维度的项目，主要是人们生存和发展条件的改善，最终表现为政府公共服务在数量、质量和公平性上的逐步完善。基本公共服务主要分为三类，基于生存权的基本养老保障和住房保障，基于健康权的医疗卫生服务，基于自我发展权的公共教育、环境保护和公共安全等。这三类基本公共服务具体化为住房保障、医疗卫生和公共教育[②]。在问题解决维度，典型的公共服务需求均充分体现出来。本书认为，关系国计民生的公共服务，如教育、医疗、住房保障和社会治理等，能够为人们的获得感提供有力的支持和保障。

---

① 王俊秀，刘晓柳. 现状、变化和相互关系：安全感、获得感与幸福感及其提升路径 [J]. 江苏社会科学，2019（1）：41-49，258.

② 梅正午，孙玉栋，丁鹏程. 公共服务供给水平对居民获得感影响研究 [J]. 价格理论与实践，2019（5）：141-144.

近年来，环境问题日益成为影响人们生活质量的重要因素。人们获得感的提升必然包含对美好居住环境和工作环境的要求，环境是获得感的应有之义。在王恬等对我国居民获得感的测量中，也将公共服务和环境治理作为获得感的重要评价指标①。

（三）情绪感受维度

情绪感受维度是个体拥有实际得到后产生的愉悦的情绪感受。情绪感受维度上升为获得感的第一个维度，体现了获得感作为主观感受的本质特征。情绪感受是一种获得体验，反映了个体需要得到满足后的内在积极情绪感受。董洪杰等在对中国人获得感结构的研究中，也发现一个类似的维度，命名为"获得体验"②。获得体验主要反映目前的生活和所得让自己感觉舒适、圆满、心情愉快、知足和欣慰等。获得体验与本书发现的"情绪感受"维度类似，都反映了个体积极愉悦的心理感受。所不同的是，本书构建的情绪感受维度对情绪的指向比较精准，直接与自己的所得相联系，限定在得到后所产生的情绪感受。而董洪杰等构建的获得体验维度主要是对目前生活的评价，对自己目前所得的测量项目较少。其获得体验维度不仅包含了情绪感受，也包含了幸福感，是对自己生活的一种全部的、终极性的整体评价，过于庞杂。获得体验更多的是对自己生活的评价，这样容易与生活满意度相混淆。本书认为获得感的情绪感受维度，以得到利益后产生的情绪感受为主，与目前的生活状态不同。情绪感受是一种单纯的情绪状态感知，与对生活评价这种整体的、认知性的评定不同。并且，获得感与生活满意度是两个不同概念。

（四）自我评价维度

自我评价维度反映了个体需要满足程度的评价，是个体对自己生活理想程度、个体付出回报的评价。自我评价是个体对自己生活状态的认知评价，高层次需求的满足带来更高的获得感体验。研究发现，人们在对自身获益进行评价时，对所得内容与自身需要进行评价，考察所得与需要之间的匹配关系，反思付出程度与收入质量是否成正比③。需求满足带来积极的情绪感受，进而提升生活满意度和幸福感。但个体的需求没有得到满足时，容易产生焦虑感。如个体

---

① 王恬，谭远发，付晓珊. 我国居民获得感的测量及其影响因素 [J]. 财经科学，2018（9）：120-132.

② 董洪杰，谭旭运，豆雪姣，等. 中国人获得感的结构研究 [J]. 心理学探新，2019，39（5）：468-473.

③ 程仕波. 获得感在大学生思想政治教育评价中的优势及限度 [J]. 思想教育研究，2021（5）：18-22.

面临的住房、教育、医疗、安全等基本的生活和生存需求尚未得到满足时，人们的生存保障遭遇挑战，容易产生焦虑感。因此，自我评价维度与问题解决维度存在密切的联系。付出与回报的匹配程度，也是获得感的重要内容。个体如果认为能力与付出相匹配，工作有回报，能够产生工作满足感，带来工作方面的获得感。个体如果对自己的生活比较满意，则会产生在生活方面的获得感。

从获得感的结构维度来看，获得感的结构与积极心理学的 PERMA 模型理论存在较大的一致性。Seligman 的积极心理学认为人们的幸福感具有五个元素（PERMA），即积极情绪（Positive Emotion）、投入（Engagement）、人际关系（Relationship）、意义（Meaning）和成就（Accomplishment）①。这五个因素是幸福快乐的条件。获得感中的情绪感受是人们有获得后产生的内在积极情绪感受。这些感受都是愉悦的，带来适应性的发展结果，与积极情绪相契合。获得感中的问题解决维度描述了人们对所面临日常问题的解决，解决这些问题使人产生成就感，与成就元素联系紧密。获得感中的具身体验和自我评价维度，使人们的内在需求和外在需求得到了满足，体现了人们生活的价值和意义，提供了人们对自身生活状态的认知评价，与意义元素相吻合。而投入元素，与获得感是通过自己劳动付出得到的内涵较为相近，通过个体的投入，才能产生获得感。获得感中虽然没有明确的人际关系维度，但获得感的实现，使个体处于满足愉悦的状态，积极面对人际交往中的困境，实现自我价值②，有利于发展积极的人际关系。

以往研究中获得感也出现多维度结构，研究者也经常借助某些社会调查项目直接拟合获得感的测量指标。这些研究往往对获得感的某个方面或维度进行分析，如人们在经济利益、社会发展成果或基本公共服务方面的获得感。这些研究侧重特定客体获益感知的获得感，如民生获得感、经济获得感等。以往对获得感结构维度的研究较为片面，较少涉及获得感的各个方面。但获得感的内容比较广泛，对获得感某一方面的分析，使得获得感的内涵受到局限。本书开发的获得感多维度的结构，体现了物质需求满足和民生问题解决的统一，外部物化获得与内在心理体验的一致，积极情绪感受与肯定自我评价的统一。

---

① SELIGMAN M E，CSIKSZENTMIHALYI M. Positive Psychology：An Introduction ［J］. *American Psychologist*，2000，55（1）：5-14.

② 成琪，古瑛，徐咏仪. 高职院校贫困生人际关系获得感现状及提升策略 ［J］. 广州城市职业学院学报，2018，12（2）：48-52.

四、获得感问卷对改革发展成效的评价作用

本书构建的获得感概念和开发的获得感问卷，是评价改革发展成效的有效工具。获得感兼具主观指标和客观指标的双重属性。获得感既考察个体在客观方面的实际获得，也考察个体的主观感受。获得感的这种特点，使其能够较好地作为改革发展成果的测评工具，与其诞生的使命相符合。获得感的主观属性使其能够获取人们的期望和需求方面的信息。社会发展和改革政策的制定，目的都是满足公众需求。因而，政策制定的前提是掌握人们的偏好、需求和期望方面的信息。在政策评价中，人们根据政策设定的客观标准如指数、进度、计划等对政策执行的情况进行评估。评估主体只要按照客观标准进行符合规定的评价，无论评价主体是谁，客观指标评估的结果都会比较相近。但客观评价标准难以提供充分的信息来反映人们的真实需求是否得到满足，满足到何种程度。以客观标准为评价指标，缺乏以人为本的理念，客观的数字难以与人们的主观需求联系起来。无论是政策制定还是实施效果评估，都需要通过技术化的主观测量方式来获取人们的主观评价，如公众需求、社会态度和满意度等。获得感则能满足这一要求。

主观指标为理解人们的行为提供了主观解释的知识与信息。人们根据其对客观存在的物质世界的主观解释做出反应。客观指标是独立于人类意识知觉存在的反映物质的数据，具有不能提供特定情境下主观解释的局限性。而主观指标通过直接调查人们的感知、态度和期望，反映出在特定情境下人们的特殊需求、偏好、情感等信息[1]，这些主观变量又称为人们行为的重要解释变量，对社会改革政策的评价起着重要作用。例如，在评价住房改革政策的效果时，如果采用客观指标，可以用人均住房面积的增加值作为住房条件改善的反映，但客观指标难以反映出人们对住房条件改善的评价。以往对改革发展政策，多采用客观指标进行衡量，而忽视了政策影响对象的主观感知效果。改革发展政策的客观评价效果并不能取代人们的主观评价效果，客观效果好并不意味着感知效果评价必然好。因此，在评价改革成效时，采用获得感作为指标，既能反映出改革发展的物质成果，也能够刻画出人们对物质成果的主观评价。获得感既有以客观指标来衡量的客观效果，也有以主观指标来衡量的感知效果。获得感还能够反映出主观感知效果偏差的具体内容和原因。总之，获得感是评价改革发

---

① 王艳，陈丽霖. 政策获得感的内涵、分析框架与运用：以三台山德昂族乡实证分析为例 [J]. 云南行政学院学报，2020，22（4）：147-156.

展成效的科学工具。

五、获得感问卷的测评作用

对获得感进行测量是获得感研究的重要内容，是获得感数量化和进一步研究的基础。弱势群体获得感的测量是了解弱势群体共享改革发展成果、深化改革和提升获得感的基础。本书开发的获得感测量问卷，能够对弱势群体的获得感进行有效测量。研究者曾提出获得感测量指标的原则，为获得感测量工具的构建提供了规范。构建获得感的测量指标时，应遵循科学性、系统性、可操作性和时效性的原则①。第一，科学性原则。获得感评价指标体系必须以正确的、科学的理论为依据，在实践上切实可行，指标体系严谨、合理，并具有针对性。既能满足全面性及相关性要求，又能避免指标之间相互重叠。第二，系统性原则。获得感评价指标体系必须从可持续发展角度，做出整体性、协同性的设计分析。测量指标体系要从系统整体出发，全面准确地如实描述获得感的水平。要充分考虑"五位一体"总体布局的各个建设层面，从加快发展社会主义市场经济、民主政治、先进文化、和谐社会和生态文明等各方面进行全方位的选取和度量。第三，可操作性原则。为保证评价指标体系能够对获得感进行较为客观合理的考量，在指标选取上应考虑数据来源的普遍性和实际可操作性，提高其可量化性。第四，时效性原则。获得感评价必须立足于时代发展的价值追求和美好未来，遵循新时代中国特色社会主义的基本理论、基本路线和基本方略，及时把握时代新变化，解决新时代社会主要矛盾，体现新时代党和国家的工作重心和发展着力点。

本书构建的获得感测量问卷，符合了科学性、系统性、可操作性和时效性的标准。第一，获得感测量问卷在以往研究基础上，以测量学理论为指导，根据获得感的科学定义，选取测量指标。测量问卷既达到了测量学的要求，也反映出获得感的本质特征。第二，获得感测量问卷包含的内容广泛完整，涉及弱势群体工作生活的各个方面，也包含了社会主义建设"五位一体"的总体布局，各个方面的内容均体现出来。第三，测量问卷中的项目与弱势群体密切相关，具有较强的普遍性和可测量性，经过多次试做，得到良好的效果。问卷项目通俗易懂，项目数量适中，施测简便，具有可操作性。第四，获得感测量问卷，与当前社会发展中人们较为关切的、弱势群体较为关注的问题紧密相关，是大

---

① 陈海玉，郭学静，王静．马克思劳动价值论视域下劳动者获得感评价指标体系构建研究 [J]．生产力研究，2018（3）：7-11，161.

多数人面临的民生问题，具有较强的社会性和时代性。因此，本书开发的获得感测量问卷，能够对弱势群体的获得感进行有效测量，进行科学可信的测量工作。

本书研制的弱势群体获得感测量问卷，不但从学术视角拓展了获得感在特定群体上的测量研究，还从实践角度提供了科学化、合理化与精细化的测评工具，能够用来衡量共建共享的社会发展成效。

第六章

弱势群体获得感的现状与特点

本书在厘清弱势群体获得感的概念结构后,利用获得感问卷的调查数据,对弱势群体获得感的现状进行分析,了解弱势群体获得感中的优势方面和薄弱环节。

第一节 获得感的现状

获得感的现状与我国目前不充分不平衡的发展状况密切相关。获得感的现状有四点:一是人民群众的获得感有较大提升;二是贫困人口的获得感有待提高;三是部分群体产生相对剥夺感,获得感较低;四是某些主客观因素如公平公正缺失、收入差距拉大、盲目攀比、社会比较和社会参与不足等影响获得感的提升。

一、获得感现状的基本特点

获得感提出以来,许多研究者展开了调查,分析不同地域、群体和行业成员获得感的水平。胡建国和兰宇对北京市居民的获得感进行了调查,通过测量北京市常住居民对生活改善状况的主观评价来反映获得感的高低①。结果发现,大多数居民的获得感呈现出较为积极和乐观的状态,获得感在某些方面存在显著差异。其调查发现,北京户籍居民的获得感高于外地户籍常住居民。具有以下特征的居民,获得感水平高于平均水平:体制内群体,高收入群体,参加社会保障群体,拥有单位福利分房、保障性住房和购买商品房资格的群体。其研

---

① 胡建国,兰宇.北京市居民获得感调查 [A] //宋贵伦,冯虹,胡建国,等.社会建设蓝皮书:2017 年北京社会建设分析报告 [M].北京:社会科学文献出版社,2017:285.

究还发现，住房问题和物质生活水平是影响居民获得感的重要因素。

黄艳敏等对中国社会调查（CGSS2015）数据进行分析，得出以下较有特点的结论。第一，农村居民能够从实际获得中产生较多的获得感。第二，就业状况对获得感存在较为显著的正向促进作用，对获得感的提升比例较高①。聂伟对农民工获得感的调查也发现，就业质量显著提升获得感②。良好的职业身份、合理的收入待遇、政府部门提供的就业技能培训和职业地位有利于获得感的提升，但较长的工作时间不利于获得感的提升。第三，年龄对获得感的产生存在显著的正向作用，获得感随着年龄的增加而提升。但性别和民族因素对获得感的影响并不显著。第四，婚姻状况对获得感的影响较为显著。未婚者增加会导致获得感较大幅度降低。优化人口婚姻结构，建立和谐稳固的新型家庭关系，能够促进人们的获得感提升。第五，教育程度的增加并未引起获得感的提升，甚至存在反向作用。这可能是横向比较起到了调节作用。第六，如大多数研究者所料，实际收入对获得感存在显著的正向影响，收入增加是提升获得感的重要基础。但实际收入的二次项对获得感产生消极影响，表明收入对获得感的影响存在边际效应递减现象。在提升获得感时，应注意区别对待不同群体。对低收入的弱势群体，应以增加实际收入为主。对高收入的弱势群体，应以满足多层次需求为主。第七，家庭经济地位对获得感也存在显著的正向影响。家庭经济档位每提升一个层级，获得感提升三分之一左右。这表明，注重以家庭为单位，增加整体家庭的经济收入，有利于显著提升获得感。这一发现，也与以往精准扶贫中以家庭为单位进行扶贫识别、扶贫帮扶相互印证。第八，社会地位流动对获得感存在显著积极影响。人们的社会地位向上流动一个层级时，获得感大约提升十分之一。社会地位向上流动，带来个体各方面的改善，能够提升获得感。第九，公平认知，不论是与获得感紧密关联的微观公平认知还是宏观社会公平认知，都对获得感存在显著的正向影响。微观公平认知每提升一个等级，获得感将有较大幅度提升。宏观公平认知每提升一个层级，获得感随之提升44.8%~46.7%。这几乎是该研究所发现的对获得感影响最大的因素。社会公平认知对获得感产生了决定性的影响。对获得感这一主观感受而言，个体心理因素所产生的影响至关重要，起着决定性的作用。提升弱势群体实际获得和改善公平认知，能够有效提升获得感。

---

① 黄艳敏，张文娟，赵娟霞. 实际获得、公平认知与居民获得感 [J]. 现代经济探讨，2017（11）：1-10，59.

② 聂伟. 就业质量、生活控制与农民工的获得感 [J]. 中国人口科学，2019（2）：27-39，126.

研究还发现，民众的获得感存在钝化的现象①。获得感的钝化，是由于人们的需求层次不断提升，从生存型向发展型转变，但实现高层次需求的道路受到了阻碍，导致人们对实际获得的感知能力下降，获得感提升受到阻碍。要化解获得感的钝化问题，需要提升人民群众的生活水平，保障获得感的物质基础；建设平等和谐的社会环境，维护社会公平公正，建立社会保障机制，创造公平和有安全感的社会环境。

李营辉对民族学生的教育获得感研究发现，获得感也存在异化现象，多层次的需要难以满足②。获得感的异化主要有五点表现。一是部分民族学生家庭经济相对困难导致生活困难，造成生理需求难以满足，出现异化。二是语言学习、专业知识薄弱导致安全需求差异。三是民族文化差异较大，交流困难，导致爱与归属需求异化。四是民族意识狭隘，产生自我心态，导致尊重需求异化。五是综合素质欠缺、能力不足导致自我实现需求异化。由于马斯洛需求层次理论反映人们需求的实现程度，与获得感具有密切联系。民族学生的需求异化，导致了民族学生的教育获得感薄弱。因此，要加强思想引领，提升民族学生的思想政治教育获得感，通过精准个性化教学提升民族学生的专业技能教育获得感，坚持全面发展和以生为本，提升民族学生的综合素质教育获得感与日常管理教育获得感。

二、获得感的横向比较和纵向比较的现状分析

社会比较对人们的主观评价产生重要影响，获得感又与社会比较密切相关。社会比较根据不同的时间维度，可分为横向比较和纵向比较。研究者使用调查数据库对不同群体的横向获得感和纵向获得感进行分析，发现了一些较有价值的结论。吕小康和黄妍使用了中国社会状况综合调查（CSS）的数据，对获得感进行测量③。其研究将获得感分为纵向比较获得感和横向比较获得感，数据分析发现中国社会的获得感整体表现出上升的趋势。在全国层面，王恬等利用中国综合调查数据（CGSS2013）界定了获得感的概念框架，测算了我国居民获得感

---

① 辛秀芹 . 民众获得感"钝化"的成因分析：以马斯洛需求层次理论为视角 [J]. 中共青岛市委党校 . 青岛行政学院学报，2016（4）：56-59.
② 李营辉 . 高校民族生教育获得感的异化与复归：以马斯洛需求理论为视角 [J]. 贵州民族研究，2018，39（5）：232-236.
③ 吕小康，黄妍 . 如何测量"获得感"——以中国社会状况综合调查（CSS）数据为例 [J]. 西北师大学报（社会科学版），2018，55（5）：46-52.

的概况及其影响①。结果发现，我国居民的获得感还有较大的提升空间，并且不同地区的居民获得感存在显著差异。获得感在不同群体中存在不同的特征，如个人的阶层状况、家庭收入、年龄、户口、民族、健康、政治面貌、工作和子女数量等影响居民获得感的高低。社会阶层对个体的获得感和幸福感存在显著的影响，社会阶层越高，获得感和幸福感也越高。

王浦劬和季程远对我国居民的纵向获得感和横向获得感进行了对比研究②。该研究认为获得感是多元利益主体在改革发展客观过程中对自身实际所得的主观评价。将获得感按照空间和时间两个维度分为横向获得感和纵向获得感，采用纵向研究的调查数据，对获得感、横向获得感和纵向获得感进行了测量。结果发现，人民的获得感在十年之内都在稳步上升。纵向获得感的提升速度高于获得感的提升速度，获得感的提升速度又高于横向获得感的提升速度。在纵向比较方面，研究还发现不同出生年代的人群获得感都在稳步提升。人们的获得感还存在差序格局，体现为与亲近群体比较的高横向获得感，与陌生群体比较的低横向获得感。并且，对获得感进行国别比较发现，中国居民的纵向获得感水平较高，中国居民与日本居民的横向获得感分布具有相似性。

三、获得感不同维度的现状分析

研究者将获得感分为民生获得感、经济获得感和政治获得感，并通过中国城乡社会治理调查（CGGS）数据进行了分析③。结果发现，2012 年党的十八大以来，我国居民的获得感总体呈上升趋势，不同维度的获得感呈现较为复杂的变化趋势，居民的获得感存在不平衡和不充分的问题，获得感还有较大的提升空间。以经济获得感为例，经济获得感包含了宏观经济获得感、个人经济获得感和分配公平获得感。经济获得感在不同层面都实现了较大幅度的增长，宏观经济获得感有较大幅度的提高，但城乡差异突出。农村居民宏观经济获得感较高，西部地区居民的宏观经济获得感也较高。在个体层面，个体经济获得感虽然持续增长，但民众对个人收入的增长满意度较低，由此导致获得感较低，增长缓慢。东部地区居民的个人经济获得感普遍较高。我国民众对国家和个人经

① 王恬，谭远发，付晓珊. 我国居民获得感的测量及其影响因素 [J]. 财经科学，2018（9）：120-132.

② 王浦劬，季程远. 新时代国家治理的良政基准与善治标尺：人民获得感的意蕴和量度 [J]. 中国行政管理，2018（1）：6-12.

③ 文宏，刘志鹏. 人民获得感的时序比较：基于中国城乡社会治理数据的实证分析 [J]. 社会科学，2018（3）：3-20.

济增长预期较高，并拥有较高的相对经济增长预期，但当下经济获得感反而较低。宏观经济获得感与个人经济获得感保持增长态势，但我国分配公平获得感较低且逐年下降，城市居民认为分配不公平的状况更为突出。

文宏和刘志鹏也对政治获得感的现状进行了分析①。政治获得感包括正风反腐获得感和政治参与获得感。正风反腐获得感处于较低水平，但从党的十八大以来保持不断增长的趋势。农村正风反腐获得感增长较快，城乡之间正风反腐获得感的差距逐渐缩小，城市居民正风反腐获得感呈现上升趋势，经济越发达地区正风反腐获得感反而越低。农村政治参与率处于较高水平，超过了城市地区的政治参与率，但农村的政治参与获得感却低于城市，且呈现逐渐下降趋势。随着城市化进程的加快，城市居民在政治参与过程中获得感不断增加，并且西部地区居民的政治参与获得感处于最高水平。

研究者还分析了民生获得感的特点。民生获得感包括生存保障获得感和发展保障获得感。生存保障获得感又分为养老保障获得感、住房保障获得感和安全保障获得感。研究发现，中西部地区的养老保障获得感最高，农村居民获得感高于城市。经济越发达地区住房获得感越高，但农村的住房保障获得感超过了城市居民。在生存保障获得感中，安全保障获得感是最高的维度。发展获得感包含了教育保障获得感、就业保障获得感和医疗保障获得感。教育保障获得感处于最高水平，经济越发达地区的城市教育保障获得感越高，经济最发达的东部地区人民拥有更好的教育保障获得感。研究还发现，农村居民的医疗保障获得感超越了城市居民，但经济越发达地区其医疗保障获得感也越高。就业保障获得感处于中等水平，是民生获得感中的最低维度。就业机会更多的城市，其就业保障获得感高于农村，且经济发达的东部地区的就业获得感最高。

第二节　弱势群体获得感的现状

一、获得感的整体概况

本书通过对获得感问卷研制中的数据样本 1 进行分析统计，对获得感各项目的平均数、标准差和中位数进行了统计分析，结果见表 6-1。从获得感问卷

---

① 文宏，刘志鹏．人民获得感的时序比较：基于中国城乡社会治理数据的实证分析 ［J］．社会科学，2018（3）：3-20.

各项目的统计结果可以发现，弱势群体的获得感处于较高水平，部分项目获得感有待提升。各个项目的均值与中位数比较接近。弱势群体的获得感整体处于较高水平，在社会生活和个人发展等各个方面获得感较高，大多数项目的平均数超过3，占85.71%。但在某些方面，获得感也亟待提升，这些项目的平均数小于3，占14.29%。

表6-1 获得感问卷各项目的统计分析（n=1050）

序号	项目	均值	标准差	中位数
1	我所得到的东西让我感到自信	3.48	0.930	3
2	我所得到的东西让我感觉充实	3.55	0.952	4
3	我的所得让我对生活充满希望	3.57	0.954	4
4	我所得到的东西让我感觉舒适	3.52	0.887	4
5	我所得到的东西让我感觉高兴	3.49	0.888	3
6	我所得到的东西让我不那么焦虑	3.47	0.945	3

从获得感问卷各项目的平均数来看，有些项目的平均数较高，反映出调查对象在这些方面的获得感评价较高。弱势群体获得感较高的方面有上学、社会公平、医疗保障、环境、个体知识技能提升、生活质量提升、内心感受等方面。同时也存在部分项目的平均值较低，如个人收入增长方面、实现理想生活方面、参加政治选举方面。本书的调查结果与以往相似研究的结果基本一致。董妍等对全国范围居民抽样获得感的调查也发现，居民的获得感高于中等水平，获得体验维度的分值高于获得保障维度和获得信念维度[①]。朱英格等对城镇和乡村居民获得感的调查，也发现调查对象的获得感处于较高水平，均值较高[②]。冀潜等对河南城乡居民的获得感调查分析发现，该地区居民的获得感总体较高，超过了中等水平[③]。本书和以往调查研究发现，我国居民的获得感高于中等水平。本书对弱势群体的调查发现，弱势群体获得感水平与整体居民的获得感类似，也处于较高水平，但也存在某些薄弱环节。

---

① 董妍，王鸿飞，王泽宇．我国居民的社会信任水平与获得感的关系：早年居住地的调节作用［A］//中国心理学会．第二十二届全国心理学学术会议摘要集［C］．2019：2030-2031.

② 朱英格，董妍，张登浩．主观社会阶层与我国居民的获得感：社会排斥和社会支持的多重中介作用［J］．中国临床心理学杂志，2022，30（1）：111-115.

③ 冀潜，黄修远，刘金果．河南城乡居民2021年获得感、幸福感、安全感调查问卷分析［J］．统计理论与实践，2022（5）：68-70.

二、获得感各维度的概况

获得感问卷各个维度的描述统计结果见表6-2。在各个维度层面，弱势群体的获得感较高，但也存在需要提升的方面。情绪感受和问题解决维度的获得感较高，但具身体验和自我评价维度的获得感稍低。弱势群体获得感的项目和维度存在着不平衡的特点。

表6-2 获得感问卷各项目描述统计（n=1050）

序号	维度	维度均值	标准差	中位数
1	情绪感受	21.08	4.63	21
2	具身体验	12.75	2.95	13
3	自我评价	15.47	4.03	15
4	问题解决	20.20	4.19	22
5	整体问卷	69.50	13.37	70

第三节　弱势群体获得感的特点

从获得感问卷整体和各维度的描述统计结果中，可以发现目前弱势群体的获得感具有三个特点。一是在整体上获得感较高，但个别方面需要提升。二是在内容上，获得感外在物化方面高，内在感受方面低。三是在结构上，获得感的具身体验与自我评价维度的水平低于情绪感受和问题解决维度。获得感在整体、内容与结构上的特点，反映出获得感实现了较大的提升，但还不充分。获得感的现状与特点，与党的十九大报告中的论断是一致的。党的十九大报告指出，一大批惠民措施落地，人民的获得感显著增强。从数据分析中，也可以发现人们的获得感水平整体较高。随着全面建成小康社会的推进，全体居民特别是弱势群体的获得感有巨大的提升。党的十九大报告提出，我国社会主要矛盾已经转化为人民日益增长的美好生活需要和不平衡不充分的发展之间的矛盾。目前获得感也存在着发展不平衡不充分的现象。获得感在整体、内容和结构等方面，存在着不平衡不协调的情况。

一、弱势群体的获得感整体较高

经过多年的改革开放和新时代社会高质量发展，全体人民特别是弱势群体的生活水平取得了较大改善，人们的生活质量有了很大提升。我国社会发展进入新时代，在物质文明、政治文明、精神文明、社会文明、生态文明等领域取得了巨大成就，为人们提升获得感提供了雄厚的外在物质基础。社会精神文明建设和社会心理体系的建设，也为获得感的提升奠定了心理基础。社会高质量发展有效促进了获得感的提升。特别是获得感提出以来，国家和社会对民生建设非常重视，注重解决人们所面临的切实民生问题，一些长期困扰人们的"急难愁盼"问题得到解决，社会治理水平显著提升，政务服务效果明显改善。获得感得分比较高的项目，主要为问题解决维度和情绪感受维度，人们对环境改善的获得感也较高。

（一）问题解决维度中较高的获得感

在问题解决维度，获得感比较高的项目为上学、社会医疗保障、社会公平、知识技能和休闲娱乐活动等。上学问题，特别是幼儿园与中小学入学的问题，长期困扰着各个家庭。随着国家推动普惠型幼儿园建设，幼儿园托育费用大幅减少，较大程度缓解了家庭所承担的幼儿园费用，减轻了经济压力。居民社区配套幼儿园建设，方便了幼儿就近入园，解决了大量的幼儿入园问题。在中小学方面，随着取消入学考试，实施就近入学，小学和中学的上学问题也逐步得到解决，大班制逐渐消除，义务教育阶段教学质量不断提升。随着双减政策的实施，义务教育阶段学生的课外培训和学业负担减少，有利于维护学生的身心健康，也为家庭缓解了教育经济压力。政府对教育的投入不断加大，为中小学提供配餐服务、课后延时服务等措施，切实为家长减轻了教育负担。相关研究也发现，生存性需求和发展性需求比较高的人群中，人们对教育保障收益的重视程度最高，说明教育是人们最大的需求与期盼[1]。研究也发现，公共教育质量能够明显提升获得感，公共教育供给质量每提升一个单位，公共服务获得感能够提升 7.8%[2]。弱势群体的生存性和发展性需求比较高。在教育方面比较突出问题的解决，极大提高了获得感。因此，随着国家对学前教育和义务教育的不

---

[1] 王艳，陈丽霖. 政策获得感的内涵、分析框架与运用：以三台山德昂族乡实证分析为例 [J]. 云南行政学院学报，2020，22（4）：147-156.

[2] 刘蓉，晋晓姝，李明. 基本公共服务获得感"逆龄化"分布与资源配置优化：基于社会代际关系差异的视角 [J]. 经济研究参考，2022（12）：94-112.

断投入，入学难问题基本得到缓解。人们对上学问题的评价较为满意，在上学方面的获得感较高。

身体健康是获得感的基础和前提。个体的身体健康状况往往影响着一个人工作生活的方方面面。研究发现，健康状况较差个体的获得感低于身体健康的个体①。在经济发展的同时，人们对身体健康的重视程度越来越高，国家对居民健康和医疗保障的投入也越来越大。健康是促进人全面发展的必要条件，医疗保障制度是维护和促进国民健康的重要制度。我国已经基本建成以医疗保险为主体，医疗救助托底，补充医疗保险共同发展的医疗保障体系，人们的基本医疗需求得到保障。医疗保障是人们生存权和发展权的重要维度，对个体发展具有重要的促进作用。我国参加医疗保险的人数越来越多，医保基金为人们的医疗保障奠定了坚实的基础。医疗保险大大缓解人们的诊疗治疗费用，使人们不再因为医疗费用而延误或放弃治疗。医疗保障对弱势群体而言，也格外重要。弱势群体中的老年群体、长期患病群体，对身体健康的需求比较强烈，医疗费用也比较高，甚至医疗花费占据了日常开支的主要部分。医疗需求是弱势群体成员的主要需求，国家医疗保障工作不断发展，医疗费用报销比例不断提高。药品集中采购模式减轻了患者的负担，使得弱势群体的医疗需求有了保障，医疗保障方面的获得感也较高。弱势群体家庭遭受疾病的风险高，抗疾病风险能力弱。弱势群体家庭认为医疗保险救助作用较大，特别是遭遇重特大疾病的家庭。对因病致贫致弱的群体而言，医疗保障解决了他们的主要困境，使他们摆脱了因病致贫致弱的境况，恢复了正常的社会生活。医疗保障在维护不同人群的身体健康时，对主观积极的感受也有重要的维持与提升作用。特别是国家对新冠疫情的防控与治疗，为人们的身体健康保驾护航。政府提供免费疫苗和新冠治疗，提供预防与检测服务，大大满足了人们对身体健康的需求，同时也较大程度提升了人们在医疗方面的获得感。

从表6-1中还可以发现，人们对社会公平的评价也较高，获得感较强。随着国家大力进行反腐败和打黑除恶工作，采取各项措施来保证公平公正公开，消除各种内幕操作和暗箱操作，为人们的发展提供公平的机会，人们普遍感到社会更加合规合制，制度建设更加完善，社会公平不断提升。社会公平的提升，使人们享受到权利公平、机会公平、程序公平，可以凭借自身努力实现自身目标。社会公平为人们提供了提升获得感的真实可信的外部环境。研究也发现，

---

① 王恬，谭远发，付晓珊．我国居民获得感的测量及其影响因素［J］．财经科学，2018（9）：120-132.

高社会公平感知能够显著提升进城务工人员的公共服务获得感①。社会公平程度越高，人们的公共服务获得感也越高，主观感知到的社会公平对获得感具有较大的影响②。社会公平感的提升，使得人们对通过奋斗实现获得感的信念更加坚定，对社会向个人提供的机遇和资源产生更深刻的感受。

随着社会物质生产水平的提高，人们基本生活需求的满足，收入不断提升，个体需要从温饱水平提升到小康水平。人们的消费观念和消费方式发生转变，消费结构也发生改变。人们的生存型消费逐步平稳，而发展型消费逐步呈现并释放出巨大潜力。人们对知识技能和娱乐活动的需求逐渐凸显出来。人们更加注重自我投资，重视物质生活和精神生活的协调发展，在知识教育、度假旅行、艺术欣赏和自我提升方面的需求越来越强烈。人们越来越追求高质量的生活，为自己的兴趣大量投入。在调查中也发现，人们的知识技能和娱乐活动有所增加。随着社会发展对人才的要求不断提升，人们也通过参加职业技能培训、考取职业资格证书、参加学历教育、慕课学习等方式，不断丰富自己的知识，提升自己的技能。知识技能的提升，不但需要必要的外在条件，也需要个体自身的积极主动性。知识技能的提升是个体充分利用外部资源条件的结果，是获得感的外在基础与个体内在需求相互结合的体现。知识技能的提升，有利于个体在职业生涯和个人发展方面获取良好潜能，有利于个体增加经济收入，满足精神文化需求。因此，个体知识技能的提升是获得感提升的一个重要表现。谯欣怡将知识技能对获得感的影响机制概括为形成技能获得感，产生收入获得感，最后形成发展获得感③。人们对精神生活提出了更高的要求，追求高品质的生活，休闲娱乐活动也逐步丰富，娱乐方式和手段多样化，也提升了获得感。总之，收入的增长、消费能力的提高和对美好生活的追求，显著提升了人们的获得感。

（二）具身体验维度中较高的获得感

具身体验维度中获得感较高的项目为居住和工作的自然环境有所改善。随着生态文明建设的加快，良好的生态环境逐渐成为人们的日常体验，碧水蓝天不再是奢望，美丽中国建设取得重大进展。人们逐渐发现居住和工作的自然环

① 夏敏，张毅.实际获得与主观获得感：基于社会公平感知对公共服务的调节作用 [J].甘肃理论学刊，2020 (6)：120-128.

② 吴敏，梁岚清.社会公平因素对居民公共服务获得感的影响：以中国综合社会调查2015年度数据为基础 [J].西南石油大学学报（社会科学版），2021，23 (1)：30-36.

③ 谯欣怡.职业技能培训中贫困人口的获得感提升路径研究：基于广西百色贫困地区的调查 [J].职业教育研究，2021 (8)：25-31.

境不断改善，空气污染、水污染和土壤污染逐渐缓解，环境质量有了较大改善。生态环境保护对民生改善起到了重要的促进作用。以往为治理环境污染所采取的限产限号的措施逐渐减少，生产生活更加便利。绿水青山就是金山银山的观念深入人心。优质的生态环境产品不断出现，游园、绿地、湿地面积不断增加，人们的生态安全得到保障，生态需求不断得到满足，生态获得越来越丰富。王海芹和王超然的调查发现，大多数受访者认为近年来生态环境质量有所改善，生态环境质量的主观评价较高①。人们深刻地感受到生态环境的改善，在环境方面的获得感也较高。

（三）情绪感受维度中较高的获得感

调查还发现，获得感的情绪感受也处于较高水平。人们通过自己的劳动收获，产生愉悦和充实的感受。个体在物质和心理方面的所得，满足了个体的需求，产生了满足感。人们在获取各种利益后，自身需求得到满足，由缺乏状态引起的心理焦虑感得到缓解，产生一系列积极情绪感受，如高兴、舒适、自信和充实。人们所得到的东西，使人产生高兴的情绪感受。人的本性为趋利避害，得到利益符合人们的本质需求，能够产生积极的感受。人们由于所得到的东西满足了需求，产生了舒适的感受。人们通过自己努力满足需求，在进行归因时，容易将自己获得的成果归因于自身的努力而非外在条件，能够增强自信心。人们通过自身努力满足了需求，填补了需求缺失带来的空虚感，也避免了碌碌无为而产生的愧疚感，自己付出的时间精力有了回报，内心感到充实。需求满足缓解了因缺乏和不足产生的焦虑感，满足感为个体内心带来了充实的感受。在获得感问卷项目中，较容易提升的为个体的情绪感受。社会和民生方面较小的提升和改进，对个体而言是较大的生活和工作的改善，人们感受到更多的实惠和便利，带来情绪方面较大的愉悦感受的提升。情绪感受具有不稳定的特点，能够通过多种心理调适手段进行提升。

个体的实际所得，促使人们对未来的生活充满希望。对生活充满希望是获得感问卷中得分最高的项目。对未来充满希望，是因为社会经济发展提供了强大的物质支撑，人们对就业预期和个人经济状况更加充满信心。这表明获得感的物质基础，经过个体内心的主观评价，最终产生积极愉悦的情绪。物质条件的增加带来主观体验的改善，心理状态积极向上。人们在经济、政治、文化、社会和生态方面所享受的发展成果，使人们对自己通过努力实现美好生活需要

---

① 王海芹，王超然. 提高公众生态环境质量获得感需精准施策 [J]. 环境经济，2016（ZA）：94-98.

的信念更加坚定。人们经过积极的心理归因，对未来产生积极的心理预期，最终引导人们产生对生活的希望。获得感对人们心理和精神的最大影响，就是提升人们对未来的信心，使人们对未来的生活充满希望，对国家和社会发展前景充满憧憬与信心。吴怡萍和闵师对进城务工人员的调查发现，进城务工的农民其物质层面的获得感得到增强，提升了收入的主观感受，生活满意度也得到增加，使得农民工对未来更加充满信心①。关香丽等人对农民工的调查也发现，农民工进行纵向比较时，获得感有较大提升，在面对未来前景时，具有较强的信心②。杨金龙和张士海的研究还发现，人们对未来生活的信心指数较高，绝大多数民众认为能够持续不断地实现社会进步，并带来生活质量的提高③。党的十九大报告提出，要实现人民对美好生活的向往，使人民获得感、幸福感、安全感更加充实、更有保障、更可持续。要实现这一目标，就要增强人们对未来生活的希望和信心，特别是保障人们树立起通过努力来实现美好生活，通过努力奋斗来实现获得感、幸福感和安全感的信念。本调查发现人们通过努力奋斗后产生获得感，对未来生活充满希望，更加坚定通过奋斗来获得美好生活。努力奋斗与实现获得感是一个相互促进、循环往复的过程。个体的努力奋斗，有助于提升获得感，增强对生活的希望。而个体对生活的希望越强，越愿意通过努力奋斗来获得更加美好的生活，不断提升获得感。

　　实际所得产生愉悦情绪，具备完整的心理机制。人们所获取的各种权益，解决了各自面临的问题，满足了自身的需求，实现了自己的目标，产生愉悦的情绪感受。人们对心理路径进行归因分析，认为愉悦情绪是通过个体努力得来的，通过个体努力能够满足自己的需求。任何成果的获得都需要人们付出艰苦的劳动。付出和劳动是获得感产生的基础。黑格尔对个体劳动和劳动对象进行了深入分析，在此基础上提出劳动—获得的必然途径。劳动付出是人们创造幸福和推动人类进步的根本动力。郭文山和陈涛等人的研究也发现，老年弱势群体内在需求的满足，能有效提升其主观幸福感④。老年群体的能力需求满足和关系需求满足对获得感有显著的积极影响。满足需求能够提升愉悦情绪。这种心

①　吴怡萍，闵师. 进城务工提升了农民的获得感吗：基于中国家庭追踪调查数据的实证分析［J］. 当代财经，2021（2）：15-26.

②　关香丽，程斌，张春霞，等. 农民工市民化进程中的获得感现状研究［J］. 劳动保障世界，2016（30）：8-9.

③　杨金龙，张士海. 中国人民获得感的综合社会调查数据的分析［J］. 马克思主义研究，2019（4）：102-112，160.

④　郭文山，陈涛，孙宁华. 老年群体内在需求满足如何影响主观幸福感——以适老版移动政务"赣服通"为例［J］. 兰州学刊，2022（6）：143-160.

理路径，与习近平总书记提出的"幸福是奋斗出来的"是高度一致的。幸福反映在获得感上，就是个体积极的情绪感受，这种情绪感受发端于个体通过自身劳动而获取的实际所得，不是"等靠要"得来的。想要产生愉悦的情绪感受，就需要通过个体劳动来满足自身需求，幸福是难以凭空产生的。这种劳动努力—需求满足—情绪愉悦的心理路径，是获得感情绪感受产生的机制。获得感的情绪感受能够有效提升人们的自我效能，提升自信心，进而在未来的生活中强化这一心理路径，增强自我的努力动机，提高自我评价，对抗习得性无助感，在认知、情感和行为上趋于积极，产生对未来生活的积极期待。

（四）小结

整体而言，目前我国社会主义建设进入新时代，全面建成小康社会取得巨大成就，贫困人口全部脱贫。人们享受到更高质量的教育、更稳定的工作、更高的收入、更可靠的社会保障、更高水平的医疗卫生服务、更舒适的居住环境、更清洁的工作环境、更丰富的精神文化生活。人们的美好生活需要得到了实现，获得感有了巨大的提升。我国长期以来比较重视弱势群体的权利保护与个人发展，对弱势群体进行特别的关注与帮助。这使得全体人民和弱势群体的获得感总体较高。特别是 2021 年年底，我国如期完成了新时代脱贫攻坚任务，现行标准下农村贫困人口全部脱贫，贫困县全部摘帽。弱势群体很大一部分是贫困群体，随着贫困群体的脱贫，弱势群体中的贫困群体基本生活得到保障，看病、教育、医疗问题得到解决，生活水平有了较大提高，获得感增长较快。

二、弱势群体获得的薄弱方面

虽然弱势群体的总体获得感较高，但同时也存在着需要提升的薄弱方面。当前社会发展不平衡和不充分的方面，就是获得感容易出现薄弱和短板的地方。党的十九大报告指出，人民美好生活需要日益广泛，不仅对物质文化生活提出了更高要求，而且在民主、法治、公平、正义、安全、环境等方面的要求日益增长。人们对美好生活，在范围和程度上都提出新的要求。美好生活需要的增长，对获得感也提出新的要求。而发展的不平衡不充分，成为满足人民日益增长的美好生活需要的主要制约因素，也影响了获得感的提升。在当前发展不平衡不充分的形势下，人们不断增长的需求尚未得到充分满足，个别方面的获得感不充分不牢固。特别是受到新冠疫情的影响，病毒肆虐，防控措施不断调整，人们的工作生活受到一定影响，收入不稳定，身体健康受到损害，户外娱乐活动减少。疫情冲击下发展不平衡不充分问题更加凸显。弱势群体由于自身能力较弱，抗击风险的能力薄弱，在疫情影响下更为脆弱，受到冲击更大。在问卷数据分析中发现一些方面的获得感有待提升。相关研究也证实了弱势群体遭受疫情的影响更为严重。王卫东和胡以松的抽样调查发现，自新冠疫情暴发后，全国各地都出现了创伤后应激障碍（PTSD）的阳性病例，在农村及低社会阶层等弱势群体中，PTSD 的阳性率更高①。研究发现，女性、老年人、农村居民和主观社会阶层较低的群体，是 PTSD 的弱势群体，遭受 PTSD 的可能较高。弱势群体受到的冲击对心理健康的影响更为严重。

（一）具身体验维度中的薄弱环节

获得感较薄弱的方面，分布在具身体验、自我评价和问题解决维度。涉及项目主要是与理想生活的接近程度、收入增长和参加选举，这三个项目的平均值较低。首先是与理想生活的接近程度。如果当前的生活接近了理想的生活，主观需求得到满足，则获得感较高。如果当前的生活与理想生活存在较大差距，人们对自己目前的生活不满意，则获得感较低。这反映出人们在判断获得感时，会依据自己的生活状况进行评价。但理想的生活状态存在较大的个体差异，理想生活也没有客观统一的标准，很少有人能实现理想的生活。再加上消费主义的影响，不少人将物质享受作为理想生活，把物质消费等同于获得感，造成现实与理想的差距扩大。

与理想生活的接近程度是获得感问卷中得分最低的项目。这也反映出获得感具有较强的主观感受属性。冀潜等的调查也发现，被调查者在目前的生活状况与期望相符程度的评价上，得分较低②。大部分居民认为自己目前的生活未达到期望的程度。没有实现自己的理想生活，成为制约获得感提升的重要因素。侯静对外卖平台不同骑手的访谈分析发现，大部分外卖骑手的生活和理想状态存在差距，尽管收入有所增长，但与亲近家人、收入稳定的理想状态还存在差距，产生无奈、焦虑等情绪，影响了获得感的提升③。尽管我国经济总量已经跃居世界第二位，人们的生活水平已有较大提高，外在的物质条件和经济基础较为雄厚，但若没有达到人们理想的状态，获得感也难以充分体现。获得感的产生受主观感受的影响较大，这种主观评价可能存在与外在客观世界不一致的情

---

① 王卫东，胡以松.COVID-19 疫情暴发后中国成人创伤后应激障碍流行及弱势群体［J］.中华疾病控制杂志，2022，26（6）：703-708.

② 冀潜，黄修远，刘金果.河南城乡居民 2021 年获得感、幸福感、安全感调查问卷分析［J］.统计理论与实践，2022（5）：68-70.

③ 侯静.金钱和自由博弈下安全感、幸福感、获得感的缺失：外卖骑手社会心态的研究［J］.社会治理，2022（6）：50-58.

况。在不断实现获得感的过程中，也要注意引导人们产生合理科学的预期，形成积极向上的生活态度，科学理性的消费观念，养成绿色低碳的生活方式。

（二）自我评价维度中的薄弱环节

自我评价维度中的薄弱环节是经济收入。调查发现测量经济收入增长项目的平均值比较低。这说明人们对自己目前的经济收入期待较高，对经济收入增长的预期较强，但经济收入增长缓慢，甚至经济收入还有减少。经济收入是人们知识技能、生活质量和工作回报的典型体现。经济收入是获得感的薄弱方面，严重制约了获得感的提升。这也反映出经济收入在提升获得感方面的重要性。经济收入有了增长，生活水平才能提高，获得感提升才具备物质基础。因此，经济收入是人们的主要关注点之一。经济收入越高，代表人们在物质方面的获得越多，由物质带来的获得感也会越高。收入的增减情况是影响居民获得感最重要的因素。邵雅利的调查也发现，经济发达城市居民的主观获得感、社会民生获得感和文化获得感显著高于经济落后城市①。姜雪等分析发现，我国目前居民的可支配收入与高收入国家有较大差距，也低于世界平均水平②。目前状况是居民收入总体有获得，但获得程度还不够高。宏观上经济增长分配给居民部门形成居民收入的比例并不高。我国居民部门在国民收入初次分配和再分配中的比例为 61.2% 和 59.4%，美国和日本在相似发展阶段中居民收入部门所占比例为 80% 和 70% 以上。这表明我国居民收入还有较大的提升空间。

本次调查还发现，经济收入并非获得感中得分最低的项目，与理想生活的差距才是获得感中得分最低的项目。这表明获得感这一概念最终还是体现在主观感受上，经济收入虽然对获得感有较大影响，但并非最终的决定因素，人们的主观感受发挥的作用更强。社会发展成果只有引起人们心理的认同与接受，才能产生积极的主观评价。外在物质条件的改善，要引起人们内心的感知，才能产生获得感。王恬等对我国居民获得感的分析发现，经济发展不必然带来全体居民获得感的提高③。某些经济发达地区居民的获得感并没有显著高于其他地区。客观获得如果没有直接作用于主观的心理感受，即使有获得，也不能完全带来获得感。邵雅利的调查也发现，在获得感解释模型中，如果增加一个主观

① 邵雅利. 新时代人民主观获得感的指标构建与影响因素分析 [J]. 新疆社会科学，2019
（4）：139-147.
② 姜雪，王蕴，李清彬，等. 提升经济增长的居民收入获得感研究 [J]. 中国经贸导刊，
2021（5）：50-54.
③ 王恬，谭远发，付晓珊. 我国居民获得感的测量及其影响因素 [J]. 财经科学，2018
（9）：120-132.

感受变量如积极倾向，模型对获得感的解释能够大幅度提高（12.3%）。这也表明主观的心理感受对获得感的影响较大。在经济收入增长缓慢或停滞时，通过心理调适，也能够维持获得感。这也提醒我们在提升获得感时，不但要继续促进社会经济发展，更要增强人们的积极感受，注重引导人们在心理方面产生积极的主观体验。积极的心理比较能够有效促进获得感。在引导和调节获得感时，应注意引导人们进行获得感的横向比较和纵向比较，将目前状态与自己以前的经济状况进行比较，与同时期自己同质的人进行比较，从相互比较中发现自身状况的好转和优势，提升获得感。

（三）问题解决维度中的薄弱环节

获得感较低的另一项目为问题解决维度中的参加选举活动。调查发现这一项目的分值较低，说明人们对参加选举活动的满意度和认同感不高。一方面是因为随着社会流动性的增强，人们工作地与户籍所在地经常出现不一致，若要行使选举权，要返回原籍参加选举，导致部分群众没有参加选举。选举活动中产生的"被剥夺感""失落感"，反映了人们没有获得应有的权利，参加选举影响获得感的提升。另一方面是因为受到传统思维认识的局限，人们对社区政治和其他公共管理事务的消极淡漠态度在一定范围内存在。虽然人们认识到选举的重要性，但参与程度低于其他具体问题，如子女入学、医疗保障等。研究者也发现，人们对选举活动的参与度不高。郭倩倩和王金水在对农村基层自治调查中发现，人们并不十分积极地投入具体的选举事务[1]。研究者对全国范围内的抽样调查发现，人们的政治参与度不高，只有大约一半的人参加了当地的选举[2]。彭文波等人认为政治获得感包括参与权和表达权，体现为个体参与国家和地方制定政策的过程，以及个体对决策产生的影响[3]。参加选举是社会主义民主政治的重要内容，也是获得感的重要内容。人们对目前参加选举活动的获得感较低，反映出随着社会经济的发展，人们满足基本的物质需要后，也提出积极参加政治活动的需求，参加选举投票则是人们政治权利的典型体现。

政治获得感反映出人们对政治生活的认同感和满意度。新时代的公众不但对生活提出更高的需求，而且有参与政治生活的心理诉求，将政治参与作为自

---

① 郭倩倩，王金水. 乡村振兴背景下农民主体性提升的困境及其纾解 [J]. 江海学刊，2021（5）：146-153.

② 王恬，谭远发，付晓珊. 我国居民获得感的测量及其影响因素 [J]. 财经科学，2018（9）：120-132.

③ 彭文波，吴霞，谭小莉. 获得感：概念、机制与统计测量 [J]. 重庆师范大学学报（社会科学版），2020（2）：92-100.

我心理需求表达和满足的机会①。高质量的政治参与有利于争取到更多的权益资源，能够提升获得感。政治参与的形式多样，如选举参与、监督参与、诉讼参与等，但参加选举是最典型和直接的政治参与活动，个人付出的时间精力成本也较低。在个体层面的政治获得感中，参与选举是与自己直接相关的活动，个体的主观感受更为明显。参加选举不受经济发展水平的影响，也不受个体主观社会地位、城乡环境等因素的影响②，是个体相对容易提升的获得感。在"五位一体"的社会发展中，政治权利是不容忽视的一个方面。随着人们自我意识和主体意识的增强，社会政治文明的建设发展，人们对选举的重视程度和参与程度逐步增强。通过创造条件保障人们参加选举活动，是提高获得感的有效途径。

三、外在物化方面高，内在感受方面低

从获得感调查的统计分析来看，获得感还存在着外在物质方面的得分高，内在感受方面得分低的情况。外在物质条件与内在感受不匹配，获得感结构出现不平衡特点。具体而言，在获得感的四个维度中，情绪感受维度的均值和问题解决维度的均值较高，自我评价维度的均值也稍高，但具身体验的得分最低。这表明，即使在弱势群体成员的需要得到满足，解决了面临的实际问题，情绪感受较为积极的情况下，获得感具备较为充足的物质条件后，人们自身感受的提升还较为滞后。在我国社会经济发展取得巨大成就的同时，人们的获得感并没有提升到同步水平。

（一）获得感与社会经济发展的不同步

从宏观方面来看，人们的获得感与社会经济发展水平并不是一一对应的关系。据《中国经济年报》发布的数据，2021年我国的GDP达到了114.4万亿元，占世界经济的比重超过18%。2022年我国的GDP达到120万亿元，作为世界第二大经济体、制造业第一大国、货物贸易第一大国的地位进一步巩固提升。我国经济发展协调性稳步提升，城乡发展持续优化，基础建设也取得明显成效，生态环境持续优化，民生保障和生活水平不断提高。在社会经济发展成绩斐然的同时，人们自身的获得感并没有相应提升。出现这种不一致的情况，反映出

---

① 孙晓春. 现代公共生活中的政治参与 [J]. 吉林大学社会科学学报，2013，53（5）：155-161.

② 李东平，田北海. 民生获得感、政府信任与城乡居民选举参与行为：基于川、鲁、粤三省调查数据的实证分析 [J]. 学习与实践，2021（9）：31-41.

获得感具有较强的主观性，与外在客观条件存在不一致。单纯地发展经济，不必然带来获得感的提升，甚至会出现高获得—低获得感的情况。因为人们的需求是多方面的，不断提出更加多样、更加广泛和立体的现实需求。人们的需求类型逐渐由物质型向发展享受型升级，个人经济发展所带来的满足回报有所减弱①。因此，要坚持"五位一体"的整体发展，根据人们的需求精准提升获得感。

以往研究也发现获得感与社会经济发展水平不一致的现象。王恬等研究发现获得感与社会经济发展的不一致，对中国综合调查（2013）的数据分析发现，获得感最高的省份并非经济发展水平最高的省份，获得感在经济发展水平上没有表现出显著差异②。吴克昌对全国各省份人民获得感与经济发展水平进行的分析发现，高获得感省份主要为经济处于中等或偏下水平的省份，经济发达的东部省份仅占少数③。一些省份的经济发展水平不高，人均经济处于中等水平，但获得感位于高位区间。这种情况可能是因为在经济发达地区，人们对政府的公共服务提出了更高的要求，对政府管理、社会治理的需求更加精准，对政府和社会的期望值较高，设立的评价标准也更高，相应的考核及评价更为严格。这些因素导致人们的获得感水平与经济发展水平不一致。在经济欠发达地区，人们拥有的发展预期较低，经济社会发展取得的成就，与历史时期和心理预期相比成效显著，形成较大的对比作用，人们的获得感反而更高。文宏在对我国居民政治获得感的分析中也得出类似结论④。我国各省份的政治获得感有明显的分化趋势，能够划分为多个类别。但这些类别分布与经济发展水平和地域分布没有明显的对应关系。一是部分省份的经济发展水平存在较大差距，但政治获得感水平相近。二是部分省份的人均 GDP 处于全国领先水平，但政治获得感却居于尾列。三是部分经济发展水平中等的省份政治获得感位居前列。

经济发展水平与获得感并不总是正相关，受到个体主观因素的影响。例如

---

① 李路路，石磊．经济增长与幸福感：解析伊斯特林悖论的形成机制［J］．社会学研究，2017，32（3）：95-120，244.

② 王恬，谭远发，付晓珊．我国居民获得感的测量及其影响因素［J］．财经科学，2018（9）：120-132.

③ 吴克昌，刘志鹏．基于因子分析的人民获得感指标体系评价研究［J］．湘潭大学学报（哲学社会科学版），2019，43（3）：13-20.

④ 文宏．政治获得感评价指标体系与地区比较实证研究：基于因子分析和聚类分析［J］．经济社会体制比较，2020（3）：96-106.

王恬等对我国居民获得感的调查分析发现，东部沿海某省份居民的获得感较低①。这可能是因为经济发展的水平较高，人们对政府社会服务的要求和期望也比较高，个体需求发挥了重要作用。人们提出的需求比较多样，不仅仅是物质生活条件的要求，在文化生活、社会保障和社会治理方面的期待也较高。在我国公共服务领域还存在一些亟待完善的薄弱环节，随着人们需求结构的升级，公共服务供给在提升数量的同时，也应注意数量和质量协同提升，从规模效应向质量提升转型。经济发达地区吸引大量的外来人口，外来人口与当地人享受的公共服务存在差距，影响了获得感的提升。研究发现，人民获得感与发展绩效之间不匹配、不同步的现实困境，是一个亟须解决的理论问题。

从与获得感联系紧密的幸福感来看，幸福感也存在着与社会经济发展水平不相适应的情况。如著名的伊斯特林悖论，人们的幸福感并不完全随着经济收入的增长而提升。经济增长与幸福感之间存在伊斯特林悖论，这种现象是由于人们的需求类型发生了变化，以及相对剥夺感的产生。幸福感在解释人们的生活状况和主观感受方面已经力不从心。巫强和周波的研究发现，高收入者的收入增加对幸福感没有显著的积极影响，收入与幸福感并非同步增长②。经济增长没有同步带来幸福感的提升，主要原因是幸福感不仅与收入有关，也与性别、年龄、受教育程度、健康状况等个体特征相关，还与经济环境、政治环境和生态环境密切相关，户籍制度和收入差距也是影响我国居民幸福感的重要因素③。文宏和林彬对获得感和国民经济发展的分析发现，获得感与经济发展之间是多重特性的复杂关系，并且社会经济发展对获得感存在滞后效应④。同一时期民众的幸福感指数并不能非常精准地反映社会经济的发展状况。

本书发现获得感没有与外在的社会经济发展实现同步提升。研究者还提出获得感悖论的概念，这比伊斯特林悖论更加贴合获得感的实质。获得感悖论是指互动双方虽然具有主观资源和客观资源的投入，但一方的外在给予并未能转

---

① 王恬，谭远发，付晓珊.我国居民获得感的测量及其影响因素［J］.财经科学，2018（9）：120-132.

② 巫强，周波.绝对收入、相对收入与伊斯特林悖论：基于 CGSS 的实证研究［J］.南开经济研究，2017（4）：41-58.

③ 种聪，岳希明.经济增长为什么没有带来幸福感提高——对主观幸福感影响因素的综述［J］.南开经济研究，2020（4）：24-45.

④ 文宏，林彬.人民获得感：美好生活期待与国民经济绩效间的机理阐释：主客观数据的时序比较分析［J］.学术研究，2021（1）：66-73.

化为另一方的内在认可，一方的客观付出未能得到另一方主观承认的社会心理现象①。从付出方的投入到接受方的认可，从社会经济发展的获益到人们内心的认可，还存在着复杂的心理机制。这说明在人们的感受方面，存在内心感受与外在物质不匹配的情况，提升获得感应注重物质发展和内在感受，促进二者的协同。从需求层次理论来看，经济发展和收入增长能够满足人们的生理需要和安全需要，但不一定能够让尊重需要和自我实现需要得到满足。所以经济发展不必然带来获得感的提升。

（二）个体感受与外在物质条件的不同步

从个体感受角度来看，外在的物质刺激与内在的心理感受之间存在不一致的情况。外在的社会经济发展水平，是一种客观的外在物理量，具有普遍确定性。而人们对外在发展的感受，是一种心理量，具有非实体性和依赖主观判断的特点。获得感的这种特点，使得其与社会经济发展水平之间出现不同步。心理感受的非实体性，使得其测量难以像外在物化对象测量一样准确稳定，也难以直接测量。心理量的测量，只能通过间接手段设置测量情景进行测量，测量结果也难以像物理测量那样明晰、精确和确定。这种间接测量，缺乏物理量之间确定的函数关系，多属于不确定的关系。对外在刺激量与心理量之间的测量，只能根据非确定性的概率模型来进行②。对获得感的测量也是如此，社会经济发展带来的获得感，是一种心理量，难以通过外在的经济指标和社会发展指数来反映，只能通过个体的心理感受来体现。获得感的高低，依赖于个体的主观判别。

内在的心理感受，并非外在客体刺激的物理量，离不开具体主体的心理活动。外在刺激只有作用于主体，才能产生感觉。社会经济的发展，只有作用于人们的主观体验，依靠个体的主观感知，才能产生获得感。并且，人们心理上感觉强度的大小，与外在物理刺激量之间并非线性对应。例如，在两个有一定差异的声音响度刺激（命名为高声音和低声音强度）之间，人们可以设置一个特定的声音刺激，使其响度听起来处于高声音和低声音的中间点。但这个中间点声音的刺激响度并非高声音和低声音响度的一半，其实际强度要远低于高声音刺激的实际强度，而接近低声音刺激的响度。中间点的声音刺激强度距离低声音的响度差，要大大小于距离高声音刺激的响度差。在心理物理学领域，研

---

① 吕小康．医患"获得感悖论"及其破局：兼论作为社会心理学议题的医患关系研究［J］．南京师大学报（社会科学版），2019（1）：76-86.

② 漆书青．现代测量理论在考试中的应用［M］．武汉：华中师范大学出版社，1998：45.

究者发现心理量与物理量之间大都是非线性的关系，心理量并没有随物理刺激量的增加而等比例增强，一般是对数函数关系或幂函数关系①。因此，虽然外在的社会经济不断发展，但人们的获得感并没有相应增加。不过，人们的心理感受具有相当强的客观共性，虽然外在物质刺激产生的获得感不尽相同，但不同个体的获得感仍然具有客观共性，大体会围绕在某个锚定点附近。心理感受的这种客观共性，使得我们还要通过社会经济发展来提升人们的获得感。只要社会经济发展到一定程度，就必定能引起人们获得感的增加，但增加的程度不尽相同，增加的幅度也与社会经济发展不相同步。

本书开发的获得感问卷，比较重视获得感的心理感受内容，自我评价和情绪维度均为内部心理感受的反映。因为获得感本质上为个体的主观判断，内心的感受才是获得感的实质。个体的主观感受难以用外显行为观察的方式测量。虽然人们处于基本相似的社会环境中，但获得感却存在差异。这一方面是由于人们外部资源和条件方面的差异，另一方面是因为人们主观心理感受的差异。因为个体的需求是否得到了满足，情绪感受是否积极愉悦，这些评价具有极强的主观性、内隐性和差异性，与外在的物化条件相比，难以形成统一的标准和规范。即使外部环境相同或相似、资质禀赋相似的社会成员，在获得感方面也可能存在较大差异。个体对同样的获得产生的主观评价不同，情绪感受不同。外在物质条件对个体需要的满足程度不同，这些内在心理因素的特点，是造成获得感差异的主要原因，并非外在的物化条件的差异。获得感的自我评价和情绪感受维度，充分体现了获得感中"感"的特点和属性。

四、具身体验和自我评价水平有待提升

从表6-2中可以发现，获得感四个维度中，具身体验维度的均值最低，其次是自我评价维度，低于情绪感受维度和问题解决维度。从各维度的均值比较来看，问题解决维度和情绪感受维度是人们较为满意的方面，个体的具身体验是获得感的短板。在具身体验维度，个体的生活水平、收入、居住与工作的环境等项目的分值较低，表明这几个方面是获得感提升的重点环节。在自我评价维度，能力和收入的匹配程度、生活与理想的接近程度，是获得感提升的薄弱环节。

获得感结构维度的差异，反映出人们对社会发展带来的民生问题的改善体验较为深刻，由此产生了积极情绪。但人们对自身体验改善的感知还有待提高，

---

① 郭秀艳. 实验心理学［M］. 北京：人民卫生出版社，2007：68.

自我评价也偏低。虽然我国已经成为世界第二大经济体，但人们特别是弱势群体享受到的公共服务与发达国家相比还存在一定差距，对个体发展与生活的期望未充分实现。人们对自我发展的感知低于对社会发展的感知。这可能存在两种原因。一种原因是人们感受社会发展的同时，对自身的发展也提出了更高的要求，对自我发展的期望较高。但自身需求的满足，需要具备必要的内外部条件。社会发展提供了个体所需的外部资源条件，但也需要个体自身的条件准备。内外部条件之间的不协调，影响了个体需求的满足，使得个体的自我评价偏低。另一种原因是个体间的竞争加剧，自我提升缓慢。随着社会发展从快速增长转变为高质量增长，个体自我提升也更注重内涵质量的增长，个体的自我发展需要付出更多的努力。同时外部资源机遇具有稀缺性和竞争性，获取也需要付出更大的努力。个体面临更加"内卷"的内外部环境，自我提升缓慢。社会发展稳步推进，人们的需求亦随之增长，但需求并未得到及时满足，个体面临生活和工作问题，经常感受到压力和焦虑，个体的自我评价和体验相对滞后。

自我评价是获得感的重要环节。人们将自己的付出与所得进行比较，如果认为自己的付出与回报之间的比例是公平合理的，获得感就较高。自己的需求是否得到满足，是自我评价的重要内容。如果自己的付出与所得相匹配，满足了自己的需求，那么自己的劳动付出就是有价值的，产生积极的自我评价；如果自己的付出与所得不相适应，自己的需求没有得到满足，那么自己劳动付出的价值就比较低。

人们在评价获得感时，最简便的方法就是从自身的体验出发。人们根据自己亲身经历体验的结果直接进行评价。个体自己的经历和体验，制约了获得感的提升。李强总理也强调，绝大部分老百姓不会天天盯着 GDP，大家更在乎、更关心的一定是自己身边的具体事情，如住房、就业、收入、教育、医疗、生态环境等。人们更关心的是自己面临的问题，自己亲身的感受和体验。在社会经济发展中，也要注重个体直接体验的提升，将社会发展的成果与个体的亲身经验、实际经历相结合，使个体产生对社会发展的感知体验。社会发展中出台的一系列政策和惠民措施，具有宏观方面的指导价值，只有转化为人们切实感受到的实惠与便利，才能对主观感知产生影响，政策措施才能落地生效。在提升获得感时，要注重使人们通过自己的努力实现自身的需求，使努力付出能够精准回应自己的需求。

第七章

弱势群体获得感的生成机制研究

第一节　获得感产生过程中的影响因素

分析获得感的生成机制，就要对获得感产生过程中受到的影响因素进行梳理分析。获得感受到一系列主客观因素及主客观因素交互作用的影响。

一、获得感的客观影响因素

获得感的客观影响因素较多，主要可分为三类：一是人口与经济统计学因素，二是个体因素，三是社会性因素。

第一类因素中，人口和经济统计学因素对获得感产生重要影响。孙远太通过对六个省市城市居民的抽样调查，发现居民获得感同社会地位密切相关，下层社会地位居民的获得感最低[①]。梁土坤在对低收入家庭经济获得感的分析中发现，城乡因素和地区因素对经济获得感存在不同影响[②]。中部地区低收入家庭获得感最低，其次是西部地区，东部地区家庭的获得感最高。城市中低收入家庭的获得感低于农村家庭。王积超和闫威对城市居民获得感的调查发现，性别、年龄、政治身份、婚姻状况、教育程度、健康状况和财产状况等因素对获得感产生重要影响[③]。其研究发现，女性的获得感比男性强烈。年龄与获得感之间是一种倒"U"形曲线关系。随着年龄的增加，获得感不断提升，但增加到42岁

---

① 孙远太. 城市居民社会地位对其获得感的影响分析：基于6省市的调查 [J]. 调研世界，2015（9）：18-21.

② 梁土坤. 环境因素、政策效应与低收入家庭经济获得感：基于2016年全国低收入家庭经济调查数据的实证分析 [J]. 现代经济探讨，2018（9）：19-30.

③ 王积超，闫威. 相对收入水平与城市居民获得感研究 [J]. 中央财经大学学报，2019（10）：119-128.

时年龄的增加不再带来获得感的提升。在政治身份上，党员群体的获得感高于非党员群体。婚姻有利于获得感的提升，婚姻通过给个体带来稳定的情感支持、家庭支持和经济保障，增加人们的获得感。梁土坤的研究也有类似的发现。在人口统计学因素上，低收入家庭女性成员的经济获得感低于男性，已婚群体的获得感稍高于没有配偶的群体。教育程度对获得感的影响较为复杂，获得感并不随教育程度的提升而增加。教育程度的提高，会使人们产生较高的收入期望，当这种期望没有得到满足时，会产生心理落差，降低获得感。身体健康对获得感有积极影响，身体健康是各种愉悦体验的基础，只有拥有健康的身体，获得感才能够实现。个体的收入与获得感呈显著正相关，收入是影响获得感的关键因素。受教育程度越高，经济获得感反而越低。家庭就业人数对低收入家庭的获得感具有显著的正向影响，家庭就业人数越多，取得的经济收入越高，越有助于提升生活质量，进而提升获得感。住房产权对低收入家庭的经济获得感具有显著正向影响，拥有自有住房家庭的获得感显著高于无自有住房的低收入家庭。

第二类个体因素主要是收入，对获得感产生重要影响。收入是对各种主观体验产生重要影响的因素，获得感作为对客观获得的一种主观感知，也受到收入水平的影响。但获得感与收入之间的关系处于不稳定的状态。有研究者认为，个体绝对收入的提升能够带来获得感的提升①。但也有研究者认为，绝对收入与获得感指标不完全是正向关系，也会出现倒"U"形曲线的关系，当收入水平达到一定临界值时，绝对收入的增加不会给人们带来获得感的提升②。获得感与收入之间的不稳定关系，可能有多种理论解释。社会比较理论认为获得感是通过社会比较而产生的。如果个体将自己目前的收入水平与同质群体或自身过去的收入相比较，发现自己收入较高时，容易产生满足的愉悦体验，获得感得到提升。如果经过社会比较后，自身目前的收入不如以往或同质群体，获得感则下降。期望价值理论认为，当个体的实际成就与自我期望相符合时，个体的获得感就较高。如果实际成就没有达到自身期望，就会形成心理落差，产生失落情绪，导致获得感降低。收入对获得感的影响受到社会比较和自我期望的调节。符合自我期望的信息，可能会被放大；不符合期望的信息，会被自动过滤或缩减。个体的情感体验也影响到获得感的高低。积极情感往往会放大个体的获

---

① 叶胥，谢迟，毛中根. 中国居民民生获得感与民生满意度：测度及差异分析［J］. 数量经济技术经济研究，2018，35（10）：3-20.

② 王鹏. 收入差距对中国居民主观幸福感的影响分析：基于中国综合社会调查数据的实证研究［J］. 中国人口科学，2011（3）：93-101，112.

得感。

第三类因素中，社会性因素特别是公共服务是获得感的重要影响因素。陈海玉等通过结构方程模型的方法，检验了经济生活、政治生活、文化生活、社会生活和生态文明对劳动者主观获得感存在的显著影响①。研究发现，社会生活和文化生活的影响最大。彭文波等从"五位一体"建设方面，认为获得感的影响因素可分为经济、政治、社会、文化和环境等方面②。在经济方面，一些经济发展指标如人均可支配收入、人均年末住房面积、恩格尔系数等对获得感具有直接和导向性的影响。经济因素直接决定了人们的生活水平，经济收入增加，能够直接提升获得感。人民有房住、收入有增加、看得起病、养老有保障等，这些都是实实在在的获得感。

廖福崇在分析公共服务质量与公众获得感关系中发现，获得感受到区域经济发展水平的影响③。经济发展程度较高的省份民众获得感较高，如上海、北京和广东等。经济欠发达地区的民生获得感较低，如西北地区。在政治方面，政治权利的获得和使用程度，也是获得感的重要影响因素。个体对政府管理事务的参与过程、对公共决策的参与和影响、对公共事务的知情权等方面，影响到个体的获得感。在社会发展方面，社会的公平感、社会稳定感、社会和谐感对获得感产生重要影响。人们所处的社会环境秩序的稳定程度、社会公平公正的感知都是社会获得感的重要内容。在文化方面，个体在文化、知识和教育等方面的获得，在精神层面的收获，也是获得感的影响因素。在环境方面，自然环境和社会环境是获得感的重要影响因素。个体生活环境的宜居、健康和整洁程度也影响到人们的获得感。

政府的公共服务是获得感的重要影响因素。阳义南在研究民生公共服务领域的获得感时发现，民生公共服务的供给缺乏对获得感产生显著的影响④。民生公共服务是民众最关心最直接最现实的利益问题，是影响获得感产生的直接因素。七项民生公共服务的供给短板削弱了获得感，分别是城乡基础设施、社会保障、医疗卫生、公共文体、基本社会服务、住房保障和公共教育。获得感是

① 陈海玉，郭学静，刘庚常．基于结构方程模型的劳动者主观获得感研究［J］．西北人口，2018，39（6）：85-95．

② 彭文波，吴霞，谭小莉．获得感：概念、机制与统计测量［J］．重庆师范大学学报（社会科学版），2020（2）：92-100．

③ 廖福崇．公共服务质量与公民获得感：基于 CFPS 面板数据的统计分析［J］．重庆社会科学，2020（2）：115-128．

④ 阳义南．民生公共服务的国民"获得感"：测量与解析：基于 MIMIC 模型的经验证据［J］．公共行政评论，2018，11（5）：117-137，189．

民生领域的主要指标，基本公共服务质量是获得感的重要影响因素。廖福崇的研究也发现，义务教育的师生比、基层医疗机构床位数、公共租赁住房数、职业培训人数和社会保障卡的普及率，分别影响公共教育获得感、医疗卫生获得感、住房保障获得感、劳动就业获得感和社会保障获得感①。公共服务的充足性、公平性、便利性和普惠性对民生幸福感和获得感具有显著的积极影响。基本公共服务质量是获得感的重要影响因素，而单纯地增加基本公共服务财政投入所产生的效果并不明显。在增加基本公共服务的同时，要注重科学合理地使用和管理公共资金，科学配置资源，注重对资金的管理和规范使用，使政府投入的资金能够切实保障公共服务的质量。

谭旭运等在对青年人获得感现状和影响因素的研究中发现，18~35 岁青年群体获得感的影响因素中，安定的生活环境和社会安全有序是具有较高重要性的因素，工作稳定性和收入增长是获得感的最大影响因素②。

二、获得感的主观影响因素

个体的主观因素也是获得感的重要影响因素。获得感在本质上是一种主观体验，其产生过程必然受到个体主观因素的影响。个体的内在心理状态也影响到获得感的高低。个体的主观因素主要是个体的人格特质、社会比较和社会公正的判断。

首先，获得感的产生离不开个体的人格特质。个体的人格特质影响到获得感的高低。研究者分析发现，偏执型人格特质的个体，容易体验到获得感的削减。偏执的个体容易在遇事时将责任归于他人，采用外归因的方式，控制欲也比较强。这种人格特征的个体容易心态失衡，相对剥夺感较高，获得感较低③。

其次，社会比较是获得感产生的重要过程，影响到获得感的高低。社会比较包括与他人比较和自我比较两种情况。根据社会比较对象的不同，与个体以往的付出和收获进行比较，产生的获得感为纵向获得感，与他人进行比较，产生的获得感为横向获得感。由于人们处于一定的社会关系中，与他人相比较之后的结果也影响到获得感。王积超和闫威研究发现，在控制其他变量的情况下，

---

① 廖福崇. 公共服务质量与公民获得感：基于 CFPS 面板数据的统计分析 [J]. 重庆社会科学，2020（2）：115-128.

② 谭旭运，张若玉，董洪杰，等. 青年人获得感现状及其影响因素 [J]. 中国青年研究，2018（10）：49-57.

③ 陈沛然. 员工获得感及其镜像研究的管理启示 [J]. 甘肃社会科学，2020（3）：208-214.

自评经济状况与同质群体相差无几的人，其获得感较高；如果自评的经济状况比同质群体要好，其获得感则更为强烈；但如果经济状况不如同质群体，获得感就较低。在个体纵向比较方面，如果自己比三年前的经济状况有所好转，则获得感较强；如果自评的经济状况不如三年前，获得感则会下降。人们对自己的社会经济地位评价越高，获得感也越强。自我期望的实现程度也是获得感的重要影响因素。如果个体目前的实际获得没有达到期望的程度，获得感就会下降。人们在考虑到自身能力和工作状况后对自我的实际获得进行评估，如果预期与实际收入的差距较小，预期目标基本实现，容易产生积极的情感体验，增加获得感①。

最后，人们对社会公平的评估，影响到获得感的高低。当人们认为自己所处的社会环境越公正时，就越能体验到获得感。社会分配公平和程序公平是提升民众获得感的重要社会基础。当人们认为自身的处境越公平时，就越可能体验到获得感。王龙和霍国庆的研究发现，在经济和社会快速转型与调整的社会背景下，公平感可能是影响获得感的最重要因素②。人们对社会平等的主观判断，也会直接影响到获得感。如果人们认为社会公平的程度较高，则获得感也较高。

三、主客观因素的交互作用

主观因素常常和客观因素相互交织，对获得感产生重要影响。收入和社会比较结合起来对获得感发挥作用。上文讲过，王积超和闫威分析了社会经济地位的横向比较和纵向比较对获得感的影响，以及收入的合理性对获得感的影响。结果发现，社会比较和自我期望能显著影响居民的获得感。绝对收入对获得感的影响弱于相对收入的影响，获得感这种心理体验受到社会比较的影响较大。因此在提升获得感时，还要多注重社会心理过程的影响。社会心理过程起到了连接宏观社会环境和个体心理体验的作用，在主客观因素交互作用中发挥了重要作用。

冯帅帅和罗教讲运用多学科视角，探索了我国居民获得感的多层面相交互

---

① 王积超，闫威. 相对收入水平与城市居民获得感研究［J］. 中央财经大学学报，2019（10）：119-128.
② 王龙，霍国庆. 社会安全的本源影响因素及其作用机理实证研究［J］. 管理评论，2019，31（11）：255-266.

的影响因素①。研究采用社会学中的国家供给因素、经济学中的市场激励因素和心理学中的个体特质因素，从国家、市场和个体三个层面考察了获得感的影响因素。结果发现，市场激励层面的绝对收入和相对收入两个水平对居民获得感均有显著的正向影响。相对收入所起的作用更大，能够缓解绝对收入对获得感的影响。国家供给层面的社会保障和社会公平对获得感也产生显著影响，且随着改革的深入，居民对社会保障和社会公平的诉求愈加强烈。在个体特质层面，信任倾向和情绪体验对获得感产生显著影响。信任和积极情绪越高的居民，获得感也越高，消极情绪则对获得感产生抑制作用。该研究从宏观、中观和微观三个层面探索了获得感的影响因素，对提升获得感具有重要的参考价值。

第二节　获得感的生成机制

以往研究还发现，获得感受一系列主客观因素的影响。客观因素如经济收入、社会地位、居住环境、教育资源等；主观因素如相对剥夺、社会比较、公平感知等。从以往研究成果来看，获得感产生于个体对自身劳动付出后所得回报的感知。本书界定了弱势群体获得感的概念，认为获得感是将自己劳动付出所得到的各种收益与自身需要进行比较，而产生的认知评估和情绪感受。从概念和产生过程来看，获得感具有较强的个体属性。个体因素是获得感的重要影响因素。从获得感的起源来看，获得感作为民生领域的发展评价指标，离不开民生领域服务供给主体——政府公共服务的作用。

本书从获得感的产生根源出发，结合已有研究成果，采用宏观因素和微观因素相结合的视角，分析获得感的生成机制。在宏观因素方面，选取与弱势群体联系紧密且较为重要的享受政府公共服务的情况；在微观因素方面，选取个体的主观幸福感和相对剥夺感。政府公共服务同时也是客观因素，个体的主观幸福感和相对剥夺感同时也是主观因素。

一、政府公共服务与获得感

在宏观因素方面，政府提供的公共服务是获得感的重要影响因素。公共服务以公共资源为社会成员服务，其服务质量关系到社会成员的获得感。获得感

---

① 冯帅帅，罗教讲. 中国居民获得感影响因素研究：基于经济激励、国家供给与个体特质的视角 [J]. 贵州师范大学学报（社会科学版），2018（3）：35-44.

建立在客观获得的基础上，公共服务是一种典型的物质获得感。公共服务供给的便利化、科技化、人性化等与居民获得感之间存在着天然的联系，通过公共服务和社会治理的提升，在共建、共治、共享的治理逻辑下促进获得感的提升。政府部门提供的公共服务，是获得感产生的重要基石，也是提升获得感的重要物质基础。

获得感起源于民生领域，政府提供的公共服务也大多集中于民生领域，如医疗、环境保护、入学等方面。这些领域与获得感的主要内容密切相关。获得感最初是民生领域社会发展的评价指标。政府作为公共服务的供给主体，在增加民生领域获得感方面发挥着主力军的作用。民生公共服务是广大弱势群体最关心最直接的利益问题。特别是对弱势群体而言，从其他方面获得的资源较少，主要依靠政府提供的公共服务资源。弱势群体的生存生活在较大程度上依赖于政府的公共服务。弱势群体享受的公共资源是获得感的重要来源。

政府公共服务的内容和质量对获得感产生重要影响。政府公共服务的增加，直接减少了弱势群体成员的生活成本，在间接上增加了其收入。政府的公共服务具有低价和免费的属性，不易受个体收入水平的影响，更好的公共服务意味着更高的获得感。如果没有良好的政府公共服务，广大居民特别是弱势群体高质量的生活将难以实现。政府的公共服务供给能力对居民的公共服务获得感存在重要影响，公共服务供给能力越强，居民的公共服务获得感也越强。

公共服务的内容和质量对获得感具有显著的提升作用。弱势群体在公共服务中的受益情况是获得感的重要影响因素。研究发现，公共服务能够提升居民的获得感。在医疗服务方面，政府的医疗资源对获得感具有正向影响[1]，政府提供的公共卫生服务对获得感具有提升作用。公共卫生服务均等化在一定程度上刺激产生较多的民生获得感，这种影响具有一定的延续性和增强的趋势，能够进行扩散和放大，对所在区域内的民生获得感具有显著的累积作用。在文化方面，熊文靓和王素芳研究发现，政府的公共文化服务对获得感也存在显著影响，公共文化的基础服务和服务保障对文化获得感具有较强的影响力[2]。政府提供的住房保障也对获得感产生正向影响。

政府的公共服务质量是获得感的重要影响因素。政府的财政投入能够直接提高公共服务的质量，进而提升民生获得感。政府的公共服务对人们的劳动就

---

① 梅正午，孙玉栋，丁鹏程. 公共服务供给水平对居民获得感影响研究 [J]. 价格理论与实践，2019 (5)：141-144.

② 熊文靓，王素芳. 公共文化服务的公众获得感测度与提升研究：以辽宁为例 [J]. 图书馆论坛，2020，40 (2)：45-55.

业、基础教育、医疗卫生、住房保障和社会保障等方面的民生获得感具有提升作用。白秀银和康健研究发现，民族地区的基本公共服务均等化能够增强民族地区群体的获得感①。民生的改善能够显著提升民族群众的获得感。赵继涛等对东北地区基本公共服务的调查发现，基本公共服务的供给数量、区域配置和质量是提升公众获得感的重要保障；基本公共服务的可及性、公平性和满意度，是基本公共服务获得感的重要内容②。郑建君和马璇等的研究也发现，居民参与公共服务有助于提升获得感，政府透明度和政府信任起到了显著的调节作用。政府行政的透明公开和人们对政府的信任，增强了居民的公众参与对获得感的提升作用③。

政府的公共服务对城市居民和农村居民的获得感均具有促进作用。于洋航研究发现，城市的社区公共服务能够提升社区居民的获得感和生活满意度；城市中的社区教育、基本社会保障、社区安全、基础生活设置、居住环境和交通状况对获得感具有显著的正向影响④。徐延辉和李志滨对城市居民的问卷调查发现，城市的社会经济保障和社会包容等因素对居民的经济、政治、文化、民生和生态获得感具有显著影响，社会经济保障对获得感的提升作用最强⑤。邱伟国等对农村居民获得感的研究发现，农民的获得感受到民生保障因素的影响，民生保障是获得感的重要影响因素⑥。

政府提供的公共服务对弱势群体中的贫困群体而言，是生活的重要保障，也是获得感的主要来源。公共服务中的低保制度对贫困弱势群体获得感具有较强的提升作用，低保制度保障了贫困群体的基本生活，在维持生活、医疗和子女教育等方面能够较大地提升获得感。对农村贫困人口而言，公共资源配置有利于经济获得感的提升，扶贫资源的配置对贫困人口的获得感具有重要的影响。

当受到新冠疫情的冲击时，政府对疫情防控的公共服务是获得感的一个突

---

① 白秀银，康健. 以基本公共服务均等化增强民族地区群众获得感［J］. 人民论坛·学术前沿，2020（17）：112-115.

② 赵继涛，卢小君，费俊嘉. 东北地区基本公共服务公众获得感提升研究［J］. 合作经济与科技，2021（16）：185-187.

③ 郑建君，马璇，刘丝嘉. 公共服务参与会增加个体的获得感吗——基于政府透明度与信任的调节作用分析［J］. 公共行政评论，2022，15（2）：42-59，196.

④ 于洋航. 城市社区公共服务、生活满意度与居民获得感［J］. 西北人口，2021，42（3）：78-90.

⑤ 徐延辉，李志滨. 社会质量与城市居民的获得感研究［J］. 南开学报（哲学社会科学版），2021（4）：169-181.

⑥ 邱伟国，袁威，关文晋. 农村居民民生保障获得感：影响因素、水平测度及其优化［J］. 财经科学，2019（5）：81-90.

出影响因素。樊红敏和王新星的研究发现，在政府对疫情的防控中，应急预防、应急管控和应急恢复行为对居民获得感具有正向影响。虽然疫情直接影响人们的收入和就业，降低了获得感，但政府提供的疫情应急管控和恢复措施能够增强居民的未来预期和安全感，政府提供的公共管理服务提高了居民的尊严感和获得感[①]。

综合以往研究成果，本书认为，弱势群体享受到的政府公共服务越多，其获得感也就越高。公共服务对获得感起到了正向的促进作用。

二、相对剥夺感与获得感

在个体微观因素方面，获得感与相对剥夺感是相对应的概念。获得感是人们的收益感，相对剥夺感则是人们的失落感。相对剥夺感是与参照群体相比处于劣势而产生的减少或丧失的心理感受，获得感则是通过社会比较产生的得到和增加的心理体验。在获得与失落相联系的基础上，相对剥夺感削弱了获得感。相对剥夺感是获得感的另一极端体现。个体的所得，是与其丧失和被剥夺相对应的。个体如果感知到自身的"所得"有丧失的风险，则获得感就会降低。

获得感是通过社会比较产生的，相对剥夺感也是通过社会比较产生的。相对剥夺感既包括个体之间的比较，也包括与参照群体的比较。在社会公平受到损害、社会分化严重的情景下，个体意识到在社会结构中处于劣势，容易产生相对剥夺感。如果个体的相对剥夺感较高，容易认为自身在社会生活中不如他人，在各方面处于劣势，自己得到的各种资源不如他人。相对剥夺感较高的个体，容易认为自己享受到的社会公共资源较少，减弱了社会公共资源对获得感的积极影响。目前政府公共服务的投入不断增加，社会福利支出逐年递增，但公众的满意度和获得感并不高，这一方面是因为政府公共服务的数量和质量不足，但更为重要的是社会公共服务供给和资源配置的不均衡降低了获得感，使公众产生了相对剥夺感，阻碍了公共服务增加所带来的获得感的提升[②]。人们对社会公平的主观判断，也影响到获得感。如果人们对社会公平评价程度较高，则相对剥夺感较低，在增加公共服务时有利于提升获得感。因此，提高公共服务的均等度有利于增强公共服务的获得感，均等化的公共服务减少了相对剥夺

---

① 樊红敏，王新星. 地方政府疫情防控行为如何影响居民获得感——基于公众满意度的实证调查 [J]. 河南师范大学学报（哲学社会科学版），2022，49（5）：82-89.

② 张青，周振. 公众诉求、均衡性感知与公共服务满意度：基于相对剥夺理论的分析 [J]. 江海学刊，2019（6）：90-95.

感的产生，提升了全体人民的获得感。

结合以往研究，相对剥夺感在政府公共服务与获得感之间起到了调节作用，减弱了政府公共服务对获得感的提升作用。

三、主观幸福感、相对剥夺感与获得感

主观幸福感是个体对自己整体生活状态的综合认识和评价。幸福感较为综合和全面，涉及个体对自己整体和综合状态的评价。获得感较为具体，指向具体的事件。幸福感具有持续性和人生意义感。随着获得感的不断提升，幸福感也得到积累。持续满足的获得感带来幸福感的提升。主观幸福感也是获得感的重要影响因素。如果个体的主观幸福感较高，对个体整体状态比较满意，有利于获得感的提升。

公共服务也是幸福感的重要保障因素。以往研究发现，充分的就业和安全的社会环境能够增强人们的幸福感，政府提供的医疗公共设施对居民幸福感也有积极的影响①。赵洁和杨政怡的研究发现，基本公共服务中的教育公平性、住房保障的充足与便利程度对居民的主观幸福感具有显著影响②。廖福崇的研究发现，公共服务的充足性、公平性、便利性和普惠性四个维度对幸福感具有显著的提升作用。社会公平程度越高，公共服务对幸福感的影响越大，社会公平起到了调节作用③。种聪和岳希明对幸福感的影响研究进行梳理发现，政府提供的就业保障、公共服务、生态环境等因素，较为显著地影响了居民的幸福感④。这些因素对幸福感的影响程度超过了经济增长对幸福感的影响。幸福感与良好的社会生态环境密切相关，环境污染降低了人们的生活满意度，影响了居民的身体健康和情绪感受，直接降低了人们的幸福感。得到更好公共服务的居民往往具有更强的幸福感。公共服务的增加，降低了人们获得高质量生活所需的成本，提高了人们的幸福感。政府的公共服务是居民安全、教育、医疗和环境保护的主要来源，政府对医疗保障的投入能够显著增加中低收入居民的幸福感，政府

① KOTAKORPI K, LAAMANEN J P. Welfare State and Life Satisfaction: Evidence from Public Health Care [J]. *Economica*, 2010, 77 (307): 565-583.

② 赵洁，杨政怡. 基本公共服务供给增加居民的主观幸福感了吗？——基于 CGSS2013 数据的实证分析 [J]. 西安财经学院学报，2017, 30 (6): 80-86.

③ 廖福崇. 公共服务质量与公民获得感：基于 CFPS 面板数据的统计分析 [J]. 重庆社会科学，2020 (2): 115-128.

④ 种聪，岳希明. 经济增长为什么没有带来幸福感提高？——对主观幸福感影响因素的综述 [J]. 南开经济研究，2020 (4): 24-45.

公共服务对居民幸福感的影响甚至大于个人的消费和收入因素①。对生活贫困的弱势群体而言，公共服务中的低保制度是其生活的重要保障。低保制度能够改善贫困群体的生活状况，提升其主观幸福感。因此，本书认为政府的公共服务对主观幸福感具有正向的影响。

在政府公共服务对幸福感的影响过程中，相对剥夺感越强，人们感受到的社会公平就越低，容易抑制公共服务对幸福感的提升作用。相对剥夺较强的个体，认为自己处于不利的境地，再加上公共服务的不均衡，认为自己享受到的政府公共服务较少，主观幸福感也偏低。研究发现，遭受相对剥夺的个体容易产生社会排斥②。社会排斥通过降低社会认同和控制感来削弱主观幸福感。相对剥夺感不仅削弱了政府公共服务对获得感的影响，也削弱了公共服务对主观幸福感的影响。

综合以上研究假设，本书认为获得感是在政府公共服务、主观幸福感和相对剥夺的共同作用下产生的，主观幸福感在政府公共服务和获得感之间起到中介作用，相对剥夺调节了公共服务对主观幸福感和获得感的影响。相对剥夺感越强，越容易抑制公共服务对主观幸福感和获得感的积极影响。本书的假设理论模型如图7-1所示。

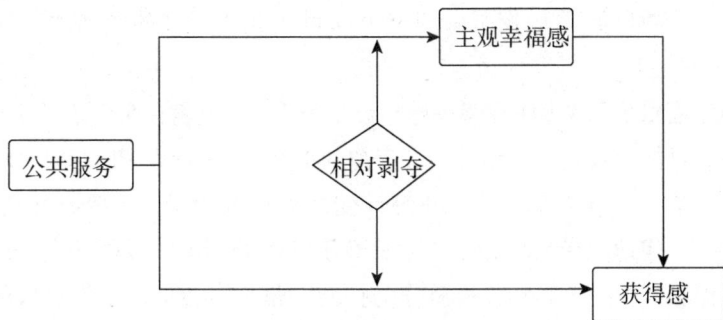

图7-1 研究模型

① LEVINSON A. Valuing Public Goods Using Happiness Data: The Case of Air Quality [J]. *Journal of Public Economics*, 2012, 96 (9-10): 869-880.

② BELLANI L, D'AMBROSIO C. Deprivation, Social Exclusion and Subjective Well-being [J]. *Social Indicators Research*, 2011, 104 (1): 67-86.

第三节 获得感生成机制的模型检验

一、变量测量

本书通过问卷调查和数据分析，对获得感产生的理论模型进行验证。调查变量有获得感、政府公共服务、主观幸福感、相对剥夺感。获得感采用本书研制的弱势群体获得感问卷。获得感问卷包含四个维度，共有 21 个项目，问卷的信度为 0.935，采用五级计分法。项目如"我所得到的东西让我感觉充实""我的休闲娱乐活动有所丰富"。

政府公共服务：政府公共服务采用中国综合调查（CGSS2017）中的问卷项目①，共有 6 个项目，采用五级计分法。问卷信度为 0.893，项目如"对政府提供社会管理公共服务的满意程度"。

本书选取相对剥夺感问卷，进行弱势群体相对剥夺感的测量。相对剥夺感问卷采用马皑研究中使用的问卷②。该问卷共有 4 个项目，信度为 0.63，采用七级计分法。项目如"与我所做的努力和付出相比，我的生活本应比现在更好"。

主观幸福感采用 WHO-5 幸福感指数量表③，该量表有 5 个条目，采用六级计分法。项目如"我每天生活充满了有趣的事情"，该量表信度为 0.82。

控制变量：人口学变量及其他统计变量为控制变量，主要有性别、年龄、婚姻状况、居住地、受教育程度、家庭经济状况等因素。以往研究发现，这些因素对获得感产生一定影响，需要作为控制变量加以控制。本书选取测量问卷后组卷进行发放施测。通过专业调研机构（问卷星）和腾讯问卷平台进行问卷发放和收集。在问卷平台中通过三种手段进行问卷质量控制。一是设置每位作答者只能回答一次，避免重复作答。二是设置只有题目全部作答后才能提交问卷，避免问卷出现缺失值。三是采用现金红包奖励。通过问卷平台设置，被调

---

① 杨金龙，张士海. 中国人民获得感的综合社会调查数据的分析 [J]. 马克思主义研究，2019（3）：102-112，160.

② 马皑. 相对剥夺感与社会适应方式：中介效应和调节效应 [J]. 心理学报，2012，44（3）：377-387.

③ 欧爱华，郝元涛，梁兆晖，等. 老年人群心理健康指数量表的应用评价 [J]. 中国卫生统计，2009，26（2）：128-130.

查者作答完毕后即可获得三至五元的现金红包，而非以往问卷调查所提供的消费优惠券①。现金红包的方式更加有吸引力，容易得到被调查者的接受。发放问卷时，对作答对象进行限定，选取弱势群体为农民工、低收入者、身体残疾者和打工人。

问卷数据收集汇总后，对数据进行筛选。一方面专业调研机构和问卷平台对问卷进行了初步筛选，删除掉无效问卷。无效问卷主要是同一个选项过多的问卷、回答明显带规律性的问卷、答题时间过长和过短的问卷。另一方面本书将不符合调查对象要求的数据剔除掉。本次调查共获得问卷 2167 份，其中有效问卷 2046 份，有效率 94.42%。有效问卷包含农民工 417 份，低收入者 463 份，身体残疾者 48 份，打工人 1118 份。

二、数据分析

（一）被试基本情况

本书对调研数据进行分析，数据的基本情况见表 7-1。从表 7-1 中可以看出，在有效数据样本中，男性有 767 人（37.5%），女性有 1279 人（62.5%）。年龄大部分在 26~60 岁，占 91.4%，特别是 41~50 岁占据了近一半的比例。调查对象主要为中青年人群，是社会各行各业的中流砥柱，同时肩负家庭和工作的重任，工作生活压力较大。绝大部分调查对象已婚，以农民工、低收入者和打工人为主。

调查对象的家庭经济状况没有超过平均水平。调查对象大部分以打工人自居，收入水平一般不超过当地平均水平，有一半的调查对象收入未达到当地的平均水平，面临较大的家庭生活负担。主观社会地位大部分也在中间值以下。说明调查对象不但家庭经济状况处于平均水平或以下，对自己社会地位的评价大多也未超过中间值。家庭经济状况与主观社会地位紧密相关。家庭经济状况以调查对象与当地的经济水平进行比较的结果为准。文化程度以高中及以下居多，占 86%，这说明大部分调查对象的文化程度偏低。文化程度是制约个体发展的重要因素。身体健康状况处于一般及以下的比例较大。居住地大部分在城市，可能是长期在城市务工的人员占一定比例。

调查数据需要特别说明的是，调查对象在家庭经济状况和主观社会地位上

---

① 某调查平台在受调查者提交问卷后，让受调查者进行抽奖，大部分可抽中 2300 元优惠券，在购买一台标价 2680 元某品牌扫地机器人时可抵扣使用。这种奖励方式容易虚构价格，大部分调查者一划而过，并不会使用优惠券，缺乏实际奖励，相当于零奖励。

存在部分选项无人选择的情况。在家庭经济状况因素中，设置有高于平均水平和远高于平均水平的选项，但这两个选项无人选择。在主观社会地位因素中，大于等于8的选项无人选择。

表7-1　被试的基本情况

指标	类型	人数	百分比	指标	类型	人数	百分比
性别	男	767	37.5	主观社会地位	1	309	15.1
	女	1279	62.5		2	227	11.1
年龄	18岁以下	16	0.8		3	336	16.4
	18~25岁	88	4.3		4	293	14.3
	26~30岁	111	5.4		5	538	26.3
	31~40岁	344	16.8		6	222	10.9
	41~50岁	1018	49.8		7	121	5.9
	51~60岁	418	20.4	文化程度	小学及以下	175	8.6
	61~65岁	32	1.6		初中	760	37.1
	66岁及以上	18	0.9		高中/职高/中专	824	40.3
婚姻状况	已婚	1863	91.1		大专和本科及以上	273	13.0
	未婚	183	8.9		研究生及以上	14	0.7
个人类别	农民工	417	20.4	身体健康	很不好	58	2.8
	低收入者	463	22.6		不好	169	8.3
	残疾者	48	2.3		一般	969	47.4
	打工人	1118	54.6		好	582	28.4
家庭经济状况	远低于平均水平	276	13.5		很好	268	13.1
	低于平均水平	759	37.1	居住地	农村	800	39.1
	达到平均水平	1011	49.4		城市	1246	60.9

（二）变量的基本信息

本书中测量的变量公共服务、获得感、主观幸福感和相对剥夺的平均数和标准差统计见表7-2，各变量的相关系数也见表7-2。从表中可以发现，公共服务与获得感、主观幸福感存在中等程度的正相关，获得感与幸福感也存在中等程度的正相关，相对剥夺与公共服务、主观幸福感和获得感存在显著的负相关。本书分析了各变量问卷的信度，均达到了测量学的要求。获得感问卷的信度为0.927，公共服务问卷的信度为0.890，主观幸福感问卷的信度为0.891，相对剥夺问卷的信度为0.668。

本书采用的获得感问卷包含四个维度，四个维度的基本信息和相关矩阵见表7-3。从相关矩阵中可以发现，获得感四个维度之间也存在中等程度的相关性。

表7-2 变量的相关矩阵

问卷	M	SD	1	2	3
1. 公共服务	20.72	4.51	1		
2. 获得感	69.41	12.57	0.635**	1	
3. 主观幸福感	16.21	5.61	0.481**	0.583**	1
4. 相对剥夺	13.78	3.64	−0.114**	−0.106**	−.149**

注：**表示 p<0.01

表7-3 获得感各维度的相关矩阵

维度	M	SD	1	2	3
1. 情绪感受	20.96	4.40	1		
2. 具身体验	12.84	2.83	0.543**	1	
3. 自我评价	15.41	3.82	0.681**	0.620**	1
4. 问题解决	20.20	3.99	0.533**	0.605**	0.579**

注：**表示 p<0.01

接着对各测量问卷进行验证性因素分析。采用结构方程模型软件 AMOS21.0 分别检验公共服务、主观幸福感、相对剥夺和获得感四个问卷的结构效度。在验证性因素分析中，对 AMOS21.0 软件采用极大似然估计法（Maximum Likelihood）进行自由估计。根据软件的输出结果，对模型拟合度进行评价。各问卷的模型验证的结果见表7-4，各问卷模型拟合指标较好，结构效度良好，测量数据可靠有效。

表7-4 各测量问卷的验证性因素分析拟合指数

问卷	拟合指数										
	χ^2	df	χ^2/df	p	NFI	RFI	IFI	TLI	CFI	GFI	RMSEA
1. 公共服务	71.902	7	10.272	<0.01	0.989	0.976	0.990	0.978	0.990	0.988	0.067
2. 主观幸福感	19.098	4	4.775	<0.01	0.997	0.991	0.997	0.993	0.997	0.996	0.043

问卷	拟合指数										
	χ^2	df	χ^2/df	p	NFI	RFI	IFI	TLI	CFI	GFI	RMSEA
3. 相对剥夺	11.588	2	5.794	<0.01	0.993	0.979	0.994	0.982	0.994	0.997	0.048
4. 获得感	909.948	178	5.112	<0.01	0.957	0.949	0.965	0.959	0.965	0.959	0.045

（三）数据质量分析

在对模型进行检验分析前，为保证数据的分析质量，对测量变量进行多重共线性检验和共同方法偏差检验。

采用 SPSS 的线性回归分析进行多重共线性检验，将获得感作为因变量，公共服务、主观幸福感和相对剥夺作为自变量，采用"enter"法，进行共线性检验。其中公共服务因素的容忍度为 0.787，VIF 指数为 1.273。主观幸福感因素的容忍度为 0.778，VIF 指数为 1.285。相对剥夺因素的容忍度为 0.975，VIF 指数为 1.025。各变量容忍度均小于 1，VIF 值小于 10，Condition Index 最大为 15.492。从以上指标判断，变量数据之间不存在多重共线性的问题[①]。

接着采用 Harman 单因子检验法对变量进行共同方法偏差检验。将研究中测量的变量公共服务、获得感、主观幸福感和相对剥夺四个因素的测量项目放入因子分析模型中。从输出结果来看，因素分析第一公因子的方差解释百分比为 34.63%，没有达到常用的 40% 的临界标准。基于以上检验结果，认为本书的数据不存在严重的共同方法偏差。

三、模型检验

（一）相对剥夺的调节效应检验

本书构建的获得感生成机制模型包含公共服务、获得感、主观幸福感和相对剥夺四个因素，主观幸福感在公共服务与获得感之间起到中介作用，相对剥夺调节公共服务对获得感和主观幸福感的影响，假设模型为有调节的中介模型。研究假设模型如图 7-1 所示。本书采用 Andrew F 开发的 PROCESS 插件 4.0 进行模型的检验[②]。将数据进行中心化处理后，进行调节效应分析。将性别、年龄、

---

① 郑立新，吴宗文，成新宁. 中国幼儿智力量表（CISYC）短、中期重测信度的研究［J］. 中国临床心理学杂志，2000（1）：43-44；刘明，王永瑜. Durbin-Watson 自相关检验应用问题探讨［J］. 数量经济技术经济研究，2014，31（6）：153-160.

② ANDREW F H. *Introduction to Mediation，Moderation，and Conditional Process Analysis：A Regression - Based Approach*［M］. New York，NY：The Guilford Press，2013.

婚姻状况、社会地位等因素作为控制变量，将公共服务作为自变量，获得感作为因变量，主观幸福感作为中介变量，相对剥夺作为调节变量放入回归方程，运行 PROCESS 程序，以回归系数的显著性作为判别标准。回归分析结果见表7-5。模型1和模型2分别检验相对剥夺在公共服务和主观幸福感、公共服务和获得感之间的调节作用。

表7-5　模型的回归分析结果

	自变量	模型1			模型2		
		β	se	t	β	se	t
1	性别	0.9145**	0.2114	4.3265	1.4515**	0.3938	3.6862
2	年龄	0.4349**	0.1121	3.8806	0.4972*	0.2086	2.3836
3	婚姻状况	-0.2516	0.3965	-0.6459	-1.5134*	0.7354	-2.0579
4	居住地	0.1179	0.2347	0.5024	-0.7576	0.4352	-1.7411
5	社会地位	0.4061**	0.0664	6.1123	0.7090**	0.1234	5..7208
6	文化程度	1.0068**	0.1450	6.9418	0.0945**	0.2721	0.3473
7	身体健康	1.1345**	0.1218	9.3214	0.4426	0.2306	1.9191
8	家庭经济状况	0.9178**	0.1703	5.3901	2.7983**	0.3180	8.7966
9	公共服务	0.4345**	0.0236	18.4602	1.2607**	0.0473	25.5349
10	相对剥夺	-0.0683*	0.0281	-2.4290	0.1011	0.0522	1.9376
11	公共服务 * 相对剥夺	-0.0022	0.0053	-0.4085	0.0305**	0.0098	3.1242
12	主观幸福感				0.6244**	0.0411	15.1820
	R²	0.3582			0.5611		
	F 值	94.5695**			199.8003**		
	ΔR²	0.0001			0.0021**		

注：＊＊表示 p<0.01，＊表示 p<0.05。因变量：获得感

从表7-5中可以看出，部分统计学因素性别、年龄、婚姻状况、社会地位、文化程度和家庭经济状况对获得感具有显著的正向影响。相对剥夺在公共服务与获得感之间起到正向的调节作用，公共服务与相对剥夺的乘积项达到了显著水平（β=0.0305，p<0.01）。相对剥夺在公共服务与主观幸福感之间的调节作用不显著，回归系数为 -0.0022（p=0.6286）。公共服务对获得感具有显著的正向影响（β=1.2607，p<0.01），主观幸福感对获得感也具有显著的正向影响（β=0.6244，p<0.01）。根据 PROCESS 的输出结果，采用简单斜率图进一步更

直观地分析相对剥夺的调节作用，采用平均值加减一个标准差的方法划分高分组和低分组。低分组调节变量取值为-3.6409，高分组调节变量取值为3.6409。根据回归方程，计算出高分组和低分组中自变量公共服务的斜率，分别为1.3718（p<0.01）和1.1496（p<0.01）。采用$Z = (\beta_1 - \beta_2)/\sqrt{S.E.\beta_1^2 + S.E.\beta_2^2}$公式进行两组斜率的差异检验，结果显示Z=2.64（>2.58），p<0.01。

接着采用简单斜率图分析相对剥夺在公共服务与获得感之间的调节作用。如图7-2所示，在相对剥夺较高时，公共服务对获得感具有较强的预测作用（简单效应斜率为1.3718，SE值0.84，t=22.5745，p<0.01）。在相对剥夺较低时，公共服务对获得感具有正向的预测作用（简单效应斜率为1.1496，SE为0.0599，t=18.2922，p<0.01），但相比于高相对剥夺组，其预测作用较弱。这表明随着相对剥夺水平的提高，公共服务对获得感的影响逐渐变强。

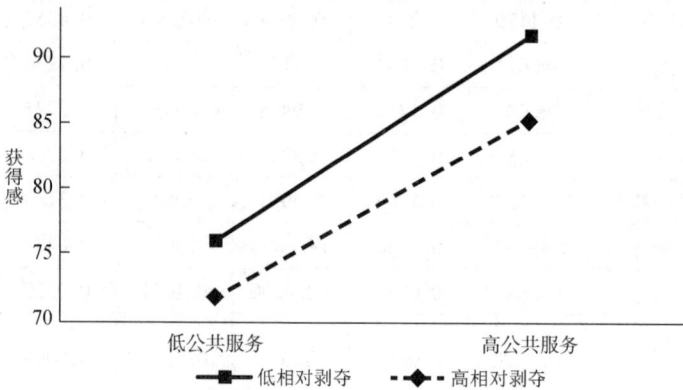

图7-2　相对剥夺的调节效应

（二）主观幸福感的中介效应检验

本书接着对主观幸福感在公共服务和获得感之间的中介效应进行检验。采用PROCESS程序进行检验。将人口统计学变量作为控制变量，获得感作为因变量，公共服务作为自变量，主观幸福感作为中介变量。本书采用Bootstrap法进行中介效应检验，重复取样设置为5000次，以置信区别是否包括0作为判别依据。中介效应检验结果见表7-6。模型1为公共服务对获得感的影响分析。模型2为公共服务对主观幸福感的影响分析。模型3为同时包含公共服务和主观幸福感对获得感的影响。公共服务对获得感的主效应具有统计学意义（β=1.4787，p<0.01），公共服务对主观幸福感的影响达到显著水平（β=0.4384，p<0.01）。当将公共服务和主观幸福感同时放入回归方程时，公共服务对获得感的影响仍然达到显著水平（β=1.2076，p<0.01）。

表 7-6 中介效应分析

自变量		模型 1			模型 2			模型 3		
		β	se	t	β	se	t	β	se	t
1	性别	1.9816 **	0.4119	4.8106	0.9684 **	0.2104	4.6027	1.3828 **	0.3930	3.5188
2	年龄	0.7616	0.2196	3.4682	0.4323 **	0.1122	3.8540	0.4943 *	0.2092	2.3631
3	婚姻	−1.6198 *	0.7768	−2.0851	−0.2839	0.3968	−0.7155	−1.4442 *	0.7373	−1.9587
4	居住地	−0.7008	0.4598	−1.5241	0.1133	0.2348	0.4823	−0.7709	0.4364	−1.7665
5	社会地位	0.9808 **	0.1300	7.5460	0.4072 **	0.0664	6.1330	0.7290 **	0.1245	5.8561
6	文化程度	0.6904 **	0.2840	4.7401	1.0081 **	0.1451	6.9498	0.0669	0.2727	0.2455
7	身体健康	1.1306 **	0.2385	4.4701	1.1476 **	0.1218	9.4195	0.4210	0.2313	1.8203
8	家庭经济状况	3.3459 **	0.3319	10.0813	0.9597 **	0.1695	5.6609	2.7525 **	0.3175	8.6705
9	公共服务	1.4787 **	0.0461	32.0478	0.4384 **	0.0236	18.6010	1.2076 **	0.0474	15.0140
10	主观幸福感							0.6184 **	0.0412	15.0149
	R^2	0.5090			0.3563			0.5580		
	F 值	210.9361			112.6267 **			233.3999 **		

注: **表示 $p<0.01$, *表示 $p<0.05$ 。因变量: 获得感

数据分析发现主观幸福感起到部分中介作用。公共服务通过主观幸福感影响获得感的间接效应值为 0.2711,其 95% 的置信区间为 [0.2257, 0.3177],置信区间中不包括零。这表明主观幸福感在公共服务与获得感之间起到的中介作用具有显著性,中介效应占 18.33%。

（三）获得感分维度的检验分析

本书接着对弱势群体获得感四个维度分别进行模型检验。获得感包含情绪感受、具身体验、自我评价和问题解决四个维度。在获得感分维度检验中,将

四个维度分别纳入分析模型，进行中介效应和调节效应的分析。

对获得感的情绪感受维度进行模型检验。相对剥夺在公共服务和获得感的情绪感受维度之间起到了调节作用（β = 0.0101，t = 2.5411），相对剥夺水平越高，公共服务对获得感的影响就越强。接着进行中介效应检验。公共服务通过主观幸福感影响情绪感受的间接效应值为 0.1011，其 95% 的置信区间为 ［0.0843，0.1194］。这表明主观幸福感在公共服务与获得感之间起到的中介作用具有显著性，中介效应占 23.17%。

接着对获得感的具身所得维度进行模型检验。相对剥夺在公共服务和获得感的情绪感受维度调节作用不显著（β = 0.0028，t = 1.0547）。接着进行中介效应检验。公共服务通过主观幸福感影响具身体验的间接效应值为 0.0456，其 95% 的置信区间为 ［0.0352，0.0563］。这表明主观幸福感在公共服务与获得感之间起到的中介作用具有显著性，中介效应占 20.77%。

本书接着对自我评价维度进行模型检验。相对剥夺在公共服务和获得感的自我评价维度之间起到了调节作用（β = 0.0104，t = 3.1283），相对剥夺水平越高，公共服务对获得感自我评价维度的影响就越强。接着进行中介效应检验。公共服务通过主观幸福感影响自我评价的间接效应值为 0.0804，其 95% 的置信区间为 ［0.0663，0.0952］。这表明主观幸福感在公共服务与获得感之间起到的中介作用具有显著性，中介效应占 22.06%。

本书接着分析获得感最后一个维度问题解决。相对剥夺在公共服务和获得感的问题解决维度之间起到了调节作用（β = 0.0072，t = 1.9721），相对剥夺水平越高，公共服务对获得感的影响就越强。接着进行中介效应检验。公共服务通过主观幸福感影响情绪感受的间接效应值为 0.0440，其 95% 的置信区间为 ［0.0304，0.0587］。这表明主观幸福感在公共服务与获得感之间起到的中介作用具有显著性，中介效应占 9.59%。

从对获得感分维度的模型检验结果来看，获得感四个维度中三个维度符合模型假设。在情绪感受、自我评价和问题解决三个维度中，相对剥夺起到了调节作用，主观幸福感起到了部分中介作用。但对具身所得维度，相对剥夺的调节作用未达到显著水平，主观幸福感的部分中介作用显著。

（四）理论模型总结

根据 PROCESS 程序输入的有调节的中介模型结果，并参考已有研究做法[1]

---

[1]　马增林，李莜莜，于璟婷. 工作获得感对新生代农民工创新行为的影响：基于创新自我效能的中介和组织支持的调节 [J]. 东北农业大学学报（社会科学版），2021，19（6）：26-36.

对相对剥夺关于中介变量主观幸福感、公共服务对获得感的调节效应进行分析。在 BOOTSTARP 5000、95%的置信区间调节下，有调节的中介模型检验结果见表7-7。从表7-7中可以发现，在相对剥夺水平较低时，主观幸福感的中介效应为0.2767，95%的置信区间不包括零。在相对剥夺水平较高时，主观幸福感的中介作用为0.2670，95%的置信区间不包括零。这说明主观幸福感的中介效应在高低相对剥夺水平条件下始终存在中介效应。相对剥夺在公共服务与主观幸福感之间的调节作用未达到显著水平，对中介变量主观幸福感的调节效应不显著，但中介变量的中介效应始终显著。

表7-7　有调节的中介效应模型回归结果

	调节变量	效应值	标准误	95%置信区间
主观幸福感的中介效应	低相对剥夺	0.2767	0.0260	[0.2267, 0.3299]
	高相对剥夺	0.2670	0.0250	[0.2181, 0.3170]
	有调节的中介效应模型指数	-0.0013	0.0032	[-0.0078, 0.0050]

　　通过调节效应和中介效应检验发现，研究模型基本得到验证，中介模型和调节模型基本成立。公共服务通过主观幸福感的部分中介作用对获得感产生正向影响，相对剥夺正向调节了公共服务对获得感的影响。本书分析了公共服务如何直接和间接影响获得感，而且分析了在不同相对剥夺水平下，公共服务对获得感影响的强弱。

　　在对模型进行检验后，根据数据分析结果，弱势群体获得感的生成机制模型如图7-3所示。

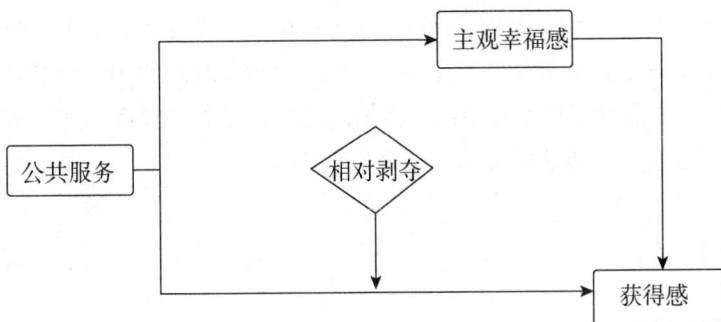

图7-3　获得感的生成机制模型

第四节　获得感在各因素上的差异检验

本书对人口统计学因素进行了测量，通过 t 检验和方差分析对获得感在不同统计学因素上的差异进行检验分析。

一、获得感在性别和年龄上的差异检验

（一）获得感在性别因素上的差异检验

在性别因素上，通过独立样本 t 检验分析获得感在性别因素上的差异。男性获得感平均值为 67.3768，标准差为 13.3788；女性获得感平均值为 70.6349，标准差为 11.9028。t 值为 5.718，$p<0.01$。女性获得感显著高于男性。

（二）获得感在年龄因素上的差异检验

本书采用 ANOVA 和事后检验对获得感在年龄因素上的差异进行检验。年龄因素按照年龄大小进行分组。18 岁（不含）以下为一组，18 至 25 岁为一组，26 至 30 岁为一组，31 至 40 岁为一组，41 至 50 岁为一组，51 至 60 岁为一组，61 岁以上为一组。通过 ANOVA 分析发现，获得感在年龄因素上存在显著差异（F 值为 2.305，$p=0.024$）。18 岁以下样本是未成年人，大部分属于在校学生，需要家庭抚养，与本书中弱势群体的研究关联较弱，不做深入分析。

获得感在年龄因素上存在显著差异，整体呈现出中间低、两头高的态势。31~60 岁年龄组的获得感较低，61 岁及以上年龄组和 18~30 岁年龄组的获得感较高。26~30 岁年龄组的获得感最高，其次是 61 岁及以上年龄组和 18~25 岁年龄组。获得感较低的是 31~40 岁年龄组、51~60 岁年龄组和 41~50 岁年龄组。

在方差分析发现获得感在不同年龄组之间存在显著差异后，进行事后检验。采用 LSD 方法进行多重比较分析，结果见表 7-8。

表 7-8　获得感在不同年龄组的事后比较

年龄	组别	Mean Difference (I-J)	S. E.	p	95%置信区间	
					下限	上限
26~30 岁	18 岁以下	6.1875	3.3546	0.065	-0.3913	12.7663
	18 至 25 岁	2.2727	1.7906	0.204	-1.2388	5.7842
	31 岁至 40 岁	3.7849*	1.3694	0.006	1.0993	6.4704
	41 岁至 50 岁	4.0059*	1.2539	0.001	1.5468	6.4650
	51 岁至 60 岁	3.8995*	1.3395	0.004	1.2726	6.5264
	61 岁至 65 岁	1.8485	2.4873	0.457	-3.0294	6.7264

注：*表示 p<0.05

二、获得感在婚姻和居住地的差异检验

（一）获得感在婚姻状况因素上的差异检验

对获得感在婚姻状况方面的差异进行 t 检验。已婚者获得感平均值为 67.7144，标准差为 12.4174；未婚者获得感平均值为 66.3497，标准差为 13.7221。t 值为 3.1915，p<0.01，差异达到显著水平。

（二）获得感在居住地因素上的差异检验

对获得感在居住地方面的差异进行检验。居住在城镇地区的被调查者获得感高于居住在农村地区的被调查者。农村地区被调查者的获得感均值为 68.4063，标准差为 12.6249；城镇地区被调查者的获得感均值为 70.0602，标准差为 12.5015。t 值为 2.909，p<0.01。

三、获得感在身体健康和不同类别上的差异检验

（一）获得感在身体健康因素上的差异检验

本书对获得感在不同身体健康水平上的差异进行检验。采用方差分析和 LSD 事后检验的方法进行差异检验。身体健康分为很不好、不好、一般、好和很好五个水平。获得感在不同身体健康水平上存在显著差异（F 值为 60.615，p=0.000）。获得感在不同的身体健康水平之间存在显著差异，接着进行 LSD 事后检验。多重比较结果见表 7-9。

表 7-9 获得感在身体健康水平上的差异分析

身体健康	类别	Mean Difference (I-J)	S. E.	p	95%置信区间	
					下限	上限
不好	很不好	2.7125	1.8107	0.134	-0.8384	6.2634
	一般	-2.6066*	.9919	0.009	-4.5517	-.6614
	好	-8.7807*	1.0397	0.000	-10.8196	-6.7418
	很好	-11.9316*	1.1687	0.000	-14.2236	-9.6396
一般	很不好	5.3191*	1.6084	0.001	2.1649	8.4733
	不好	2.6066*	.9919	0.009	0.6614	4.5517
	好	-6.1741*	.6240	0.000	-7.3978	-4.9504
	很好	-9.3250*	.8212	0.000	-10.9354	-7.7146
好	很不好	11.4932*	1.6383	0.000	8.2803	14.7061
	不好	8.7807*	1.0397	0.000	6.7418	10.8196
	一般	6.1741*	.6240	0.000	4.9504	7.3978
	很好	-3.1509*	.8783	0.000	-4.8734	-1.4284
很好	很不好	14.6441*	1.7231	0.000	11.2649	18.0233
	不好	11.9316*	1.1687	0.000	9.6396	14.2236
	一般	9.3250*	.8212	0.000	7.7146	10.9354
	好	3.1509*	.8783	0.000	1.4284	4.8734

注：*表示 p<0.05

（二）获得感在不同类别弱势群体上的差异检验

对获得感在不同类别弱势群体上的差异进行检验。弱势群体类别主要是农民工、低收入者、身体残疾者和打工人。打工人和农民工的获得感高于低收入者与残疾人的获得感。不同类别间存在显著差异（F 值为 12.093，p = 0.000）。方差分析发现获得感在不同类别弱势群体中存在显著差异后，进行 LSD 事后检验，结果见表 7-10。

表 7-10 获得感在不同类别弱势群体的事后比较

类别	组别	Mean Difference (I-J)	S. E.	p	95%置信区间	
					下限	上限
打工人	农民工	2.0415*	.71563	0.004	3.4449	2.0415*
	低收入者	3.8912*	0.6893	0.000	5.2429	3.8912*
	身体残疾者	4.3113*	1.8384	0.019	7.9165	4.3113*
农民工	低收入者	1.8497*	0.8420	0.028	3.5009	1.8497*
	身体残疾者	2.2698	1.9009	0.233	5.9977	2.2698
	打工人	-2.0415*	.7156	0.004	-0.6380	-2.0415*

注: *表示 p<0.05

四、获得感在主观社会地位、文化程度和家庭经济状况上的差异检验

（一）获得感在主观社会地位因素上的差异检验

在主观社会地位因素上，检验获得感是否存在显著差异。主观社会地位采用自评的社会地位，等级为 1~10。整体上呈现出获得感随社会地位的提升而增加的趋势。弱势群体自认为的社会地位越高，获得感也越高。方差分析显示不同主观社会地位之间存在显著差异（F 值为 57.988，p=0.000）。获得感在主观社会地位因素上的差异达到显著水平后，进行 LSD 事后检验，结果见表 7-11。第 2 组分别与其他组进行比较，第 7 组分别与其他组进行比较。

表 7-11 获得感在不同主观社会地位差异的事后比较

主观社会地位	组别	Mean Difference (I-J)	S. E.	p	95%置信区间	
					下限	上限
2	1	1.8566	1.0173	0.068	-0.1384	3.8517
	3	-2.8586*	0.9998	0.004	-4.8193	-0.8977
	4	-4.8592*	1.0290	0.000	-6.8772	-2.8412
	5	-8.5221*	0.9211	0.000	-10.3284	-6.7158
	6	-11.7887*	1.0985	0.000	-13.9429	-9.6344
	7	-13.4040*	1.3099	0.000	-15.9729	-10.8351

主观社会地位	组别	Mean Difference (I-J)	S. E.	p	95%置信区间	
					下限	上限
7	1	15. 2606*	1. 2480	0. 000	12. 8131	17. 7081
	2	13. 4040*	1. 3099	0. 000	10. 8351	15. 9729
	3	10. 5454*	1. 2338	0. 000	8. 1257	12. 9651
	4	8. 5448*	1. 2576	0. 000	6. 0785	11. 0110
	5	4. 8819*	1. 1709	0. 000	2. 5857	7. 1782
	6	1. 61533	1. 3153	. 219	−0. 9636	4. 1943

注：* 表示 p<0. 05

（二）获得感在文化程度因素上的差异检验

本书采用方差分析和事后检验对获得感在文化程度因素上的差异进行检验。文化程度主要分为小学及以下、初中、高中/职高/中专、大专和本科、研究生及以上。获得感在文化程度上存在显著差异（F 值为 10. 676，p＝0. 000）。获得感随着文化程度的提高而增加，但研究生及以上文化程度的获得感稍低。从方差分析中可以发现，获得感在文化程度上存在显著差异。接着采用 LSD 事后检验进行多重比较，结果见表 7-12。

表 7-12　获得感在文化程度上的事后比较

文化程度	类别	Mean Difference (I-J)	S. E.	p	95%置信区间	
					下限	上限
小学及以下	初中	−2. 5882*	1. 0443	0. 013	−4. 6363	−0. 5401
	高中/职高/中专	−1. 8191	1. 0367	0. 079	−3. 8522	0. 2140
	大专和本科	−6. 8508*	1. 2061	0. 000	−9. 2162	−4. 4854
	研究生及以上	−3. 2886	3. 4595	0. 342	−10. 0730	3. 4958
初中	小学及以下	2. 5882*	1. 0443	0. 013	0. 5401	4. 6363
	高中/职高/中专	. 76911	0. 6264	0. 220	−0. 4594	1. 9976
	大专和本科	−4. 2627*	0. 8789	0. 000	−5. 9862	−2. 5391
	研究生及以上	−. 7004	3. 3594	0. 835	−7. 2885	5. 8878

文化程度	类别	Mean Difference (I-J)	S. E.	p	95%置信区间	
					下限	上限
高中/职高/中专	小学及以下	1.8191	1.0367	0.079	-0.2140	3.8522
	初中	-.7691	0.6264	0.220	-1.9976	0.4594
	大专和本科	-5.0317*	0.8698	0.000	-6.7375	-3.3260
	研究生及以上	-1.4695	3.3570	0.662	-8.0530	5.1141
大专和本科	小学及以下	6.8508*	1.2061	0.000	4.4854	9.2162
	初中	4.2627*	0.8789	0.000	2.5391	5.9862
	高中/职高/中专	5.0317*	0.8698	0.000	3.3260	6.7375
	研究生及以上	3.5623	3.4132	0.297	-3.1313	10.2559
研究生及以上	小学及以下	3.2886	3.4595	0.342	-3.4958	10.0730
	初中	.7004	3.3594	0.835	-5.8878	7.2885
	高中/职高/中专	1.4695	3.3570	0.662	-5.1141	8.0530
	大专和本科	-3.5623	3.4132	0.297	-10.2559	3.1313

注：* 表示 p<0.05

（三）获得感在家庭经济状况上的差异检验

本书接着对获得感在不同家庭经济水平因素上的差异进行检验。家庭经济水平分为 5 个水平，分别是远低于平均水平、低于平均水平、达到平均水平、高于平均水平和远高于平均水平。由于本书主要调查对象为弱势群体，无人选择家庭经济水平高于和远高于平均水平的选项。弱势群体的家庭经济水平能达到平均水平，在弱势群体中已经是最高水平。反映出家庭经济水平是社会地位的重要影响因素，未发现家庭经济水平较高而身处弱势地位的人群。方差分析结果显示获得感在不同家庭经济水平之间存在显著差异（F 值为 228.655，p = 0.000）。在方差分析显著后，进行 LSD 事后检验，结果见表 7-13。从事后检验中发现，达到平均水平的被调查者其获得感最强，其次是低于平均水平的被调查者，最后是远低于平均水平的被调查者，且各个等级之间存在显著差异。

表 7-13　获得感在不同家庭经济水平上的事后比较

类别	组别	Mean Difference (I-J)	S. E.	p	95%置信区间	
					下限	上限
平均水平	远低于平均水平	14.8245*	0.7722	0.000	13.3101	16.3389
	低于平均水平	8.0821*	0.5461	0.000	7.0111	9.1531
低于平均水平	远低于平均水平	6.7424*	0.7992	0.000	5.1750	8.3098
	平均水平	-8.0821*	0.5461	0.000	-9.1531	-7.0111

注：*表示 p<0.05

第五节　讨论分析

本书通过文献分析、理论建构和数据检验，发现弱势群体获得感在不同人口统计学因素上存在差异，并检验了弱势群体获得感的产生过程。本书接着对获得感的差异检验进行分析，对差异产生过程进行讨论分析。

一、获得感在统计变量上的差异分析

个体主义视角认为，获得感受到个体人口学特征和家庭因素的影响，如性别、年龄、家庭经济状况等。本书对获得感在个体因素上的差异进行分析。

（一）获得感的性别差异分析

本书分析发现，获得感在性别因素上存在显著差异，女性获得感显著高于男性（t 值为 5.718，p<0.01）。以往对获得感在性别因素上的差异研究出现不一致的情况：女性获得感高于男性，女性获得感低于男性，二者无显著差异。有研究者发现女性的获得感高于男性。于洋航对城市社区的研究发现，女性群体的获得感高于男性[1]。王积超和闫威对城市居民的获得感分析发现，女性比男性的获得感更强烈[2]。这可能是因为在社会生活中，男性面临更为严峻的竞争环境，较大的工作和生活压力，影响了自身的获得感。

有研究发现，女性群体的获得感低于男性。梁土坤对低收入家庭经济获得

---

① 于洋航. 城市社区公共服务、生活满意度与居民获得感 [J]. 西北人口，2021，42 (3)：78-90.

② 王积超，闫威. 相对收入水平与城市居民获得感研究 [J]. 中央财经大学学报，2019 (10)：119-128.

感的研究发现，女性成员的经济获得感低于男性①。冀潜等人对中部某地的调查发现，男性的获得感高于女性，原因是女性自认为其遭遇的社会不公平程度高于男性，社会公平是女性获得感提升的短板②。郑建君研究也发现，在获得感的整体和各维度得分上，男性获得感高于女性③。男性在收入、家庭经济地位和社会流动等方面的获得感高于女性。但也有研究发现，获得感在性别因素上不存在显著差异。徐延辉和李志滨对城市居民的获得感调查发现，获得感在性别上没有显著差异④。

本书认为，关于获得感性别差异研究之间的不一致现象，存在多种原因，需要进一步区分不同情况进行分析。一是在涉及收入和社会公平等方面的获得感时，女性低于男性。在与社会生活相关的方面，女性的获得感较低。可能是因为女性在社会生活中相对处于劣势，体能和劳动力较弱，造成获得感较低。这仅仅针对经济获得感而言。低收入家庭的生活比较困难，各种生活和日常开支大多为女性负责，女性成员更能感受到低收入对获得感的制约作用。但从整体获得感来看，经济获得感只是获得感的一个方面，获得感与经济收入并不完全一致。如果从经济、政治、文化、社会和生态等方面综合来看，整体综合的获得感可能并非如此。二是在涉及纵向社会发展比较方面，在社会生活中处于劣势的女性更能感受到社会发展和生活改善，对社会进步的感受更为强烈，获得感高于男性。处于弱势群体类别中的女性，对社会发展水平更为敏感，随着社会生活水平提高和公共服务改善，更能体验到获得感的增长。三是在涉及女性自身相对占优势的领域，女性的获得感较高。如与家庭生活联系密切、女性占据优势的行业中，女性发挥较强影响力，获得感较高。四是以往研究以一般意义上的社会民众为调查对象，并未特别针对弱势群体女性进行分析，对弱势群体的特征关注较少，对弱势群体获得感的性别差异研究薄弱。

（二）获得感的年龄差异分析

研究发现，获得感在年龄上存在显著差异。获得感在年龄因素上大致呈现

① 梁土坤. 环境因素、政策效应与低收入家庭经济获得感：基于2016年全国低收入家庭经济调查数据的实证分析 [J]. 现代经济探讨，2018（9）：19-30.

② 冀潜，黄修远，刘金果. 河南城乡居民2021年获得感、幸福感、安全感调查问卷分析 [J]. 统计理论与实践，2022（5）：68-70.

③ 郑建君. 中国公民美好生活感知的测量与现状：兼论获得感、安全感与幸福感的关系 [J]. 政治学研究，2020（6）：89-103，127-128.

④ 徐延辉，李志滨. 社会质量与城市居民的获得感研究 [J]. 南开学报（哲学社会科学版），2021（4）：169-181.

出中间低，两头高的态势。这种差异与不同年龄段面临的工作生活问题、社会比较对象存在一定关联。年龄较大人群的获得感较高。61 岁及以上年龄组被调查者，基本处于退休养老的生活状态，这一阶段最为关注的是身体健康问题。特别是新冠疫情暴发以来，老年人成为疫情的易感人群，获得感受到冲击较大。但随着我国医疗保障事业的快速发展，老年人所担忧的医疗保障问题及时得到解决，老年人负担较为沉重的医疗和健康费用大幅降低，大大缓解了老年人的健康压力，身体健康得到保障。随着政府提供的公共医疗服务不断改善，老年人负担的医药费、治疗费等费用大幅下降，直接提升了老年人的获得感。并且随着我国对新冠病毒提供免费治疗和疫苗接种，为 61 岁及以上老年人提供了健康保障，解除了后顾之忧，因此其获得感得到增强。特别是 61 岁及以上的弱势人群中，对由公共服务改善而带来的医疗保障感受更为深刻。此外，国家大力推行便利老年人的社会生活的适老化改造，也使老年人生活更加方便快捷，较大程度上提升了获得感。从社会发展阶段来看，61 岁及以上的老年人，大多出生于 20 世纪 60 年代之前，经历了社会主义革命和建设时期、改革开放再到社会主义现代化建设新时期、中国特色社会主义新时代等历史阶段，对我国社会经济发展从逐渐解决温饱到基本实现小康，再到全面建设社会主义时期的发展成果有较为深刻的体验，所享受到的公共服务也逐渐增加。在其纵向的社会比较中，能够感受到社会发展进步的成果，具身感受到我国从站起来、富起来到强起来的过程，比较效应显著，获得感较高。

在中间年龄段的人群获得感较低，这部分人群目前处于社会生活中的主要位置，是工作、家庭和社会生活的支柱，面临较大的工作和生活压力，在工作、健康和生活中面临诸多问题，影响获得感的提升。刘蓉等人对基本公共服务获得感的研究也发现，青年群体的获得感显著低于中年群体和老年群体[①]。中青年人进行社会比较时，容易选取比较典型的同龄成功人士进行比较，缺少知足常乐的心态。特别是弱势群体中的中青年人，在面临工作、生活和家庭等方面的问题时，往往处于一种"孤勇者"的境地，不像老年人能够求助于子女。老年人群选择与自己以往的状态进行比较，感受到社会生活的巨大改善，容易产生获得感。这种社会比较的差异可能是由于社会环境变迁引起人们对得失判断的参考对象选取不同。

26~30 岁年龄组的获得感高于其他年龄组，可能存在以下几个原因。一是

---

① 刘蓉，晋晓姝，李明. 基本公共服务获得感"逆龄化"分布与资源配置优化：基于社会代际关系差异的视角 [J]. 经济研究参考，2022（12）：94–112.

从宏观层面来看，这部分人出生在 20 世纪 90 年代初期至中期，这一时期处于我国从实现温饱到基本达到小康水平的快速发展时期，社会生活条件提升较快，经济发展增速较高，GDP 增速基本保持在两位数以上。这一时期出生的被调查者处于生活水平快速改善的时期，公共服务增加较快，获得感较高。二是从微观层面来看，这一年龄段的被调查者处于家庭和事业的初创期，在社会中立足并站稳脚跟，还可以得到来自父母的支持帮助，正处于积极乐观、蓬勃发展、实现人生目标的阶段，动力和精力较为充沛，身体机能处于较高水平，不像其他年龄组被调查者面临着照顾子女、赡养老人、自身衰老等问题。

以往研究也发现获得感在年龄因素上的差异。于洋航的分析发现，获得感基本呈现出两头高中间低的态势①。中间年龄段的人群获得感最低，年龄较大人群的获得感较高。黄艳敏和张文娟等对居民获得感的研究发现，尽管中青年人群的实际收入高于老年群体，实际获得方面的年龄优势非常明显，但在获得感上老年人群远高于中青年人群②。王积超和闫威对城市居民的获得感调查发现，年龄与居民获得感之间是一种"U"形关系，获得感与年龄之间存在着拐点③。徐延辉和李志滨对城市居民获得感的分析也发现相似的特点，获得感呈现出随着年龄增长开始下降，但当达到一定年龄后，获得感开始增加的趋势④。老年人的获得感高于中年人和年轻人，年龄越大的被调查者获得感越强。

（三）获得感的婚姻差异分析

本书分析发现，获得感在婚姻状况因素上存在显著差异，已婚者的获得感显著高于未婚者的获得感。已有研究也发现获得感在婚姻状况上的差异，梁土坤对农村低收入人群的经济获得感对比分析发现，婚姻关系有利于提升经济获得感，已婚群体的经济获得感显著高于未婚和离异群体⑤。本书将婚姻状况分为已婚和未婚，对离异和丧偶未做区分。未来研究可将其进行细化分类研究。

已婚者拥有家庭，能够得到亲密关系和家庭支持，在情绪感受和自我评价

---

① 于洋航. 城市社区公共服务、生活满意度与居民获得感 [J]. 西北人口，2021，42（3）：78-90.

② 黄艳敏，张文娟，赵娟霞. 实际获得、公平认知与居民获得感 [J]. 现代经济探讨，2017（11）：1-10，59.

③ 王积超，闫威. 相对收入水平与城市居民获得感研究 [J]. 中央财经大学学报，2019（10）：119-128.

④ 徐延辉，李志滨. 社会质量与城市居民的获得感研究 [J]. 南开学报（哲学社会科学版），2021（4）：169-181.

⑤ 梁土坤. 环境因素、政策效应与低收入家庭经济获得感：基于 2016 年全国低收入家庭经济调查数据的实证分析 [J]. 现代经济探讨，2018（9）：19-30.

方面有较高的倾向，获得感高于未婚者。这种差异体现了婚姻和家庭对个体获得感的保护和支持作用。婚姻能够给个体提供相对稳定的情感支持和经济保障，从而提升获得感。

（四）获得感在居住地因素上的差异分析

本书分析发现，获得感在居住地因素上存在显著差异，居住在城镇地区人群的获得感显著高于居住在农村地区人群的获得感。以往研究也有类似的发现。黄艳敏和张文娟等分析发现，乡村居民自我报告拥有获得感的人群比例显著低于城镇地区，城乡二元分布的差异还未完全消除①。郑建君研究也发现，不同类型的居住地对获得感存在一定影响，居住在城镇人群的获得感高于农村地区人群的获得感，城镇居民在社会发展和民生改善方面的获得感较高②。余泓波的研究也发现，由于城镇社会服务类的公共服务供给水平显著高于乡村，城镇样本的获得感显著高于乡村样本③。

居住在城镇地区的被调查者，能够享受到城镇中的便利条件、相对完善的公共服务等各种资源，获得感较高。农村地区的公共服务和生活便利程度低于城镇地区，医疗和教育资源落后于城镇地区，获得感较低。已有研究也发现获得感存在空间差异。未来在公共服务上应注重不同地区居民的服务均等化，统筹城乡发展，提升公共服务获得感。

（五）获得感在不同类别弱势群体上的差异分析

本书发现获得感在弱势群体内部也存在差异。不同类别的弱势群体获得感存在显著差异。打工人的获得感最高，其次是农民工，低收入者和身体残疾者获得感最低。打工人的弱势处境主要体现在社会地位和社会认同上，打工人在经济收入上并非必然处于弱势。打工人在收入上可能高于其他三类弱势群体。随着国家和社会对农民工权益保障的增强，劳动密集型行业的收入也在增加，农民工的收入得到较大增长，获得感也较高。而身体残疾者由于身体机能的不足，在生活和工作方面处于弱势，影响了收入的提升，获得感较低。低收入者因为收入较低，削弱了获得感的物质基础，制约了获得感的提高。打工人和农民工的弱势处境主要是缺乏社会认同和社会地位，低收入者和身体残疾者的弱

---

① 黄艳敏，张文娟，赵娟霞. 实际获得、公平认知与居民获得感 [J]. 现代经济探讨，2017（11）：1-10，59.

② 郑建君. 中国公民美好生活感知的测量与现状：兼论获得感、安全感与幸福感的关系 [J]. 政治学研究，2020（6）：89-103，127-128.

③ 余泓波. 公共服务的个体化分布如何影响个体获得：小城镇与乡下村落样本的比较分析 [J]. 深圳社会科学，2023，6（2）：99-110.

势处境主要受收入所制约。不同类别的弱势群体成员存在一定差异，随着我国全面消除贫困和共同富裕的逐渐实现，未来由经济收入所造成的弱势群体将逐渐减少，而弱势群体的差异将主要体现在社会认同和社会地位上。

（六）获得感在主观社会地位上的差异分析

本书发现获得感在主观社会地位上存在显著差异。主观社会地位越高，伴随的获得感也越高。以往研究也发现社会地位是获得感的重要影响因素。李斌和张贵生对城市居民研究发现，个体的社会经济地位越高，其感知到的城市公共服务获得感也越强①。个体只要觉得自身的相对位置有所提升，往往就会拥有更高的获得感。朱英格等的调查还发现，主观社会阶层对获得感存在显著的正向影响，主观社会阶层越高，获得感也越强②。主观社会阶层对居民的获得感具有正向的预测作用。主观社会阶层通过降低个体的社会排斥和增加个体的社会支持来提升获得感。

主观社会地位反映了个体对自身在社会生活中的自我感知与评价。自评的社会地位越高，说明个体对自己在社会中的横向比较结果越满意，自己处于优于他人的境地，满足感较高。因而获得感随着主观社会地位的提高而提升。社会比较理论认为，个体通过与他人的比较来形成对于自身所处社会阶层的主观认知，主观社会阶层认知越高，体验到的获得感也越高。

在主观社会地位中，处于较低水平的第一级和第二级获得感差异不显著，处于较高水平的第六级和第七级的主观社会地位获得感差异也不显著。对弱势群体而言，较低的主观社会地位反映出被调查者对自身在社会中的地位不满意，即使增加一个等级，仍然处于较低的主观社会阶层，仍未摆脱社会阶层低下的状态。特别是弱势群体叠加较低的主观社会地位，在主客观方面的弱势进一步突显，获得感处于较低水平。而主观社会阶层较高的被调查者，虽然没有达到较高的等级，如第八、第九、第十级，但相对于弱势群体而言已经达到较高的主观社会地位，对自己的社会境况的认知已经处于非常满意的水平，在主观社会阶层的提升上达到了瓶颈状态。弱势群体能够达到第六、第七等级的主观社会地位，已是弱势群体中自我价值较高的人群，其满意度和获得感处于高位，即使提高一个主观社会等级，其获得感也基本达到瓶颈状态，能够提升的获得感潜力几乎挖掘殆尽。因而第六和第七等级的被调查者其获得感差异未达到显

---

① 李斌，张贵生. 居住空间与公共服务差异化：城市居民公共服务获得感研究 [J]. 理论学刊，2018（1）：99-108.

② 朱英格，董妍，张登浩. 主观社会阶层与我国居民的获得感：社会排斥和社会支持的多重中介作用 [J]. 中国临床心理学杂志，2022，30（1）：111-115.

著水平。

本书还发现，尽管被调查者自我归类为弱势群体，但在主观社会地位上，有六分之一的弱势群体的选择超过中间水平，但没有超过较高水平。这种情况表明随着我国社会经济的发展，部分弱势群体分享到了社会发展的成果，处境有所改善，这部分人群逐渐摆脱弱势地位，自我评价有所提升。因此，这部分弱势群体虽然仍自我归类为弱势群体，但在主观社会地位上有较大提升，自评为处于中高等级的主观社会地位。但没有弱势群体被调查者选择较高的社会地位，第八级、第九级和第十级的主观社会地位无人选择。表明弱势群体自我评价上升的幅度有限，改善了的弱势群体仍然是弱势群体，弱势群体对自身具有相对清晰准确的认识，即使处境改善，仍没有摆脱弱势处境，主观社会地位没有达到较高的水平。

（七）获得感在受教育程度上的差异分析

本书数据分析发现，获得感在受教育程度上存在显著差异。文化程度越高，获得感也越高，但达到研究生及以上水平后不再增加。

在文化程度因素方面，弱势群体获得感呈现出几个特点。一是获得感水平随文化程度的提高而提升，但在研究生及以上水平上差异不显著。随着学历的提升，拥有的知识、技能也得到提高，在就业、工作和社会生活中的资源和便利条件增多，有利于提升获得感。较高的受教育程度意味着知识的价值得到社会认同，拥有更多的资源，获得感较高。但在研究生水平及以上，获得感增加水平未达到显著。可能随着学历提高到一定程度，学历增加对获得感的提升作用达到一定水平后，学历提升所需的教育成本和投入大大增加，而获得感并未成比例增加。提升学历带来获得感提升的边际效益下降，获得感提升未达到预期水平。并且随着学历提升，人们的高层次和高质量需求相应增长，对获得感的内容提出了更高要求，对获得感提升提出更高的标准。二是文化程度最低者，其获得感也最低。小学文化程度的被调查者获得感远低于其他文化程度的被调查者。这是因为小学文化程度未完成义务教育阶段的学习，在就业和社会生活方面存在诸多不便，甚至难以达到最低的就业要求，只能从事几乎不要求学历技能的工作，获得感较低。初中文化程度完成了义务教育，达到了就业的基本要求，在学历上具有相对优势，获得感有所提升。并且现阶段小学及以下文化程度的被调查者大多年龄较大，不但在文化上劣势明显，在年龄和身体素质上也处于弱势，影响了获得感的提升。三是高中、职高和中专文化程度的被调查者获得感也较高，但与初中和小学及以下文化程度者相比，差异未达到显著水平。高中文化程度的被调查者大多是未能成功获得高等教育的人，在劳动市场上大多从事较为初级的工作，收入有待提升；并且与同龄人相比，在社会生活、技能方面并不具有优势。获得感虽有提升，但并未达到显著水平。四是大专和本科文化程度的被调查者获得感最高，这部分人群具有学历上的相对优势，又具备一定的专业技能，年龄一般是中青年，是社会各行各业的主要支柱，在社会生活中发挥重要作用，收入较高，获得感也较高。五是拥有研究生学历者的获得感并非最高。研究生学历者的获得感低于大专和本科毕业生，可能学历越高，对自身的期望和要求越高，获得预期较高，但实现存在困难，造成获得感的落差较大。六是弱势群体中学历较高的样本较少，这一现象还需要进一步增加样本量进行深入分析。本书认为，如果学历较高，则能够利用高学历在社会生活中得到较为有利的位置，能够从弱势群体处境中摆脱出来。这也说明提升学历是摆脱弱势处境的有效途径。

以往研究也发现获得感在文化程度上存在差异。梁土坤对低收入家庭获得感的调查发现，获得感呈现随着教育程度提高而下降的趋势，大专及以上文化程度被调查者的获得感低于高中及以下学历被调查者的获得感。这可能是因为低收入家庭中的文化程度较高者往往是整个家庭倾尽全力供养出来的，家庭期望较高；但大专及以上文化程度在社会生活中的优势并不明显，较高的期望难以实现，造成较低的获得感①。徐延辉和李志滨调查也发现，随着受教育程度的提高，人力资本和社会资本的积累也逐渐丰富，获得感也较高②。王积超和闫威调查也发现，在小学及以下、初中、高中和大专及以上的文化程度者当中，获得感随着文化程度的增长而提升③。但并非学历越高获得感也越强。郑建君的研究发现，初中及以下、高中高职、大专及以上的人群获得感显著高于研究生及以上者④。谭旭运和豆雪姣调查也发现，获得感随着受教育程度的增长而提升，但在研究生及以上水平上获得感反而没有大学本科人群的获得感高⑤。教育程度对获得感的提升作用可能存在一个拐点，研究生及以上学历可能就是这个拐点

① 梁土坤. 环境因素、政策效应与低收入家庭经济获得感：基于 2016 年全国低收入家庭经济调查数据的实证分析 [J]. 现代经济探讨, 2018 (9)：19-30.

② 徐延辉, 李志滨. 社会质量与城市居民的获得感研究 [J]. 南开学报（哲学社会科学版）, 2021 (4)：169-181.

③ 王积超, 闫威. 相对收入水平与城市居民获得感研究 [J]. 中央财经大学学报, 2019 (10)：119-128.

④ 郑建君. 中国公民美好生活感知的测量与现状：兼论获得感、安全感与幸福感的关系 [J]. 政治学研究, 2020 (6)：89-103, 127-128.

⑤ 谭旭运, 豆雪姣, 董洪杰. 社会阶层视角下民众获得感现状与提升对策 [J]. 广西师范大学学报（哲学社会科学版）, 2020, 56 (5)：1-13.

所在。这种现象可能是因为学历增加到一定程度，提升学历所花费的资源大大增加，而收获却没有同比例增加，造成期望落差，影响了获得感的提升。

（八）获得感在身体健康上的差异分析

本书发现获得感在身体健康因素上存在显著差异，身体健康程度高者的获得感显著高于身体健康程度低的人群。王积超和闫威分析发现，身体健康程度越高的居民，获得感也越强烈。身体健康程度较健康的居民，获得感高于健康状况一般的居民，也高于身体不健康的居民。人们在追求物质满足的同时，对自身健康也比较重视。健康的身体有利于获得感的提升。

获得感在不同身体健康水平上存在显著差异。身体健康状况是获得感的必要前提条件，也是个体享受各种社会权益的前提。特别是在面临新冠疫情严峻威胁的时期，人们更能体验到身体健康对获得感和美好生活的前提和保障作用。人们对医疗保障和社会保障的需求更加强烈，政府公共服务对获得感的影响作用凸显出来。如果没有健康的身体，个体的发展潜能和美好生活需要将难以实现。身体健康水平越高，提升获得感的前提和基础越稳固，个体通过自身努力获取各种权益的保障越牢固，获得感也就越强。身体健康是获得感的重要内容，自己和家人的身体健康是社会生活的重要保障，同时也是更高层次和更高生活品质的前提。

从事后多重比较中发现，身体健康"很不好"和"不好"者的获得感差异未达到显著水平。鉴于身体健康对获得感的前提和基础作用，身体健康恶化直接对获得感产生严重的侵蚀甚至破坏作用，只要身体出现不适，个体在其他方面的需求就会受到抑制，身体健康的需求急剧上升至首位。较低的身体健康水平直接影响到个体的生存，当身体健康受到威胁时，健康需求超越获得感和其他需求。尽管身体健康受到的威胁程度不同，但身体健康作为获得感的前提条件，只要受到损害获得感就急剧下降。特别是长期患病的弱势群体，更深刻地体验到身体健康的重要性。因此，身体健康状况"不好"与"很不好"者的获得感未发现显著差异，二者只是在身体健康的程度、遭受健康威胁方面存在一定差异。

（九）获得感在家庭经济状况上的差异分析

本书发现获得感在家庭经济状况因素上存在显著差异。家庭经济状况主要反映个体家庭在当地的收入水平，是一种横向社会比较的相对水平。家庭经济状况较低者的获得感也比较低，家庭经济状况较高者的获得感更加强烈。如果家庭成员认为自己的家庭经济状况较高，也会拥有较高水平的获得感。袁浩和陶田田的调查也发现，家庭经济状况与获得感存在显著的正相关①。

家庭经济水平是对整个家庭在社会中的经济收入的评价，不仅是个体经济状况的反映，也是整个家庭经济水平的体现。家庭经济水平为家庭成员实现自身需求提供了物质基础和情感支持。家庭成员在家庭中获得的物质支持和情感支持越高，获得感也越高。家庭经济水平在获得感中发挥重要作用。家庭经济水平提升一个档次，获得感也会得到显著提升。特别是对弱势群体而言，来自家庭的支持更为重要。家庭经济水平远低于平均水平的被调查者，获得感最低。这部分被调查者家庭生活存在较大困难，各种需求的满足受到影响，制约了获得感的提升。家庭经济水平低于平均水平的被调查者，获得感随着家庭经济水平的改善而有所提升。家庭经济水平提升一个等级，获得感得到显著提升。这说明发展社会经济，提高人民生活水平是提升获得感的主要举措。

二、获得感生成机制模型的分析

（一）获得感的整体分析

本书发现公共服务对获得感具有显著的正向影响，表明弱势群体享受的公共服务越多，其获得感也越高。中介效应检验发现，主观幸福感是公共服务与获得感的中介变量，表明主观幸福感是公共服务与获得感之间的心理机制，也是获得感的影响因素。相对剥夺在公共服务与获得感之间起到正向调节作用。

个体主义视角认为，获得感受到诸多个体因素的影响，如社会认知和家庭经济状况等。个体感知因素中的主观幸福感和相对剥夺是重要的个体因素。结构主义视角则关注社会环境和社会福利等结构性因素对获得感的影响。充分的公共服务是重要的社会因素。本书从个体主义和结构主义相结合的视角，将宏观因素和微观因素结合起来，检验了弱势群体获得感的生成机制。

政府的公共服务是获得感的首要影响因素。弱势群体成员能够享受到公共服务的多寡，直接决定了其获得感水平的高低。人们在社会生活中众多工作和生活需求的满足，依赖于政府提供的公共服务，特别是民生类的公共服务。政府公共服务的充足性、公平性、便利性和普惠性是公共服务质量和数量的主要指标。政府的公共服务以公共资源为载体，通过多元化多种类的公共服务满足社会成员的个性化需求，从而缓解收入差距和发展不平衡所带来的差异，进而提升获得感。弱势群体享受到的公共服务越充分，越是能够公平地享受到公共

---

① 袁浩，陶田田. 互联网使用行为、家庭经济状况与获得感：一项基于上海的实证研究 [J]. 社会发展研究，2019，6（3）：41-60，243.

服务，越是能够较为容易地享受公共服务，享受公共服务的受益面越广，则公共服务对弱势群体的工作与生活所起到的支持作用就越大，越能够使其获得感得到显著的提升。政府在公共教育、基本医疗保障、住房保障、劳动就业服务和社会保障、社会安全和基础设施、社会交通和居住环境等方面的投入，提升了基本公共服务的质量，能够影响人们对公共服务的主观评价，提升公共服务获得感。特别是在新冠病毒的预防治疗时期，政府的公共卫生服务均等化对获得感的影响作用凸显。研究也发现，政府医疗资源的供给水平越高，居民的获得感也越强[①]。人们参加基本医疗保险，能够显著地提升公共服务的获得感和政治获得感。

社会保障是政府公共服务的重要内容，也是弱势群体获得感的重要维护机制。弱势群体在生活方面的困难，要靠社会保障机制来解决。社会保障机制是弱势群体成员共享社会发展成果、增强获得感的基础。社会保障的低保兜底作用有助于提升生活贫困人群的获得感。对弱势群体的社会保障，也有助于提高弱势群体的生活质量，使弱势群体产生归属感和获得感，增强社会凝聚力。

主观幸福感是公共服务与获得感之间重要的心理机制，是二者之间的部分中介变量。政府质量理论认为，公共服务的供给通过提升健康水平、社会支持等影响主观幸福感[②]。政府的公共服务越充足，越能够直接提高社会成员的生活质量，降低社会成员的生活开支，在提高主观幸福感的同时也提升了获得感。基本公共服务中的教育公共性、住房保障的充足性、政务服务的便利性对居民的主观幸福感和获得感具有显著的影响。公共服务减少了社会不平等因素对主观幸福感的影响，缓解了社会地位悬殊和收入差距过大带来的不公平感和相对剥夺感，减少了社会比较带来的获得感的损失。

政府公共服务不仅有助于获得感的提升，也是主观幸福感的重要影响因素。获得感的提升，也有助于主观幸福感的增强。人们在不同领域产生的获得感，在一定程度上增强了个体对当前和未来的积极预期，使个体对未来各方面产生较为稳定的认知和信心，从而使其对自身当前和未来的生活状况产生满意的体验，带来更强的幸福认知。人们的主观幸福感不仅受到当前获得感的影响，同时在未来的发展与稳定基础上产生的积极预期也增强了幸福感。

---

① 梅正午，孙玉栋，丁鹏程. 公共服务供给水平对居民获得感影响研究 [J]. 价格理论与实践，2019（5）：141-144.

② HELLIWELL J F, HUANG H F, GROVER S, et al. Empirical Linkages between Good Governance and National Well-being [J]. *Journal of Comparative Economics*, 2018, 46（4）: 1332-1346.

在获得感的四个维度中，相对剥夺对具身所得维度的调节作用未达到显著水平。可能是因为弱势群体对自己的具身所得感受较为真切，无论处于何种水平的相对剥夺状态下，都难以改变已经拥有的物质资源和精神财富。个体已经拥有的资源和自己应该得到而未得到的资源不同，应得但未得会产生相对剥夺感①。但已经得到的资源财富，无论数量多少，都不受相对剥夺的影响。

相对剥夺是政府公共服务与获得感之间的调节变量，调节公共服务对获得感的影响。弱势群体成员体验的相对剥夺程度越高，政府公共服务对获得感的提升作用就越强。弱势群体成员由于自身的不利处境，在社会生活中容易遭受歧视和挫折，产生相对剥夺感。而政府的公共服务具有平等性和公平性，不因社会地位、自身条件不同而有差异，较好地缓解了弱势群体成员的不利处境，是社会公平的重要体现。政府公共服务供给越充足和平等，就越能够弥补弱势群体成员产生的相对剥夺感。弱势群体成员产生的相对剥夺感越强，对平等的政府公共服务的需求就越迫切，政府公共服务对获得感的提升作用就越明显。对处于较强相对剥夺状态下的弱势群体，增加其能够享受到的公共服务，缓解相对剥夺水平，能够较大幅度提升获得感。在弱势群体自身难以摆脱弱势处境的情况下，能够对弱势群体不利处境提供帮助的只有政府公共服务，政府公共服务是弱势群体的重要依靠和保障。处于弱势境地的个体，难以通过自身努力改善处境，因此外部政府公共服务提供的工作与生活保障的重要性凸显出来。不论是客观的相对剥夺还是主观的相对剥夺，都对获得感具有损害作用。在公共服务均等性显著提高时，居民的获得感能够得到提升。

（二）获得感各维度的分析

本书对获得感各维度的分析结果与获得感整体基本一致，但相对剥夺在公共服务与具身所得维度之间的调节作用未达到显著水平。这可能是因为具身所得是个体具有切实体验的维度，这种由客观现实所产生的实在感受不容易受到相对剥夺这种主观感受较强因素的影响。

（三）获得感生成机制的模型比较

本书构建的弱势群体获得感生成机制模型，以获得感产生过程中的关键因素为核心，分析各因素之间的作用，能够较好地解释获得感的产生过程。在与其他类型模型的比较中，也具有较强的科学性和相似性。庞文分析了学生群体

---

① 孙灯勇，郭永玉. 相对剥夺感：想得、应得、怨愤于未得 [J]. 心理科学，2016，39（3）：714-719.

的获得感，认为学生的获得感是由"期望—满足—认同"的心理过程产生的①。学生对教育活动的结果产生预期，这种预期经过自己对教育活动的参与得到满足，使在教育过程中得到的价值观念和精神信条实现自我认同，这种满足—认同是获得感产生的过程。该理论强调了预期的实现和自身需求的满足。本书提出的获得感生成模型与"期望—满足—认同"相比，获得感的概念也包含了预期得到实现的程度，还包括了实际得到与预期之间的匹配度的评估，更为完整和精细。

在研究者构建的公共服务和公平感知与农村流动人口获得感的理论模型中，公共服务和公平感知对农村流动人口的获得感产生积极影响，社会公平感知发挥了调节作用②。这与本书的理论模型基本一致。农村流动人口得到的公共服务，与弱势群体享受的政府公共服务一样，是其获得感的主要来源。在公共服务影响获得感产生的过程中，受到社会公平感知或相对剥夺的调节。社会公平感知和相对剥夺是密切相关的因素，从相对立的角度反映了人们对社会公平的感知。人们的社会公平感知度越低，即相对剥夺程度越高，公共服务对获得感的影响就越大。

---

① 庞文. 教育获得感的理论内涵、结构模型与生成机理［J］. 当代教育科学，2020（8）：9-15.

② 夏敏，张毅. 实际获得与主观获得感：基于社会公平感知对公共服务的调节作用［J］. 甘肃理论学刊，2020（6）：120-128.

第八章

弱势群体获得感的多元协同提升策略

党的十九大报告提出："坚持在发展中保障和改善民生"，"在弱有所扶上不断取得新进展"，"保证全体人民在共建共享发展中有更多获得感"。① 党的二十大报告指出："深入贯彻以人民为中心的发展思想，在幼有所育、学有所教、劳有所得、病有所医、老有所养、住有所居、弱有所扶上持续用力。"② 弱有所扶，明确了对弱势群体进行帮扶、提升弱势群体获得感的要求。因此，要加强对弱势群体的帮扶，提升其获得感。本书根据弱势群体获得感的生成机制，从政府、社会和弱势群体自身三个层面构建提升策略。其中，政府发挥主导作用，社会组织积极参与，弱势群体发挥主体作用，三者相互协同。政府在对弱势群体获得感的提升过程中，还要对其他主体进行监管和指导。

提升弱势群体的获得感，需要政府、社会和弱势群体自身相互协同，建立多元主体的协同提升机制。一是强化"协同提升"理念。多元主体协同是提升弱势群体获得感的最优方式。在提升弱势群体获得感的过程中，存在多种帮扶力量，为避免各自发力、缺乏合力的情况，需要建立多元主体的相互协调，贯彻协同提升的理念。二是建立"协同提升"机制。按照提升主体分工协作的原则，引入多元主体参与社会治理。三是建立多元主体的协同治理制度，并促进政府、社会和个人的相互协同，三方力量共同作用、相互协调，才能提升弱势群体的获得感。

从弱势群体获得感的生成机制来看，获得感受到政府的公共服务、个体的主观幸福感和相对剥夺的影响。提升获得感也离不开政府层面与个体层面的因素。而弱势群体作为在社会中处于劣势境地的群体，提升其获得感也离不开社

---

① 习近平. 决胜全面建成小康社会，夺取新时代中国特色社会主义伟大胜利：在中国共产党第十九次全国代表大会上的报告 [N]. 人民日报，2017-10-28 (1).

② 习近平. 高举中国特色社会主义伟大旗帜，为全面建设社会主义现代化国家而团结奋斗：在中国共产党第二十次全国代表大会上的报告 [N]. 人民日报，2022-10-26 (1).

会层面的因素。因此，提升弱势群体的获得感应主要从政府、社会和弱势群体自身出发。首先，政府层面整体提升与分类精准提升相结合。在整体普惠性层面，政府应维护社会公正，保障弱势群体的社会参与权利，满足其基本需求，增加其实际获得。在分类特惠性层面，应借鉴精准扶贫的思路，对弱势群体进行分层分类帮扶，以提升劳动技能为主。对社会性弱势群体中劳动技能不足的人员，可通过职业教育和技能培训的方式促进其就业，提升其劳动技能，提高其就业水平。对生理性弱势群体中丧失或难以提升劳动技能的人员，可通过社会保障和医疗救助提升其获得感。其次，社会层面应加强弱势群体的社会认同。社会的支持和认同是获得感提升的重要方面。社会组织和社会力量可开展多种形式救助，积极接纳弱势群体参加社会活动、社会组织和社区事务。通过平等对待弱势群体，消除社会排斥，增强社会认同。最后，从个人层面来看，弱势群体自身可通过共建提升获得感。一是坚持共建共享和渐进共享的原则，通过自身劳动满足多层次需要，发挥自身潜能，逐步提升获得感。二是心理调适。获得感作为主观感受，能够通过公正认知、纵向社会比较等心理过程进行调整。三是消减相对剥夺感。获得感是共享发展的体现，相对剥夺感是共享发展的阻碍，二者集中体现在弱势群体身上。消减相对剥夺感的措施有调整参照对象、调节社会比较过程和宣泄消极情绪等。

第一节　改善弱势群体的处境

改善弱势群体的处境需要弱势群体自身与社会各界的协同参与。目前弱势群体处于不利的地位，容易落入弱势社会地位再生产的困境，向上流动困难。但弱势群体的处境并非固化不变的。改善弱势群体的处境，要以社会生态系统为参考，需要政府、学校、社会和家庭的共同参与。

弱势群体成员自身积极的人生态度，社会组织灵活多样的帮扶，是弱势群体成员社会地位改变的必要条件。从社会生态系统的理论来看，弱势群体处于一个社会生态系统中。该生态系统包括弱势群体的微系统、中间系统、外部系统与宏系统。弱势群体的微系统是其直接面对、接触的人或物，如弱势群体的家庭、学校等。弱势群体的中间系统是与微系统直接互动交往的系统。外部系统是中间系统的延伸和拓展。宏系统是更为广泛的意识形态内容，如社会制度和文化等。根据社会生态系统的理论，弱势群体向上流动的动力和机制受其所处的社会生态系统的影响。弱势群体社会地位的改善，既取决于社会结构的约束，也取决于弱势群体自身的能动性。生态系统既包含远端的制度文化因素，也包含近端的物质条件、交往群体等因素。不同因素的可变性不同。家庭文化资本的因素难以改变，教育政策的因素则较易改变。要改善弱势群体的地位，需要在社会生态系统中，从家庭、学校、社会和文化等系统性因素入手。

一、充分利用教育资源

首先，家庭教育是促进弱势群体地位改善的重要因素。家庭是促进社会流动的重要机制，其中家庭养育理论认为家庭教育方式对子女的社会地位获得具有重要影响。以往研究认为，家庭对子女的养育方式与家庭文化资本和家庭经济资本有着密切的联系。家庭经济资本，以资源转化的方式影响子女社会地位获得，家庭文化资本以文化再生产的方式影响子女的教育获得和社会地位获得[①]。家庭经济资本通过提供丰富的物质资源来提升子女的社会地位。家庭文化资本提供文化再生产的方式，因为家庭文化资本能够转化为更好的家庭学习氛围，对子女更高的教育期望，在教养指导子女学习成长上有更有效的方法和技巧。家庭文化资本对子女社会地位获得的影响较为关键，但不同于家庭经济资本，具有不易改变的特点。家庭文化资本的获得，是家庭长期文化沉淀的结果。因此，弱势群体要努力提升自身家庭经济资本，通过长期积累实现家庭文化资本的改善。在家庭教育中，弱势群体要通过言语激励、行为垂范等方式影响子女的行为，以有利于子女的发展为标准进行决策。

其次，学校教育是弱势群体向上流动的关键因素。随着我国教育事业的巨大发展，各个阶段的教育供给量持续增长，各个社会阶层都从教育事业发展中获益，特别是一些弱势群体家庭的子女通过教育改变了弱势地位，教育在提升社会地位中发挥了重要作用。在目前社会转型和深化改革的时期，个体社会地位的主导机制发生重要变化，即由改革开放前身份等先赋因素决定社会成员的社会地位，转变为改革开放后由教育、经济等自主性因素决定个体在社会结构中的地位[②]。教育在个体发展中发挥越来越重要的作用，脱离教育是造成弱势群体处境的重要原因。投资教育、改变教育不平等是改善弱势群体处境的最根本途径。在扶贫过程中，越穷的地方越难办教育，但越穷的地方越需要办教育，

---

① 王宁，马莲尼. 目标导向与代际社会流动：一个能动性的视角 [J]. 山东社会科学，2019（4）：50-60.

② 闫伯汉. 中国社会结构与弱势群体地位提升路径分析 [J]. 中州学刊，2022（3）：88-93.

越不办教育就越穷。对弱势群体而言，教育的重要性不言而喻。弱势群体应充分利用可得的教育资源，提升社会地位。但通过教育实现向上流动是一个连续的过程，前一个阶段的教育对后一个阶段的教育是积累性的，也是机会性的。没有优质初等教育和中等教育的获得，高等教育的获得变得机会渺茫①。教育的延续性和积累性的特征，表明教育机会的竞争在中小学甚至幼儿园已经初现端倪，这使得希望借助教育摆脱弱势地位的人们要尽早进行教育规划和投入。对公共教育资源的充分利用，是弱势群体实现向上流动、摆脱弱势地位的主要渠道。弱势群体家庭在内生资源不足的情况下，应尽量发挥自主性，利用政府提供的学校教育等外生资源，克服自身家庭物质资源的不足，实现超越弱势群体的向上流动。在建设教育强国和教育优先发展的战略背景下，弱势群体成员利用外部机会和个体主观能动性，实现弱势群体的改善，具有较大的现实性。

二、保障教育公平

政府部门要注重维护教育公平和招生考试的公平。弱势群体改善自己的弱势地位，一般需要内部资源和外部资源，并对内外部资源进行组合利用。虽然内部资源的作用较为明显，但外部资源同样能够发挥积极作用。只要能充分利用公共资源（如教育），就能在一定程度上弥补弱势群体自身资源的不足。随着我国社会主义现代化建设的推进，教育资源等公共服务越来越充足均衡，城乡之间教育资源的差距逐渐缩小，发展不平衡不充分的问题逐步得到解决。弱势群体能够利用的外部公共资源越来越丰富，有助于发挥自身能动性，摆脱弱势地位。教育公平是弱势群体改变处境的主要渠道。从制度上对教育公平进行规范有利于弱势群体利用教育获取自身发展。教育公平一方面要对教育制度进行改革调整，废止具有直接排斥效应的教育制度，改善教育制度设置的城乡差异。政府应注重教育公平，对教育资源进行适当的良性干预，利用教育资源实现社会公平。政府应通过促进教育资源均衡，为弱势群体及其子女提供必备条件，使其通过后天努力获取教育资源，实现向上流动。政府应在招生考试制度建设中保证客观化、标准化的考核方式，在客观上有利于弱势群体家庭克服内部资源不足的劣势。客观化、标准化的考核方式，有利于消除家庭文化资本和资源的优势，使学生只在考试结果的单维度上进行竞争。不论是弱势群体还是其他社会群体子女，都需要通过努力来获得优良成绩。客观化和标准化的招生制度

---

① 李忠路，邱泽奇. 家庭背景如何影响儿童学业成就——义务教育阶段家庭社会经济地位影响差异分析［J］. 社会学研究，2016，31（4）：121-144，244-245.

是弱势群体对公共教育资源有效利用的重要保障。

三、改善社会治理

通过社会治理促进弱势群体地位的提升。在社会治理中,对制度设置进行有利于弱势群体的调整,从政策上有利于弱势群体的发展改善。社会组织在帮扶弱势群体时,应注重系统性,增强对弱势群体生存活动的整个生态系统的关注,系统性地进行帮扶资源的整合利用。政府和社会应从宏观上优化社会阶层结构,完善各种制度设计,使社会流动更加科学合理。

四、发挥传统文化中的积极作用

传统文化对弱势群体的处境改善也具有重要作用。王宁等认为,我国传统的儒家文化,对弱势群体改善自身处境发挥了重要作用[①]。首先,儒家文化对教育比较重视,对子女教育期望比较高。这有助于弱势群体成员为子女确立远大的人生目标和规划,并寄希望于通过接受教育实现自身地位的改善。远大的目标和规划,具有较强的导向性。传统儒家文化中的某些元素有助于弱势群体家庭突破低人生目标困境。其次,儒家文化中具有服从权威的倾向,有助于弱势群体子女在学校中服从教师的权威,将学校教师输入的远大理想目标逐渐内化。

五、发挥自身积极主动性

从根本上,弱势群体要以积极的人生态度发挥能动性。虽然家庭资源对弱势群体向上流动具有重要影响,但弱势群体自身能动性的作用难以替代。家庭的物质资源本身不必然产生主观能动性,只是发挥能动性的外部资源条件。物质资源对发挥行为者的能动性具有促进作用,但物质资源本身并不能代替能动性。不仅优势群体阶层需要通过个体能动性的中介作用,把家庭的资源优势转化为社会地位优势;弱势群体也需要借助于主观能动性,才能更充分地利用公共资源等外部资源,弥补家庭内部资源的不足。大多数弱势群体成员希望通过接受教育、提高职业技能、勤奋工作等自身努力向上层社会流动,从而改善自己的弱势处境。

---

① 王宁,马莲尼.目标导向与代际社会流动:一个能动性的视角 [J].山东社会科学,2019 (4):50-60.

第二节 弱势群体获得感提升中的多方协同

获得感的高低受到政府层面、社会层面和自身层面多种因素影响，提升获得感也需要多方力量相互协同。提升弱势群体的获得感，需要政府、社会和个体三个层面积极发挥协同作用，将宏观因素和微观因素结合起来。

一、政府层面与个体层面的协同

政府层面和个体层面需要共同努力来提升获得感。邵雅利的研究发现，微观个体主观因素和宏观社会发展变量均能够积极预测人们的获得感①。但在回归模型中，宏观社会发展变量的回归系数明显高于微观心理变量。即在提升获得感方面，宏观社会发展变量对获得感的提升效果高于微观心理变量。因此，各级政府要提升人民群众的获得感，完善服务型政府建设，让改革发展成果惠及广大人民群众。提升获得感，政府要肩负起主要责任。

要实现政府与弱势群体的协同。政府机构要"自上而下"地发挥制度设计、财政调配和监督管理等职能。弱势群体要"自下而上"地自由、畅通、完整和真实表达自身需求。通过政府"自上而下"和弱势群体"自下而上"的结合，才能有效实现政府部门和弱势群体在基本公共服务充分性和精准性方面的协同。

二、政府层面与社会层面的协同

政府提供公共服务时，也要注意多方力量的协同。推动多元主体整合资源，协同一致，通过市场机制和社会共同参与，采取政府购买服务、培育社会组织等做法，形成国家、社会组织和市场的多元主体供给合力，丰富政府公共服务的供给内容并提升公共服务供给能力。在政府与社会组织协调过程中，政府也应发挥协调和监管的作用，以提升人民获得感为目标做好公共服务的顶层政策设计，发挥政府机制、市场机制、社会机制的各自优势，形成多方协同提升获得感的机制。社会力量是政府力量的重要补充，在政府协同提升获得感方面发挥重要作用。在政府层面与社会组织协同中，社会组织作为服务提供者参与政府购买服务，向弱势群体提供专业帮助，是二者协同提升获得感的重要途径。

---

① 邵雅利. 新时代人民主观获得感的指标构建与影响因素分析 [J]. 新疆社会科学，2019（4）：139-147.

政府公平规范地购买社会服务，社会组织通过专业服务得到弱势群体的信赖，二者相互合作提升弱势群体的获得感。政府机构在社会组织服务过程中，要对社会组织进行有效监督管理，制定规范的制度流程，确保公平公正。

政府层面和社会层面相协同，不仅能够有效提升获得感，还能够促进弱势群体的社会治理。政治信任理论认为，当政府部门积极促进经济发展，改善人民生活水平，及时回应人们诉求时，能够激发民众对政府的信任和认同。例如，政府部门的帮助和社会组织的帮扶对农民工来说是一种合作与互补的关系，有助于增强其获得感。对社会力量而言，虽然其帮扶作用不如政府部门，但一些社会力量和组织是政府功能的重要补充，在提升农民工获得感上也能发挥重要作用。

如果政府部门在农民工遇到困难时能够给予及时有效的帮助，则能够较大程度提升农民工的获得感，也能够提升农民工的政府认同度和政府信任度。获得感是中国社会稳定的深层次根源①，政府来源的获得感有助于社会稳定。政府帮助和社会力量帮扶途径产生的获得感有助于农民工采取体制内的权益诉求方式。这是因为源自政府支持的获得感提升了农民工对政府的政治信任，降低了农民工采取体制外权益诉求方式的可能性。农民工对政府的信任度越高，采取体制外的权益表达方式的倾向性就越低。人民获得感的不断提高，有助于增强社会稳定意识，缓解经济社会发展不平衡不充分所带来的社会不稳定，进而维持社会的长期稳定。人们获得感的提升来自人民的持续受益，增强了对政府的政治信任度，并抑制了相对剥夺感的消极影响。

三、社会层面与个体层面的协同

社会组织发挥作用要利用自身优势，并与弱势群体的需求相结合。社会组织如慈善机构、新闻媒体、行业协会等社会力量与工会、妇联和共青团等部门协作，在提升获得感方面发挥更大作用。农民工对各种社会力量帮助所产生的获得感，也有深刻的体验。社会组织利用自身的专业知识，掌握丰富的资源，提供精准、匹配需求的服务，针对弱势群体的痛点和难点提供定制化的服务，在精准化提升获得感方面能够发挥独特的作用。社会组织在帮扶老年人、贫困儿童、残疾人就业等方面，具有独特的专业优势。

---

① 王浦劬，季程远. 我国经济发展不平衡与社会稳定之间矛盾的化解机制分析：基于人民纵向获得感的诠释 [J]. 政治学研究，2019（1）：63-76，127.

四、多方协同促进弱势群体增收

个体的收入因素是影响获得感较为重要的客观因素。收入是获得感的物质基础，增收是提升弱势群体获得感最直接的方式。无论是个人收入还是家庭收入的增加，都能够直接提升个体的生活质量和物质福祉。收入增长能够提升获得感，收入增长的缓慢则会影响获得感的提升。收入的增加，有助于弱势群体成员拥有资产，从而提升获得感。徐延辉和李志滨研究发现，住房对获得感的影响较大，有产权及居住环境良好的居民获得感较高[1]。张文宏和袁媛的研究也发现，人们拥有的住房、汽车和金融资产对获得感具有不同程度的提升作用，住房和汽车资产对获得感具有较大的影响[2]。因此，在提升弱势群体获得感时，应将增加收入放到特别显著的位置。促进弱势群体增收时，应注重其绝对收入和相对收入的增加，并选择相对客观的参照标准。

第三节　政府层面提升弱势群体获得感的公共服务

一、政府公共服务的提升

（一）公共服务的主要内容

从获得感的生成机制来看，政府公共服务是获得感的主要来源之一。基本公共服务对保障全体人民的生存和发展起到基础性作用。提升公共服务能够使全体人民和弱势群体成员拥有更多的获得感。党的十九届五中全会指出，应健全基本公共服务体系，完善共建共治共享的社会治理制度，不断增强人民群众获得感。但目前基本公共服务存在着整体失调度高、供给力度不足和资源浪费、供给质量不足且结构失衡等问题，特别是在与民生联系密切的医疗卫生和环境保护方面[3]。并且较低的政府公共服务直接削弱了人们的政府认同度，降低了社

---

[1] 徐延辉，李志滨. 社会质量与城市居民的获得感研究 [J]. 南开学报（哲学社会科学版），2021（4）：169-181.

[2] 张文宏，袁媛. 特大城市居民资产拥有对获得感的影响 [J]. 江海学刊，2022（4）：106-115.

[3] 中国共产党第十九届中央委员会第五次全体会议公报 [EB/OL]. 中华人民共和国中央人民政府网站，2020-10-29.

会安全感①。因此，应提高和改善政府的基本公共服务，将有限的公共资源配置到供需矛盾比较突出的服务领域。政府在完善基本公共服务时，要注重对基本公共服务的充足性、公共性和便利性的保障，保证基本公共服务均等化，使全体人民特别是弱势群体成员能够便捷地享受到公共服务。

公共服务包含多方面的内容。政府提供的公共服务主要在于公共教育、劳动就业创业、社会保险、医疗卫生、社会服务、住房保障、公共文化体育、优抚安置和残疾人服务等。党的十九届四中全会决议明确，要健全幼有所育、学有所教、劳有所得、病有所医、老有所养、住有所居和弱有所扶的基本公共服务体系。弱势群体所需的公共服务主要在于四个方面。一是在公共教育方面，保障教育服务的公共性。保障教育公平，继续完善九年义务教育，同时注重学前教育、高中阶段教育和职业教育。二是在就业方面，对弱势群体提供就业帮助。完善弱势群体的税费减免，增加公益性岗位，加大培训力度，发放技术技能提升补贴。通过就业增加弱势群体收入，是提升获得感最重要的物质基础。增加收入，能够提升弱势群体在家庭关系、人际关系和自身健康状况等方面的满意度。三是在医疗保障方面，加强对弱势群体的医疗兜底作用。强化基本医疗的合理保障功能，健全大病保险和救助制度，在逐步提高报销比例的基础上，探索通过政府补贴保费来增加对弱势群体的商业大病保险。提高医疗卫生资源的便利性。加强对婴幼儿、孕产妇和老年人的医疗卫生服务。四是在住房保障方面，提高充足性和便利性，优化农村危房改造和廉租房服务。

（二）优化公共服务的途径

提升获得感要从优化政府公共服务入手。优化公共服务要以社会经济发展为前提。研究者发现，在获得感的影响因素中，宏观社会发展变量对获得感的影响最大，其次是微观心理变量，最后是个体特征变量②。在提升获得感时，根本途径是促进社会经济发展，以发展作为解决问题的主要途径。研究者通过边际替代率换算发现，提升一个单位的公共服务，相当于给一个家庭增加两千多元的收入③。因此，要加快社会经济发展，提高人民的生活水平，通过高质量发展解决弱势群体的获得感问题。政府层面提升获得感主要从提高公共服务供给

---

① 中国共产党第十九届中央委员会第四次全体会议公报 ［EB/OL］. 中华人民共和国中央人民政府网站，2019-10-31.

② 邵雅利. 新时代人民主观获得感的指标构建与影响因素分析 ［J］. 新疆社会科学，2019（4）：139-147.

③ 朱春奎，吴昭洋，徐菁媛. 公共服务何以影响居民幸福——基于"收入—幸福"分析框架的实证检验 ［J］. 公共管理与政策评论，2022，11（2）：15-34.

方面入手，促进公共服务的高质量和均等化。在优化公共服务时，注重提高公共服务的数量、质量、便利性和公平性等。在公共服务经费有限的情况下，应科学合理使用和管理公共服务资金，避免资金的浪费和错配。

第一，增加公共服务的数量。公共服务的丰富度、广泛度和覆盖度是增加数量的三个方面。公共服务的丰富度体现了民众享受公共服务种类的多寡，反映了公共服务在数量上能否满足公众的需求。广泛度体现了公共服务的广泛程度，主要指公共服务类型的全面性，在重要领域没有缺失和遗漏，涉及公共教育、劳动就业创业、社会保险、医疗卫生、社会服务、住房保障、公共文化体育、残疾人服务等八个领域的内容。覆盖度指基本公共服务对社会各群体特别是弱势群体的覆盖程度。增加公共服务的数量，就要提高公共服务的丰富度、广泛度和覆盖度。

第二，在公共服务的质量方面，注重提高服务质量的规范度、有效度和精准度。规范度是公共服务的制度化、程序化和标准化的程度，是公共服务质量的根本保证。公共服务的供给过程必须制定严格的规章规则，按照严谨科学的程序进行。有效度体现了公共服务的有效性，公共服务能否真正反映和实现公众的需求，能否为公众解决实际问题。只有能够解决公众实际问题的公共服务，才能真正提升获得感。精准度反映了公共服务的针对性和精细化，对公共服务提出了更高的要求。公共服务的精准度要求通过精准识别和精细管理，针对不同地域、不同群体、不同类型的公众进行个性化的服务供给，精准地提高公共服务质量。

第三，在数量和质量之外，还要保障公共服务的便利性。便利性是指公众对公共服务的知晓度、使用度和便利度的感知。知晓度是公众对基本公共服务的了解程度。公共服务应进行广泛的宣传，避免弱势群体由于不知道、不熟悉而错过享受公共服务。使用度是人们对公共服务的实际使用程度，从接受者的角度考察公众实际享受的公共服务的程度。便利度是指人们享受公共服务的便利性，公众能否以较小的代价获得最大限度的公共服务。便利度通过公共服务的获得途径、方式和成本是否符合便捷化、最小化的原则进行衡量。

第四，在提高基本公共服务的同时，还应注重保证公共服务的公平感。公平感包含均等度、公正度和参与度三个方面。均等度是公共服务能够体现出普惠性、基础性和兜底性特征，反映公众是否享受到大致均等的公共服务。提高公共服务的均等度有利于增强公共服务的获得感①。提高公共服务均等度，减少了公共服务资源配置不均衡造成的相对剥夺感，进而提高了获得感。公正度反映了公众在享受公共服务过程中是否实现了机会平等、起点平等和过程平等。参与度体现了公众对公共服务供给的影响力，反映了政府与公众的关系。在公共服务供给的决策过程中，公众能否施加影响，能否参与公共服务政策的制定过程，政府能否对公众的参与和要求进行及时回应，是参与度的重要体现。政府在公众参与过程中，应注意有序扩大居民在公共服务规划、设计、供给和管理等过程中的直接参与和间接参与，精准把握人们的差异化诉求。在促进公众参与过程中，应注重健全和完善制度化的参与方式，减少公众通过体制外的手段表达意愿和行为。

公平感能够显著提升公共服务对获得感的影响。人们对社会平等的主观判断，会影响到获得感。保障公共服务的公平，就是要落实共享理念，在城乡之间、区域之间和群体之间做好平衡。特别是农村弱势群体，面临着交通不便、教育和医疗水平低、社会保障体系不健全的问题。在公共服务供给时，应着力实现基本公共服务的均等化。通过公共财政的转移支付，适当向农村和弱势群体倾斜，补齐农村公共服务短板。在提升政府公共服务时，也要注意政府透明度和政府信任度，政府透明度和政府信任度在政府公共服务与获得感之间起到了调节作用。在政府透明度越高，民众越相信政府的情景下，公共服务的增加能够较显著地提升获得感。个体的社会信任和对社会公平的感知程度越高，越有利于获得感的产生。

第五，注重维护公共服务的持续性。持续性包含公共服务的稳定度、适时度和信任度三个方面。稳定度是指公共服务供给的长期性和稳定性，政府保障长期、稳定和持续地进行公共服务的供给，保障公共服务供给的周期、时间和频率。适时度体现了公共服务是否与时俱进，是否根据社会发展和人们需求的变化进行及时调整，表现为公共服务在供给种类、数量、质量、方式上是否及时更新。信任度体现了公众对公共服务供给主体的接受和认可程度。信任度是公众与政府在长期的公共服务供需互动中形成的认知和情感的体验。信任度是公共服务进入良性循环和民众对政府认可的重要标志。公众对公共服务供给主体的信任度越高，对公共服务的接受程度也越高，相应的获得感也越强。

第六，在增加和改善公共服务过程中，要注重提升公共服务感知。一是提

---

① 张青，周振. 公众诉求、均衡性感知与公共服务满意度：基于相对剥夺理论的分析 [J]. 江海学刊，2019（6）：90-95.

升弱势群体对基本公共服务的感知，包括对基本公共服务充分性的感知和对基本公共服务差距的均衡性感知，重视从公共服务的供给到弱势群体获得感的转化过程。二是重视弱势群体的心理感受和价值评判。在提升获得感时，要注重供给过程中弱势群体的心理体验与需求，提升弱势群体的获得感。

　　第七，政府在制定公共服务政策时，要坚持适度原则，不能脱离实际。公共服务应坚持"尽力而为，量力而行"的原则，避免"好高骛远"的倾向。在提升获得感时，注意不要脱离实际地拔高期望，应避免某些西方国家的"福利病"。在制定各项民生措施时，要注意克服西方福利模式的弊病，建立具有中国特色、适合中国转型期社会承载力、适度普惠性的民生发展模式，避免做出不切实际的过高承诺，以保障基本公共服务。

二、普惠性提升与精准性提升相结合

　　政府层面整体提升与分类精准提升相结合。在提升获得感时，既要注重对弱势群体整体普惠层面的提升，也要注重不同弱势群体个性化的需求，进行精准性提升。普惠性提升主要是在增加公共服务的同时，对弱势群体特别是生活困难群体进行救助。研究发现，对生活困难群众的最低生活保障制度能够改善贫困群体的生活满意度，提高主观幸福感和获得感[①]。对弱势群体中的生活困难人群，要继续完善低保制度，在基本的生活、医疗、教育保障等方面维护其基本生活。最低生活保障制度提升了贫困群体对未来生活的信心，消除了弱势群体的后顾之忧，也增强了其获得感。

　　在增加公共服务供给的同时，也应注重公共服务的精准性适配问题。精准化提升是社会治理精细化的要求。不断增强公共服务供给与需求之间的适配性是保障人们享受改革发展红利的关键，是持续提升获得感的重要举措。

　　在分类特惠性层面，应关注不同弱势群体的差异化需求，进行精准性提升。弱势群体对基本公共服务的需求存在地区差异和群体差异，政府的公共服务也应精准化供给，及时精准回应公共服务需求。政府部门应重视弱势群体的差异化需求，进行需求管理，探索建立公共服务需求反馈机制。在充分了解和尊重弱势群体需求的基础上，优化公共服务供给。公共资源服务应尽可能满足不同种类弱势群体的需求，针对不同年龄阶段、不同文化程度和不同收入阶层的弱势群体，采取精准化的供给措施。弱势群体成员只有在"看到自己喜欢的""用

---

① 张栋. 低保制度提升贫困群体主观幸福感、获得感、安全感了吗——基于 CFPS 面板数据的实证分析［J］. 商业研究，2020（7）：136-144.

到自己需要的"和"体验到更便捷"时才能产生真实的获得感①。在帮扶弱势群体时，以弱势群体"需要什么就尽量提供什么"为原则，满足弱势群体的异质性和复杂性需求。不同类型的公共服务对不同年龄群体的获得感提升效果不同。刘蓉等研究发现，住房保障、劳动就业和文化体育三项公共服务能够有效提升青年群体的获得感②。公共教育、医疗卫生和社会服务则在提升中年群体获得感方面更加有效。医疗卫生和社会保障对提高我国老年群体的获得感效果明显。提升中年群体获得感时，可从子女公共教育供给质量入手，建立高质量教育体系。提高中老年群体的获得感可从改善公共医疗卫生服务的供给质量和医疗供需相匹配入手。改善青年群体的获得感可从提高住房保障质量入手。这项研究表明，在提升弱势群体获得感时，应根据弱势群体的特征和需求进行分类精准施策。

应对不同类别弱势群体的社会生活需求的多元化和差异化进行密切关注，有针对性地增强不同类别弱势群体的获得感。对社会性弱势群体，可通过教育和技能培训的方式促进就业，增加经济收入。如对农民工、低收入者和打工人的弱势群体，提高其就业技能，增加其在城市社区的社会认同和接纳。对生理性弱势群体，通过社会保障和医疗救助提升获得感。因为生理性弱势群体的身体缺陷，会从根本上限制弱势群体参与社会建设、融入社会发展的能力③。因此，对身体残疾者，可提供工作生活的便利设施，减少社会歧视等。

三、政府公共服务供给侧结构性改革提升获得感

政府的公共服务供给侧结构性改革应当以需求侧的公众获得感为指引和目标，将公共服务供给与获得感提升结合起来。虽然近年来基本公共服务的投入不断增加，但公众的满意度并未相应增加。这种差异主要是因为基本公共服务供给侧的变革努力与需求侧的获得感提升不成比例，基本公共服务供给不够精准。公共服务的供给侧与需求侧之间缺乏有机联系，供给过程对提升获得感所需的关键因素考虑不周，精准性不足，导致公共服务向获得感的转化不顺畅。因此，应当以需求侧的获得感为依据，统领供给侧的基本公共服务供给。要在公共服务供给与不同群体需求适配的基础上，合理有效地提供公共服务，进行

① 匡亚林，蒋子恒，王瑛. 老年人数字生活参与的获得感从何而来［J］. 学习与实践，2023（1）：43-55.

② 刘蓉，晋晓姝，李明. 基本公共服务获得感"逆龄化"分布与资源配置优化：基于社会代际关系差异的视角［J］. 经济研究参考，2022（12）：94-112.

③ 杨方方. 风险流转下弱势群体的共同富裕之路［J］. 学术研究，2022（9）：107-114.

供给侧结构性改革。

公共服务的供给侧结构性改革应考虑全体成员和弱势群体的个性化需求，精准施策，根据获得感的需求来提升和改善公共服务。公共服务领域存在质与量不足的问题和供需不匹配的问题。公共服务的供给侧结构性改革，应当以需求侧的分析与预判为先导，针对需求侧的公众获得感进行供给。针对获得感进行供给侧结构性改革，也能够防止供给的盲目性。如对数字化智能化进程中的老年群体，要注意解决老年群体在运用数字技术方面遇到的困难，关注老年人差异化的数字需求，提高其在信息化发展中的获得感。

在公共服务供给侧结构性改革中，引入弱势群体的公众参与，有助于满足个体不同层次的需求。弱势群体成员在参与过程中产生的积极情绪能够增加其获得感。根据自我决定论的观点，弱势群体参与的过程中，能够有效提升自主需要、胜任需要和归属需要的满足感。弱势群体这种多种类需要的满足，有利于获得感的提升。

四、注重解决影响获得感的民生问题

获得感与民生领域的发展密切相关，提升获得感应特别注意对民生领域需求的满足。基本公共服务可以分为安全保障型公共服务、民生普惠型公共服务和个人发展型公共服务。李进华的研究发现，民生普惠型公共服务的影响最大[①]。在公共服务提升中，起到兜底保障作用的是民生普惠型公共服务。民生领域的需求是人们较易感知和经常接触的内容，与获得感中的具身体验密切相关。研究发现，民生领域中的住房保障和就业保障水平提高一个单位，能够带来获得感较大比例的提升[②]。民生服务能够增强个体抵御风险的能力，是提升获得感的必要手段。民生领域也容易成为获得感提升的短板。公共服务应优先满足弱势群体较为紧迫的民生需求。首先，通过政府公共服务满足弱势群体基本民生需求。政府应在现有经济社会发展水平基础上，在政府财力的范围内，不断增大公共服务供给规模。公共服务应以居民需求为导向，建立精准化和全方位覆盖的公共服务体系。政府的民生服务应加强供给方式的多样化、资源配置的公平性和服务供给的精准化，辨别不同弱势群体的差异性需求，实现由笼统供给

---

① 李进华. 公共服务供给何以影响居民生活满意度——社会公平感的调节效应分析 [J]. 四川行政学院学报，2021（5）：62-76.
② 徐延辉，李志滨. 社会质量与城市居民的获得感研究 [J]. 南开学报（哲学社会科学版），2021（4）：169-181.

向精准靶向供给转变。其次，在满足基本生存需求后，不断提升公共服务的数量和质量，帮助弱势群体实现美好生活需要。弱势群体在基本生活需求满足后，会产生更高水平的生活需求，对个人发展类的公共服务产生需求，对获得感也提出了更高的要求，即美好生活需要的实现。

民生领域的需求主要集中在教育、医疗、住房保障和环境保护等方面。一是在教育方面，特别是基础教育方面，突出教育服务的公共性和共享性，加大对教育需求的精准识别和供给力度。在职业教育方面，精准提供技能培训和教育服务，提高弱势群体成员的文化水平和技能水平，促使弱势群体通过劳动就业摆脱弱势处境，提高获得感。二是在医疗卫生保障方面，提高医疗卫生资源的便利性。弱势群体成员中存在大量的老幼群体，不断优化对弱势群体的医疗卫生服务，保障弱势群体获得应有的医疗资源。三是在住房方面，提高住房保障的稳定性和连续性。维护农村宅基地制度的保障功能。对农村的弱势群体而言，宅基地具有生存保障和生活兜底的功能，能够在居住需求、养老需求、社会资本及经济基本积累的需求等方面提升农民的获得感[①]。对农村弱势群体，进行危房改造，保障弱势群体的住房安全。对城市弱势群体居民，改善廉租房服务，增加供给和改善监管，为城市弱势群体提供居住保障。

五、社会治理的健全与社会心理体系的建设

政府的社会治理也是提升获得感的重要途径。王俊秀等研究认为，从社会角度来看，通过社会治理可以改善社会环境，为个体追求幸福创造条件[②]。对获得感的实现而言，在社会层面创造的有利条件，虽不能代替个体提升获得感，却能够为个体提升获得感提供资源和环境。陈喜强等人的研究发现，政府的行政措施是提升居民获得感的重要手段[③]。党的二十大报告进一步强调，要完善社会治理体系，建设社会治理共同体。因此，要提升政府社会治理的技能和水平，提高社会治理效能。利用互联网、大数据和人工智能等信息技术手段，构建公共服务一站式的信息窗口或平台，不仅能够拓宽和畅通人们的需求表达渠道，而且可以使公共服务数据信息资源成为公共服务供给的重要参考，提高政府公

---

① 商梦雅，李江.农村宅基地制度对农户主观获得感、幸福感、安全感的影响［J］.西北农林科技大学学报（社会科学版），2022，22（4）：60-71.

② 王俊秀，刘晓柳，刘洋洋.人民美好生活需要的层次结构和实现途径［J］.江苏社会科学，2020（2）：19-27，241.

③ 陈喜强，姚芳芳，马双.区域一体化政策、要素流动与居民获得感提升：基于政策文本的量化分析［J］.经济理论与经济管理，2022，42（6）：96-112.

共服务智慧化、信息化的供给能力。随着居民需求的日益多元化，需要促进公共服务需求表达机制的畅通，健全数据信息收集平台，促进政府部门有效了解真实的公共服务需求，避免以自身偏好代替公众的真实需求，推动社会治理效能和水平的提高。

党的十九大报告提出，应加强社会心理服务体系建设，培育自尊自信、理性平和、积极向上的社会心态①。社会心态是社会治理的风向标和晴雨表②。社会心态包括社会需要、社会情绪、社会认知、社会价值观和社会行为倾向等部分。在积极社会心态培育中，应兼顾个体心理和社会群体心理建设，将社会心态培育、社会心理建设作为提升获得感的重要途径。在社会心理体系建设过程中，政府应结合不同主体需求和获得感的特点，培育积极平和的社会心态并合理引导社会预期，从而引导人们形成对获得感的科学合理认知。

提升弱势群体获得感，就要加强社会心理服务体系建设，改善弱势群体的社会心态。社会心态以随意性、传播性、自主性与感染性的特征③，影响着每个社会成员的社会价值取向和行为方式。社会心态的改善能够有效增强获得感的积极体验。改善弱势群体的社会心态，要发挥政府机构的统筹协同作用、专业人员的主体作用、社会组织的协同作用和弱势群体自身的主动性，把握弱势群体社会心态的发展趋势，并与提升获得感相结合，引导弱势群体的情绪、社会认知、价值取向等社会心态向着积极健康的方向发展，并重视线上线下社会心态的发展，构建科学合理的诉求表达机制和权益保障机制。

六、引导获得感的合理预期与感知

一是产生正确的获得感预期。引导人们对获得感的积极态度，避免消费主义和物质主义倾向下"虚假需求"导致的盲目设置外在物质目标，产生不切实际的获得感期望。弱势群体应从自身实际出发，发挥主观能动性，防止不切实际的期望侵蚀获得感。对弱势群体加强社会心理引导，引导弱势群体理性认识社会发展与个体需要满足之间的关系，对生活做出合理预期并明确通过何种途径能够获得理想的生活。

---

① 习近平. 决胜全面建成小康社会，夺取新时代中国特色社会主义伟大胜利：在中国共产党第十九次全国代表大会上的报告［N］. 人民日报，2017-10-28（1）.
② 侯静. 社会转型中社会心态的理论内涵、逻辑建构及变迁［J］. 北京社会科学，2022（4）：117-128.
③ 司明宇，金紫薇. 如何增强对社会心态的前瞻性引导［J］. 人民论坛，2018（2）：68-69.

二是纾解社会情绪，提升弱势群体的获得感。在信息时代，人们的工作生活节奏不断加快，新冠感染导致各种生活压力、健康问题和不确定性大大增加，焦虑抑郁等消极情绪不断影响人们的生活质量和身心健康。因此，在提升获得感的同时，还要密切注意弱势群体的社会情绪，注重引导理性的社会心理预期和积极平和的社会心态。

三是对弱势群体的社会比较过程进行科学的引导，使弱势群体产生正确的获得感认知。社会比较是获得感产生的重要过程，对社会比较过程的调节是提升获得感的重要手段。王积超、闫威调查发现，在同时考虑绝对收入和相对收入对获得感的影响时，绝对收入的影响作用较小，相对收入对获得感产生显著的影响。这表明造成获得感差异的因素不仅是收入本身。人们的社会比较，如与他人、自身过去以及自身预期进行的比较过程和结果，是获得感的重要影响因素[1]。文宏和林彬对经济发展与获得感之间关系的研究发现，国民经济发展与获得感之间存在路径依赖效应。人们的感受容易受到过去认知和观念的影响，造成与客观事实不相符合的判断[2]。因此，可对人们的获得感进行横向和纵向多方面的比较，减弱以往路径依赖的影响，从社会比较的角度体验到获得感的增强。社会比较后发现对自身当前的状态评价较高，预期收入与实际收入差距较小，获得感就较强。如果社会比较后发现自身预期实现的程度远不及参照群体或预期时，容易产生挫败感与被剥夺感，获得感将遭到削弱。不同的社会参照对象导致不同的社会比较过程，从而对获得感产生不同的影响。个体获得感受横向同辈群体比较因素的影响，强于受纵向自身经济发展状况的影响。个体与同时期他人的比较结果对获得感产生的影响大于与自己以往状态的比较结果。因此，提升弱势群体的获得感要重视社会比较过程，引导弱势群体在与同时期他人进行比较的同时，也要与自己以往的状态进行比较，以更清晰地认识到个体生活状况的改善，进而提升获得感。同时，也要扶持弱势群体，尽量缩小弱势群体与其他正常群体之间的不合理差距，减少横向社会比较带来的不利影响。

---

① 王积超，闫威. 相对收入水平与城市居民获得感研究［J］. 中央财经大学学报，2019（10）：119-128.

② 文宏，林彬. 人民获得感：美好生活期待与国民经济绩效间的机理阐释：主客观数据的时序比较分析［J］. 学术研究，2021（1）：66-73.

第四节　社会层面提升获得感

在提升弱势群体获得感的过程中，社会力量也能够发挥独特的作用。随着社会发展和人们收入的增加，因经济和收入低下所产生的弱势群体将会逐渐减少，弱势群体在经济上会逐渐摆脱弱势处境。弱势群体将更多由社会因素所产生，弱势群体面临的困境主要是社会的认同和接纳不足。因此，要从社会层面提升弱势群体的获得感，在社会层面加强弱势群体的社会认同。社会组织和社会力量可开展多种形式的救助，积极接纳弱势群体参加社会活动、社会组织和社区事务。通过平等对待弱势群体，消除社会排斥，增强社会认同。

一、弱势群体的社会支持

随着我国社会主义现代化建设进程的加快和共同富裕的逐步实现，社会保障的逐步健全完善，由经济原因造成的弱势群体逐渐消失，未来的弱势群体可能主要由社会认同不足所产生，更多地与社会因素相联系而非与经济因素相联系。因此，对弱势群体而言，减少社会排斥、增强社会支持是提升获得感的重要途径。获得感不仅是一种主观感受，还是人们在共享社会发展成果过程中产生的、具有较强社会情境性的产物。因此，需要加强对弱势群体的社会支持来提升获得感。在社会建设过程中，既要提高弱势群体对国家建设和发展成果的共享程度来提高获得感，也要在日常生活中减少排斥行为的发生。在社会排斥产生后，要及时给予弱势群体积极的情绪反馈和情感支持，从情绪上缓解社会排斥对获得感的消极影响。

在社会生活中，应减少对弱势群体的社会排斥，增加社会支持，构建和完善社会支持网络。社会支持是社会各界向弱势群体无偿提供的经济、物质和情感等帮助，能够改善弱势群体的状况。社会层面提供的社会支持，能够增强弱势群体对社会的认同感和归属感。认同感和归属感是个体的本质属性和内在追求，社会的包容和开放程度也必然会对人们的获得感产生影响。Schmitt 等对社会歧视和心理福祉的元分析发现，社会歧视对人们的心理健康和幸福感具有较为显著的消极影响，个体感知到的社会歧视会产生较大的负面影响①。弱势群体对社会排斥和社会支持较为敏感，不断累积的社会排斥会降低获得感的水平。社会排斥还会加剧个体的负性情绪，不利于获得感的提升②。社会歧视则会加剧个体的心理压力，不利于获得感的积蓄。遭受社会排斥后，弱势群体容易造成自我设限，出现社会交往退缩和社会排斥倾向。这些研究成果反映出弱势群体遭受的社会排斥，影响了获得感的提升。因此，要避免对弱势群体形成能力低下、好逸恶劳的消极刻板印象，应将弱势群体看作平等的社会成员和社会发展的重要人力资源，帮助弱势群体转变心理感受，激发其自我效能感，帮助弱势群体树立摆脱困难的信心和决心。

对弱势群体的社会支持有利于增强社会凝聚力。社会整合力量越强，社会就越稳定越团结。弱势群体越能够融入社会，社会凝聚力就越强，获得感也越高。江维国等人对农民工获得感的研究发现，城市融入是获得感的主要成分之一③。对弱势群体中的农民工或打工人来说，如果能够融入城市或当地社区的社会体系，则意味着其与城市文化相融合，得到了社会接纳。可鼓励弱势群体积极参加社区活动，加入一定的社团组织。在政府公共服务难以完全覆盖的领域，社会组织成为公共服务供给的补充主体，满足人们的部分需求。研究发现，参加社团组织和社区活动能够显著提升获得感④。参加社团组织可以扩展个人的社会网络，有利于社会资本的积蓄和人际情感资源的积累。对社区活动的参与能够加强邻里互动，增强弱势群体居民的社区认同感和归属感。

推动社会的包容开放，可增加弱势群体的社会支持，提升获得感。社会包容衡量了各类社会成员融入社会系统的程度。弱势群体的社会包容，反映了弱势群体在社会体系中的融入度和弱势群体感知到自身被其他社会成员支持、尊重和认可的程度。应推动社会对弱势群体的包容开放，保障弱势群体的资源供给，并从制度上推动开放包容，保障弱势群体能够有尊严地生活，最大限度减少弱势群体的社会排斥。朱英格等研究发现，在社会阶层较低时，通过减少被

① SCHMITT M T, BRANSCOMBE N R, POSTMES T, et al. The Consequences of Perceived Discrimination for Psychological Well-being: A Meta-Analytic Review [J]. *Psychological Bulletin*, 2014, 140 (4): 921-948.

② 邵蕾，董妍，冯嘉溪，等. 社会排斥对居民主观幸福感的影响：社会认同和控制感的链式中介作用 [J]. 中国临床心理学杂志，2020，28 (2)：234-238.

③ 江维国，李湘容，黄雯敏. 就业质量、社会资本与农民工的获得感 [J]. 决策与信息，2022 (11)：79-89.

④ 徐延辉，李志滨. 社会质量与城市居民的获得感研究 [J]. 南开学报（哲学社会科学版），2021 (4)：169-181.

排斥感、促进社会支持能够提升人们的获得感①。要不断提升弱势群体的社会适应能力，消除弱势群体在社会融入方面的不平等、不公平和差别，改变全社会对弱势群体的刻板印象，更好地支持弱势群体参与社会生活。

提升公共服务质量也是改善弱势群体社会排斥状况的重要途径。提高公共服务质量有助于改善收入差距和发展不平衡带来的不平等感和相对剥夺感，缩减弱势群体与其他社会群体之间的差距。因此，提高政府公共服务质量不仅能够直接提升获得感，还能够通过社会公平和相对剥夺感的中介作用，提升获得感。

提升弱势群体的就业技能和就业水平，可以拓展弱势群体成员的社会流动和上升空间。社会各界促进弱势群体家庭的就业，能够提升弱势群体整个家庭的获得感。研究发现，低收入的弱势群体家庭中就业人数对家庭获得感具有显著促进作用②。应从弱势群体家庭入手，提升家庭发展能力，提升家庭获得感。对弱势群体家庭成员中具有就业意愿的成员，各界力量应提供就业帮助。通过就业，可以提升家庭发展能力，为获得感提供物质基础。

在提供社会支持时，也要注意维护弱势群体的利益不受侵害。前景理论认为，在具体的经济行为中，个体或组织对亏损的敏感程度，高于对盈余的敏感程度。在同等额度的情况下，亏损所带来的负面情绪要远远大于盈余所激发的积极情绪。因此，在提升获得感时，应注意保证弱势群体的利益尽可能不受侵害。弱势群体本身拥有的权益较少，如果受到侵害，即使较小的权益损失也会造成获得感的较大削弱。在维护弱势群体权益时，应充分发挥基层党团组织、工会、妇联和工友家园的作用，将弱势群体成员有效组织起来，通过合理组织的方式及时将其利益诉求、愿望和建议集中起来，为弱势群体利益表达和维护社会保障等权益提供公开合法的平台③。

二、弱势群体的社会救助

社会救助政策对弱势群体和困难群众的获得感具有较大的提升作用。对生活和工作遇到困难的弱势群体进行及时的社会救助，有利于提升其获得感。在对弱势群体进行社会救助时，应保障救助的充足性、及时性和有用性。接受社

① 朱英格，董妍，张登浩. 主观社会阶层与我国居民的获得感：社会排斥和社会支持的多重中介作用［J］. 中国临床心理学杂志，2022，30（1）：111-115.

② 梁土坤. 环境因素、政策效应与低收入家庭经济获得感：基于2016年全国低收入家庭经济调查数据的实证分析［J］. 现代经济探讨，2018（9）：19-30.

③ 周金华. 乡村振兴视域下的农民现代性培育［J］. 决策与信息，2021（8）：48-56.

会救助的对象一般是遇到困难，生活难以维持的家庭，如家庭成员中有残疾、长期卧床、长期失业或低收入等情况，这些家庭已经遭遇了比较严重的困难，家庭供养负担较重。对这些家庭进行社会救助，使其能够应对生活困难，有助于获得感的维持和提升。路锦非对上海浦东新区居民社会救助的研究发现，接受社会救助的家庭整体获得感高于未接受社会救助的家庭[①]。

对弱势群体的社会救助形式有经济救助、就业救助等。在社会救助时，以经济帮助为主，救助金额是衡量获得感的重要指标。但若救助金额与弱势群体的需求差异较大时，不能满足困难群众的基本需要，那么经济救助在提升获得感方面的效果难以发挥出来。在对弱势群体提供金融救助时，可采取小额贷款和专项开发补贴等措施。梁土坤对低收入弱势群体家庭研究发现，扶贫开发款项补贴和小额贷款能够提升弱势群体家庭的发展能力，对提升经济获得感具有显著的积极影响[②]。弱势群体的就业救助也是重要方式。对弱势群体家庭的就业需求应高度重视，帮助弱势群体中有就业能力和需求的成员通过就业获得稳定收入。

在社会救助时，对弱势群体的救助内容应当更加精准合理。社会救助并非救助越多获得感就越高。社会救助帮扶应提高精准性，对弱势群体的现实需求给予有针对性的精准救助。目前的救助形式以物质救助为主，而服务类救助偏少。在未来对弱势群体进行社会救助时，应该根据弱势群体成员的实际需求，科学提供救助内容，提供弱势群体急需的帮助。在对弱势群体进行医疗帮扶、技能培训类救助时，应提供一些针对性强、贴合需求的救助内容，帮助弱势群体解决在看病、就业方面的需求。在提供经济救助时，救助金额有必要合理增加，以满足被求助者实际需求。对弱势群体的救助在注重精准的同时，也要预防过度福利化的心理和倾向，合理引导社会心理预期，把获得感建立在高质量和稳增长的经济基础之上。

在救助弱势群体时，特别注意不能忽视城市中的弱势群体。长期的脱贫攻坚实践主要针对农村地区的贫困人口，容易使人们忽视城市中需要救助的群体。城市中的弱势群体容易被光鲜的城市经济数据所掩盖。从生活成本来看，农村的物价较低，环境相对良好，农民通过农业种植能够实现自给自足，农民可能

① 路锦非. 社会救助中的民众获得感、幸福感、安全感研究：基于上海浦东新区的实证调查 [J]. 社会科学辑刊，2022（3）：60-70.

② 梁土坤. 环境因素、政策效应与低收入家庭经济获得感：基于 2016 年全国低收入家庭经济调查数据的实证分析 [J]. 现代经济探讨，2018（9）：19-30.

比城市中的弱势群体拥有更好的生活条件与生存状态①。在社会救助时，对城市中的弱势群体不容忽视。

三、发挥社会组织的作用

社会组织是政府公共服务的有效补充，在提升弱势群体获得感方面发挥独特的、难以替代的作用。随着我国社会治理现代化水平的持续提升，社会组织和社会工作者在社会生活中发挥着越来越不可替代的作用。社会组织能够发挥灵活的作用，协调各种主体，实现互助互惠。社会工作的专业服务具有心理调适、能力建设和社会支持等基本功能。当公共服务在某些领域难以发挥作用时，社会组织能够起到补充作用。如居民自发成立的文化娱乐、体育竞技、公益服务等社会组织，通过志愿服务能够满足人们的某种特定需求，提升获得感。

社会组织发挥的重点群体关怀、居民心理咨询等作用也能为弱势群体提升获得感发挥作用。专业的社会组织可参与对弱势群体的帮扶活动，利用自身的专业知识，为弱势群体提供及时有效的服务工作。社会组织可对弱势群体开展心理疏导，缓解心理焦虑。心理疏导通过说明、解释、宣传、咨询等方式，影响弱势群体的心理状态，改变弱势群体的认知和情感。针对弱势群体的心理疏导，不但要关注弱势群体的个体心理状态、心理需求和心理问题，还要关注弱势群体面临困境时产生的恐惧、焦虑、抑郁等感受。弱势群体的心理疏导还要注意消极心理感受对认知观念、情感接纳、行为表现和价值观念的不良影响②。社会组织和社工人员运用社会工作技巧对弱势群体进行心理调适，能够在弱势群体遭遇困境时，尽快帮助其缓解心理抑郁和焦虑情绪，增强弱势群体的生活信心③。社会工作对弱势群体的心理调适，包括建立专业关系、问题分析与需求评估、制定服务目标和计划、危机介入、转移注意力和赋能、链接资源评估成果等环节。在对弱势群体进行赋能的环节，注重改变弱势群体的消极认知和构建社会支持网络。在心理调适过程中，常用的方法有叙事疗法、认知行为疗法、心理疏导技巧等。

社会组织的帮扶要对弱势群体生存活动的整个生态系统进行关注，增强系

---

① 张安驰.中国式分权下的经济发展与城市贫困人群获得感提升［J］.经济与管理评论，2020，36（1）：15-25.

② 秦攀博.突发公共事件影响下城市社区弱势群体的心理疏导：以危机心理干预为视角［J］.理论月刊，2022（2）：103-113.

③ 仇瑞雪.社会工作介入轻度肢残老年人的心理调适研究［D］.三亚：海南热带海洋学院，2023.

统性。社会组织、社区和社会工作者应发挥三社联动的作用，激发社会组织活力。在社会组织帮扶的过程中，注意提高帮扶的覆盖面和有效性。社会组织在帮扶的过程中，也能够提升自身的专业能力，做到助人自助。

第五节　弱势群体自身提升获得感

在获得感的提升过程中，不但要注重外部社会力量的作用，同时也要充分发挥弱势群体自身在获得感提升中的作用。从宏观角度来看，发展是解决所有问题的根本途径。从个体微观层面来看，弱势群体自身的发展也是提升获得感的根本途径。个体发展对获得感具有积极的预测作用①，并且这种预测作用高于社会公平的影响。特别是对获得感较低的群体而言，越强烈地感受到低获得感，个人发展对获得感的提升作用就越强。这表明个体更高更全面的发展是提升获得感的根本途径。从弱势群体获得感的结构维度来看，获得感中的具身体验维度需要个体积极参与社会互动，获得感中的自我评价维度也为个体追求更高层次的获得需求提供动力，激励个体积极作为。因此在发挥政府公共服务和社会力量提升获得感的同时，也要充分激发弱势群体的自主性和能动性。

一、弱势群体发挥自身能动性

（一）树立远大目标

弱势群体发挥自身能动性，首先需要确立积极的人生态度与远大的人生目标。弱势群体要培养积极的态度和心理，避免陷入弱势循环。弱势群体容易陷入循环怪圈，既因为社会、政治或经济上的不利陷入弱势处境，又因其弱势处境而一蹶不振，越发加深弱势程度。要想破解这种怪圈，就要帮助弱势群体树立远大目标。目标的制定不能过低或过高。目标过低，容易导致个体缺乏进取心；目标过高，容易因为目标难以实现而产生挫败感，甚至因此放弃目标。最适宜的目标是通过发挥能动性而能够实现的目标，即不因目标过低而放弃努力，也不因为目标过高而没有相应的实施计划。

对弱势群体成员，特别是未成年人而言，树立远大目标，更可能寻求并利

---

① 吕小康，孙思扬. 获得感的生成机制：个人发展与社会公平的双路径 [J]. 西北师大学报（社会科学版），2021，58（4）：92-99.

用各种外部资源以弥补家庭内部资源不足的劣势。在设立人生目标时，应确立宏图模式，避免近视模式①。宏图模式是家庭在子女的幼年、童年时就为其确立了远大的人生目标，据此制定相应的人生规划，并试图将目标内化进子女的内心。宏图模式包含三个阶段，即父母代理阶段、目标内化阶段、自主性阶段。近视模式是指父母因为经济资本和文化资本的缺乏，放任子女自发地形成短期化的人生目标，或者为子女确立短期取向、低下并容易实现的人生目标。弱势群体成员要克服"低人生目标困境"，家庭社会地位越低，家庭资源越是贫乏，其子女的人生目标就越可能偏低。而偏低的人生目标，会导致弱势群体家庭子女的能动性不足，从而对所能获得的外部资源如公共教育资源利用不充分。如同威利斯在《学做工》中描述的工人子女的情景。他们早早地自发形成了做工人的目标，并因此挑战学校的主流文化，而不愿努力学习。这种人生目标在其中学毕业后就实现了，但从此他们也将长期从事工人的职业。

克服低人生目标，可以采用目标借用模式和目标累进模式。目标借用模式是指弱势群体家庭利用关系网络或社会资本的影响，借用中产阶级家庭为子女确立的人生目标及规划。如弱势群体成员中有亲属、朋友和邻里为中产阶级家庭，参考中产阶级家庭的目标规划。也有研究发现，中产阶级的父母与弱势群体在有关子女的教养理念上没有实质性差异②，都具有望子成龙、望女成凤的期望。并且在一般教育学业成绩上，个人努力具有决定性的作用，家庭文化资本所起的作用有限。这使得目标借用模式具有较强的生命力。本书调查也发现在弱势群体中，拥有专科及以上学历者的比例较低。弱势群体家庭利用公共服务中的教育资源，帮助子女取得较好的学业成绩，有助于摆脱弱势地位。但这种模式也存在不足之处。通过子女教育扭转弱势群体处境，所需等待时间较长，投入资源较多，且存在不确定性。相比于提高就业技能的途径而言，见效较慢。

目标累进模式是指弱势群体家庭在子女人生历程的早期阶段，并没有为子女树立远大的人生目标，但随着时间的推移，弱势群体家庭受到文化因素、制度因素和社会互动因素的影响，而不断修正和提高子女的人生目标。并且随着子女的成长，自身也不断修改和调高他们的人生目标。概括而言，目标借用模式是一次性树立远大的人生目标，目标累进模式是随时间推移而累积性地提升

---

① ［美］安妮特·拉鲁. 不平等的童年：阶级、种族与家庭生活（第2版）［M］. 宋爽，张旭，译. 北京：北京大学出版社，2018：309.
② 洪岩璧，赵延东. 从资本到惯习：中国城市家庭教育模式的阶层分化［J］. 社会学研究，2014，29（4）：73-93，243.

人生目标。对弱势群体家庭而言，可以首先让子女树立努力学习的阶段性教育目标，然后再利用相对公平和客观的考试制度进入高等教育，在高等教育中逐步修正和提升人生目标。吴晓刚的研究也发现，来自弱势群体家庭的学生可以在大学获得和提升文化资本，进而弥补在幼年时代的文化资本不足①。这部分学生在高等教育中既可以学习知识和技能，也能够提升人文素养，并相应地完善和提高人生目标。在大学中，同辈群体的互动机制，如宿舍互动机制、班级互动机制和校园社团互动机制等，是弱势群体学生重构人生目标的重要影响因素。

（二）制定人生规划

弱势群体在制定目标后，需要制定人生规划。目标的实现取决于目标转化为可行计划的能力。制定人生发展规划时，就要考虑到资源的可行性、时间的可行性和动力的可行性。人生规划要有足够长的时间跨度，具有较大的覆盖面，具备可执行能力。在执行规划实现目标的过程中，应抵御各种偏离人生目标的诱惑，避免追求短期化的快乐和满足，维持追求长远目标的能力。自控力是弱势群体成员改善实现处境的必要能力。未能成功改善自身处境的弱势群体，可能是因为人生目标过低，也可能是因为在执行人生规划过程中的自控力不足，难以抵御那些偏离长远目标的短期性快乐和欲望②。

二、弱势群体参与共建共享

（一）弱势群体参与共建共享的必要性

在提升获得感时，应注重个体对获得感的参与，增强具身体验。

从宏观上讲，共建是实现共享的途径，通过共建共享可以实现获得感。获得感不是坐享其成，而是要积极参与。社会质量理论也认为，公民在那些能够提升其福祉状况和个人潜能的条件下，参与共同社会生活和经济生活的程度③，是社会建设的重要内涵。社会质量理论认为个体与社会的互动是个体发展的重要途径。获得感关注的核心也是社会发展成果与人民福祉之间的关系。社会质量理论的观点与获得感的内涵具有一致性。社会参与能够提升个体的社会资本

---

① 吴晓刚. 中国当代的高等教育、精英形成与社会分层来自"首都大学生成长追踪调查"的初步发现 [J]. 社会, 2016, 36 (3): 1-31.
② 王宁, 马莲尼. 目标导向与代际社会流动: 一个能动性的视角 [J]. 山东社会科学, 2019 (4): 50-60.
③ BECK W, MAESEN L, WALKER A. *The Social Quality of Europe* [M]. Kluwer Law International, 1997.

和社会权利，对弱势群体的获得感具有重要意义。邵雅利对公职人员和非公职人员、无稳固收入人员获得感进行对比分析发现，公职人员对我国改革开放成果的获得感较高①。公职人员因为对改革开放的参与度较高，更能够理解和参与我国改革开放的政策制定与实施。其他人群较少参与社会公共事务，认为改革开放成果与自己关联不大。因此，要提高弱势群体对社会治理、社会建设的参与度，贯彻共建共享、共同参与的工作机制，增强其获得感。

从微观上看，弱势群体的参与能够增强具身体验，加深获得感的体验。公众参与具有教育、政治功能，能够提升公众的各方面技能。杨三等研究发现，公众参与在公共服务和获得感之间起到了中介作用，深入的公众参与有利于获得感的增强②。人们通过各种渠道表达需求并参与需求实现的过程，能够提升公众对公共服务的获得感。

提升获得感，也需要个体参与获得感的提升过程，才能更真切地感受获得感。提升获得感离不开人们自身的参与。弱势群体只有亲身参与其中，才能感受到获得感的细小提升，逐渐汇集成获得感较大的提高。只有亲身参与，才能在纵向和横向的社会比较中激发更加积极的正向体验。

弱势群体自身通过共建提升获得感，要坚持共建共享和渐进共享的原则，通过自身劳动满足多层次需要，发挥自身潜能，逐步提升获得感。弱势群体要避免"等、靠、要"的误区，转向"谋、找、创"。弱势群体要避免自主性不强、积极性不高和主体意识薄弱的误区，为改善自身生活和提升获得感争取主动权。

（二）弱势群体共建参与的途径

弱势群体共建共享的主要途径，为就业和劳动。劳动就业是立身之本，是人们得到获得感的主要手段。陈海玉等研究发现，让劳动者有获得感是马克思劳动价值论的基本价值取向和追求目标③。评价社会进步的两个标准——生产力发展和人的自由全面发展，这两个标准只有通过让劳动者有获得感才能实现。让劳动者在共建共享中产生更多获得感，是坚持马克思劳动价值论的重要体现。

---

① 邵雅利. 新时代人民主观获得感的指标构建与影响因素分析 ［J］. 新疆社会科学，2019（4）：139-147.

② 杨三，康健，祝小宁. 基本公共服务主观绩效对地方政府信任的影响机理：公众参与的中介作用与获得感的调节效应 ［J］. 软科学，2022，36（9）：124-130.

③ 陈海玉，郭学静，王静. 马克思劳动价值论视域下劳动者获得感评价指标体系构建研究 ［J］. 生产力研究，2018（3）：7-11，161.

弱势群体也是社会主义的劳动者，是全面建设社会主义国家的重要力量。弱势群体提升获得感，主要通过参加劳动来实现。

劳动是获得的必然途径。通过弱势群体共建共享，能够让弱势群体劳动者达到平均收入水平，摆脱低收入状态。研究发现，有工作的居民比没有工作的居民获得感更高。就业质量越高，个体的获得感就越强。职业技能培训是农民工获得感的重要来源，对受教育程度偏低的农民工而言，技能培训比正规教育更容易直接和有效地提升人力资本，进而提升获得感。研究也发现就业质量对获得感的影响高于社会资本的影响①。工作越稳定，就业扶持力度越大，企业培训越到位，就业福利待遇越高，获得感水平也就越高。朱平利和刘娇阳研究认为，一切成果的取得都必然包含着人们的艰辛劳动付出，工作劳动是人们获得感的重要来源，工作获得感是获得感的重要组成部分②。自我劳动不但包括正式的工作，灵活就业和自由工作也是获得感的实现途径。

弱势群体对政治行为的参与也是共建的重要内容。政治参与是现代政治的基本特征，也是中国特色社会主义政治文明发展的重要内容。政治参与能够实现个人价值和社会价值的有机统一③。但目前公众参与政治行为存在自发性不足、参与持续性较低、参与效果不显著等情况。弱势群体由于自身资源能力有限，政治参与更为薄弱。

本书也发现，弱势群体在参与选举方面的满意度较低，影响了获得感的提升。李东平和田北海的研究发现，获得感对城乡居民的基层选举参与行为具有显著的正向影响④。弱势群体参与基层选举，可能与获得感之间存在相互促进的作用。弱势群体参与政治行为也能够满足其在社会互动中的社会认同需求，有利于融入社会。汤峰和苏毓淞研究发现，具有基层选举行为的民众，其政治获得感高于未曾参加过基层选举的民众⑤。基层选举的参与，能够加强人们与政府

---

① 江维国，李湘容，黄雯敏. 就业质量、社会资本与农民工的获得感 [J]. 决策与信息，2022（11）：79-89.

② 朱平利，刘娇阳. 员工工作获得感：结构、测量、前因与后果 [J]. 中国人力资源开发，2020，37（7）：65-83.

③ 崔岩. 当前我国不同阶层公众的政治社会参与研究 [J]. 华中科技大学学报（社会科学版），2020，34（6）：9-17，29.

④ 李东平，田北海. 民生获得感、政府信任与城乡居民选举参与行为：基于川、鲁、粤三省调查数据的实证分析 [J]. 学习与实践，2021（9）：31-41.

⑤ 汤峰，苏毓淞. "内外有别"：政治参与何以影响公众的获得感 [J]. 公共行政评论，2022，15（2）：22-41，195-196.

的联系，强化自身的主体意识，产生更高程度的政治方面的获得感。人们参加选举活动时，还能与其他社会成员建立良好的互动关系，增加社会资本。政治参与能够加强公众与政府的联系，深化和明晰公众对政府的认知，有助于公众对政府社会治理绩效形成较为客观公允的判断，进而影响获得感。体制内的政治参与行为对获得感的影响大于体制外的参与，真正发生的参与行为对获得感的影响高于意愿上的参与。因此，要重视弱势群体的政治参与作用，不断促进弱势群体通过制度化的途径参加政治活动，减少和降低弱势群体在体制外寻求参与的行为和意愿。

共建参与也要发挥弱势群体在公共服务中的参与作用。戴艳清和李梅梅研究认为，公众对公共服务的参与程度越高，公共服务满意度越高，越能提升公共服务的感知度，进而提升获得感①。以往公共服务中未能给居民提供充分表达需要的渠道，导致信息不对称，公共产品供给不足，供需不匹配，居民对社会治理的参与度和认识水平较低，公共服务供给解决民生问题的能力薄弱。民生领域比较薄弱的环节主要为医疗卫生、环境保护、文化体育供给等，存在供需失调和供不应求等问题。公共服务作为与人们切身利益密切相关的领域，能否有效满足民众的真实需求，影响到公共服务的质量和效率。当前，随着信息手段和电子政务的快速发展，居民对参与公共服务也提出了要求。因此，应充分发挥民众特别是弱势群体成员在政府公共服务过程中的参与权和监督权，利用互联网和大数据支撑进行需求调查和分析，建立需求导向型的公共服务供给机制。

三、弱势群体个体的心理调适

获得感从本质上而言是个体的一种主观感受，获得感离不开个体的心理状态。外部的公共服务和社会支持，属于外部条件的改善，需要通过弱势群体自身的心理作用内化为主观层面的情绪、感知和心理状态，才能对获得感产生提升效果。外部环境的改善，能够增强弱势群体提升获得感的信心与效能。但个体的心理因素对获得感而言发挥的作用更大。在获得感的产生过程中，一些心理因素起到了重要作用。个体的社会比较、归因方式、自我效能感、主观社会阶层、心理资本和认知情绪调节等因素，对获得感的产生和强度具有重要影响。

---

① 戴艳清，李梅梅. 公共数字文化服务可及性对公众文化获得感的影响及作用机理［J］. 图书情报工作，2022，66（21）：3-13.

这些因素是弱势群体心理调适的重要内容。心理调适通过改变个体心理活动的强度和方向，强化或削弱心理力量，从而改变心理状态，维护心理平衡，最大限度发挥个人潜力，以维护或恢复正常的生活状态。弱势群体通过心理调适，能够减少在社会生活中遇到的消极心理感受，进而提升获得感。

（一）社会比较的调节

社会比较是获得感产生的主要过程。个体在与他人比较时，通常在经济、社会地位和权利等方面进行比较。社会比较的方向和结果对获得感具有重要影响。社会比较又会产生差距，差距取决于上行比较还是下行比较。无论是上行比较还是下行比较，都会产生明显的对比效应。研究者发现：个体进行上行比较时，个体的自我评价水平会下降；进行下行比较时，个体的自我评价水平会上升①。个体社会比较的结果，对主观感知产生重要影响。向上比较发现自己在经济、社会地位和权利上处于劣势，产生消极的情绪感受。向下比较发现自己在经济、社会地位和权利方面处于优势，产生积极的情绪感受。向上比较的结果，不利于获得感的产生。向下比较的结果，有利于个体积极情绪的产生，对获得感的提升具有积极的影响。参照对象的选择，决定了社会比较的结果。

弱势群体应合理选择参照对象，在社会比较中摆脱自己的弱势地位，并采用合理的社会比较过程和心理调节，减少消极情绪的产生，降低消极情绪的强度。合理的参照对象一般是指与自己能力相当的个体或群体，选择与自身经济状况相近的参照对象。一是与其他群体比较时，弱势群体应进行全面完整的群体比较，对自身群体的优势和不足产生正确的认识，获得客观的比较结果。在社会比较过程中，采取一些心理防御机制如合理化、升华等技术，减轻处于劣势时产生的心理焦虑感。二是弱势群体可以通过网络化的表达空间，减轻内心的焦虑和不安，获取社会的情感抚慰和人文关怀。弱势群体的相对劣势容易导致心理敏感且抗压能力下降，在社会生活中产生的负面情绪容易引起社会心理分化、相对剥夺感和心理疏离感上升。特别是在重大突发事件如新冠疫情的影响下，容易导致心理承压更重。因此，弱势群体的心理疏导和心理建设也必不可少。消减相对剥夺感的措施有调整参照对象、调节社会比较过程和宣泄消极情绪。

---

① MARSH H W, HAU K T. Big-Fish-Little-Pond Effect on Academic Self-Concept. A Cross-Cultural (26-Country) Test of the Negative Effects of Academically Selective Schools [J]. *The American Psychologist*, 2003, 58 (5): 364-372.

（二）归因方式与无助感的调整

当个体把失败挫折进行内部归因时，个体会出现动机水平下降、认知和情绪受损等无助感。个体失败的内部归因和对环境的控制感降低，是无助感的主要来源。个体的无助感越强，其弱势心理也越强①。个体越倾向于认为自身能力有限，越有可能把自己当作社会中的弱者。个体越是觉得无法控制对自己不利的外部环境，焦虑感越强，进一步降低对自己能力的认知评价，从而强化弱势地位。相比于社会公平感和相对剥夺感，个体的无助感对弱势心理的变异解释率更高，影响作用更强烈。因此，弱势群体要学会使用积极归因，科学合理地分析挫折产生的原因，形成正确归因，改善对事件的解释风格。

（三）主观社会阶层的提升

主观社会阶层对弱势心理认同和获得感具有显著的影响。主观社会阶层与个体的心理和行为联系较为直接。个体对自身社会阶层的感知是产生弱势心理的重要原因。个体认为自己的社会阶层较低，容易产生弱势心理，将自己归属于弱势群体。主观社会阶层与弱势心理的影响叠加，会加剧弱势群体的弱势感受。随着我国社会经济的高质量发展，特别是民生建设快速发展，社会各阶层都从共建共享中获益，整体社会民众的主观社会阶层有所改善。弱势群体的主观社会阶层，应通过横向和纵向社会比较，特别是与以往自身状况的比较，来提升自身的主观社会阶层。

（四）自我效能的提高

自我效能感反映了个体面对外部任务时的自信程度，反映了个体在特定情境下从事和完成某种行为的信心或信念。自我效能高的个体，在面对外部挑战时整体自信程度更高，能够积极主动地应对环境挑战。自我效能较低的个体，面对外部挑战时，容易表现出退缩行为。自我效能影响个体应对压力的方式，自我效能可以缓解压力，调节工作不安全感与身心健康和工作满意度之间的关系②。高自我效能的个体偏好采用问题定向的积极应对策略应对压力情景，低自我效能的个体偏好采用情绪定向的消极应对方式③。弱势群体的生活水平和质量

---

① 赵书松. 转型时期社会分层对个体弱势心理的作用机制 [J]. 珞珈管理评论，2015（2）：32-48.

② 冯冬冬，陆昌勤，萧爱铃. 工作不安全感与幸福感、绩效的关系：自我效能感的作用 [J]. 心理学报，2008（4）：448-455.

③ STUMPF S A, BRIEF A P, HARTMAN K. Self-Efficacy Expectations and Coping with Career-Related Events [J]. *Journal of Vocational Behavior*, 1987, 31 (1): 91-108.

不高，缺乏各种资源，面临的压力也较大。而自我效能在个体应对压力情景中的重要作用，影响弱势群体的应对效果。因此，弱势群体要结合自身以往的成败经验、观察同质他人的成败经验、借助外界的宣传引导和积极的心理状态等途径增强自我效能，并尽力提升弱势群体的社会支持和心理韧性。

（五）心理资本的开发

开发弱势群体的心理资本也是弱势群体心理调节的重要手段。心理资本（psychology capital）是个体在成长和发展过程中表现出来的积极心理状态，是个体价值提升和取得成功的重要因素。心理资本包含了希望、自信、乐观、韧性等积极的心理品质。心理资本中的进取性和主动性与获得感存在密切的联系①。从弱势群体个体层面，激发其积极心理品质，如勇敢、乐观、坚韧、希望和自信特质，可以采取两种方式。一是培养弱势群体的积极认知，促进积极的情绪感受。通过短视频平台等渠道，宣传弱势群体认知提升、情绪调整的方法，正确解读认知和情绪，避免使用悲观、极端的视角看待个人与他人之间的差距。二是塑造弱势群体的积极人格，激发内部坚韧品格的发展。挖掘弱势群体自身的积极品质，如坚忍不拔、吃苦耐劳、奋发自强等，提升获得感。

（六）认知情绪的调节

认知情绪调节是心理调节的重要方法，也是弱势群体便于使用的心理调适手段。并且认知情绪的适应性策略能够增强个体的主观评价②，进而提高个体的自我认知。常用的认知情绪调节方法分积极方法和消极方法。积极方法有乐观重新评价、关注计划、接受、理性分析、积极关注等。消极方法有自我责备、责备他人、灾难化、沉思。增强心理弹性也是心理调适的重要途径，常见的方法有接纳性、社会支持、乐观性、问题灵活应对、内控性等。弱势群体应主动强化使用积极的调节方法，并增强心理弹性，通过认知情绪调节来缓解社会生活中不利处境带来的心理焦虑，转移不良情绪，缓解对获得感的不利影响。

"天赐食于鸟，而不投食于巢。"本书认为提升获得感不但需要外部的资源条件，还需要充分依靠个体努力。人们需要利用改革发展取得的丰富资源和条件，利用强大的物质文明、政治文明、精神文明、社会文明和生态文明成果，依靠良好的内外部条件，通过努力奋斗提升获得感。外部丰富的物质条件，不

---

① 石梦希，杨青松. 心理资本对大学生学习获得感的影响：感恩的调节作用［J］. 衡阳师范学院学报，2020，41（6）：155-159.

② 谢爱武. 领导干部的心理调适能力及其与心理健康的关系［J］. 岭南学刊，2023（1）：51-57.

会自动转化为获得感，而是需要个体不断努力奋斗，通过自我劳动实现获得感的提升，将"天赐之食"捕入巢。获得感不是自动提升的，获得感需要人们通过努力奋斗来实现。获得感从来不在温室里，也不在真空中。提升获得感也不是一蹴而就的，有沟有坎、有风有雨才是获得感的实现过程，在不懈努力奋斗中才能实现和提升获得感。

第九章

研究结论与展望

第一节　研究结论与价值

一、研究结论

本书提出了弱势群体获得感的问题，对以往弱势群体和获得感的研究文献进行了梳理，构建了获得感的概念，开发了获得感的测量问卷，并分析了弱势群体获得感的现状。之后构建了获得感生成机制的理论模型，并进行了验证。最后根据获得感的生成机制，提出了从政府、社会和弱势群体自身三方面提升获得感的多元策略。

第一，本书在已有研究成果和社会需求的基础上，提出弱势群体获得感的研究主题。弱势群体的获得感是落实共享共建发展理念、全面建成小康社会、全面建设社会主义现代化国家和中国特色社会主义理论体系的重要内容。第二，本书进行了系统的文献梳理，对以往弱势群体的概念、弱势群体的成因和类型、弱势群体的救助方式等研究成果进行了梳理分析。第三，在梳理已有文献的基础上，提出本书的研究问题。获得感的概念界定是研究起点，通过对获得感测量问题的解决，落脚于如何提升获得感。第四，本书根据获得感的本质和社会关切，在分析已有获得感的概念研究基础上，构建了获得感的概念。获得感是将自己劳动付出所得到的各种物质权益、精神权益、社会权益与预期收益和自身需要进行比较，而产生的认知评估和情绪感受。第五，在对以往获得感测量方式和测量工具进行分析的基础上，通过实证检验，构建和验证了获得感的维度结构。弱势群体获得感包括情绪感受、具身体验、自我评价和问题解决四个维度。本书选取贫困群体、农民工和残疾群体作为弱势群体的典型代表。通过对弱势群体的问卷调查和信度分析、探索性因素分析、验证性因素分析和校标检验，证实问卷的信、效度达到测量学的要求，能够作为获得感的有效测量工具。第六，根据获得感问卷的调查数据，分析了弱势群体获得感的现状。弱势群体的获得感整体较高，但个别方面需要提升。获得感在内容上，外在物化方面高，内在感受方面低。获得感在结构上，情绪感受和问题解决维度水平高于具身体验与自我评价维度。第七，根据获得感的影响因素和产生过程，构建了获得感生成机制的理论模型。获得感是在政府公共服务、主观幸福感和相对剥夺的共同作用下产生的，主观幸福感在政府公共服务和获得感间起到中介作用，相对剥夺感调节了公共服务对获得感的影响。此外，还分析了弱势群体获得感在性别、年龄、婚姻状况、居住地、类别、主观社会地位、文化程度、身体健康、家庭经济状况等因素上的差异。弱势群体获得感在受教育程度和家庭经济状况上存在显著差异。第八，根据获得感的生成机制，提出了获得感的多元协同提升策略。提升弱势群体的获得感，最根本的途径为改善弱势群体的处境，并需要政府改进公共服务、社会层面提高社会支持、弱势群体自身发挥能动性积极参与共建，三方力量相互协同。多元协同机制覆盖面广，包含了宏观层面和个体微观层面的因素，对各方面作用进行界定，能够有效提升弱势群体的获得感。

二、研究价值

在全面建设社会主义现代化国家的进程中，提升全体人民的获得感已成为以人民为中心的发展理念的应有之义。提升弱势群体的获得感，是实现共同富裕的重要内容，体现了以人民为中心的理念。本书对弱势群体获得感开展研究，并取得了一定的成果，主要研究价值有六个方面。

第一，界定了弱势群体获得感的概念。本书从获得感的实质和产生过程的角度界定了获得感的概念，对既有研究成果提供了有益补充。获得感概念的界定，明确了获得感的内涵，使研究对象更为清晰完整，促进了获得感的理论发展。

第二，明确了获得感的测量问题。获得感提出后，既有研究缺乏对获得感概念内涵和基本结构的系统探讨，没有明确的获得感定义，对获得感的测量也难以推进①。目前的测量方式以获得感的内容为主，从民生领域的典型内容中寻求获得感的测量项目，偏重获得感的表现形式，忽视了获得感的实质和产生过

---

① 谭旭运，董洪杰，张跃，等. 获得感的概念内涵、结构及其对生活满意度的影响［J］.社会学研究，2020，35（5）：195-217，246.

程。本书从获得感的本质和过程入手，以弱势群体为主，研制了获得感的测量问卷。测量问卷经过测量学的信、效度检验，达到了测量学标准，能够用于弱势群体获得感的测量。

第三，分析了弱势群体获得感的现状。对弱势群体获得感的现状和差异进行分析，有利于掌握弱势群体获得感的优势和薄弱方面。对弱势群体获得感进行经验总结，了解弱势群体获得感的特点，并对获得感进行了测评。

第四，解释获得感的产生过程，分析获得感的影响因素。获得感的产生逻辑是获得感研究的重要问题。本书对获得感的生成机制进行了分析，从获得感的过程性、宏观因素和微观因素相结合的角度入手，分析弱势群体获得感的产生过程。本书构建的弱势群体获得感生成机制模型，更关注获得感产生的过程，注重弱势群体与政府的双向互动。研究成果对获得感的产生研究做出了理论贡献。

第五，提出获得感的提升策略。本书从政府、社会和弱势群体自身三个层面及各层面的协同入手，提出获得感的提升策略。本书从发挥外部资源优势和内部能动性的角度，结合宏观政策与微观因素，从获得感的主要影响因素入手，提出获得感的提升策略。对各方的地位和作用进行明确和界定，避免出现责任不到位或包揽过度的问题。研究成果为提升全体人民和弱势群体的获得感提供了理论和实践参考。

第六，聚焦弱势群体的获得感。弱势群体由于自身的因素，在社会生活中处于劣势，容易遭遇风险。目前我国风险分配呈金字塔形，处于社会底层的个体承担了较大风险[1]。杨方方分析认为，社会风险分布极不均衡，风险不断由强者向弱者转移聚集，弱势群体的共同富裕进程充满挑战[2]。因此在现代化进程中，对弱势群体及其面临的困难要特别关注。在实现共同富裕的过程中，应特别注意对弱势群体获得感的维护和提升。

---

[1] 胡荣，段晓雪. 农民的民生保障获得感、政府信任与公共精神 [J]. 西北农林科技大学学报（社会科学版），2023，23（2）：103-112.

[2] 杨方方. 风险流转下弱势群体的共同富裕之路 [J]. 学术研究，2022（9）：107-114.

第二节　研究展望

一、弱势群体的界定

以往研究多从弱势群体某方面的不利特征来对其进行界定，如经济收入低下、身体功能受损、社会认可缺乏等。以往界定关注的是弱势群体某方面的静态特征，但忽视了弱势群体的相对性和动态性。"虎落平阳被犬欺"这句谚语说明强弱是相对的，并非一成不变的，强弱受到外界条件的影响。弱势群体具有相对性和动态性。强势群体在面临更为强势的个体或群体时，可能会在心理上自我归属于弱势群体①。弱势群体是一个并不完全固化或特定的群体，社会条件或比较对象的变化，会造成弱势群体的改变。在一定社会条件下，强者转变为弱者，弱者转变为强者。当前新出现的社会现象，使得以往弱势群体的概念难以解释。与弱势群体几乎没有联系的都市白领、党政干部和知识分子都认为自己是弱势群体。此外，还有弱势群体通过社会革命或群体性事件改变自身的弱势地位。因此有必要对弱势群体的概念进行重构。

弱势群体是一个相对和动态的概念。从辩证统一的角度来看，既然存在着弱势群体，那么必然存在着与弱势群体相对应的优势群体。弱势群体也并非一成不变的，其形成和演变受到自身和外界条件的影响。弱势群体在不同的时空和语境下呈现不同的含义。在界定弱势群体时，对优势群体也应做出界定。以往定义偏重从静态和孤立视角来界定弱势群体，而对与弱势群体相对应的优势群体关注较少。弱势群体与优势群体既相对应又不可分割。对二者可以在弱势群体和优势群体的相互对比中进行界定。弱势群体是相对于优势群体而言的，在一定条件下，弱势群体可以转变为优势群体。每个人都是弱者，每个弱者也都是潜在的强者。

从群际关系的视角也能够对弱势群体进行界定。Drury 和 Reicher 在对球迷和警察的互动交往研究中发现，警察拥有较多主动权，能够根据自己的意愿将

---

① 秦攀博.突发公共事件影响下城市社区弱势群体的心理疏导：以危机心理干预为视角[J]. 理论月刊，2022（2）：103－113.

球迷作为暴乱者进行制裁①。而球迷则拥有较少的主动权，是被当作赛场的观众还是潜在的暴乱者取决于警察群体。因此，其研究认为当甲群体成员对自身群体的认识与乙群体对甲群体的看法不一致，并且乙群体拥有按照自己的看法对待甲群体的权力时，甲群体成员就会发现自身群体在群际关系中处于劣势，自身群体处于弱势地位。在警察与球迷的群际关系中，警察处于优势群体的地位，球迷则为弱势群体。这种界定方式，实质上是以群际关系中拥有的权力大小对弱势群体进行界定的。

弱势群体与优势群体是相对而言的。蒋笃君对大学生弱势群体的研究认为，强弱是相对的，暂时处于弱势地位并不代表永远处于弱势地位，处于弱势地位的大学生也未必一直处在弱势地位②。弱势群体是一个相对的概念，是在群际关系中处于不利地位的群体，优势群体不再专指"有钱有势"的人，而是在群际关系中占据有利地位的群体。弱势群体并不必然指贫困者和失业者，每一群体在优势群体面前都可能成为弱势群体。在城市里，相对于城市居民，进城务工的农民工是弱势群体。而农民工与那些因年龄偏大、技能缺乏等原因无法进城打工的农民相比，便是优势群体。强弱是相对而动态的。老年群体与中青年群体，儿童群体与成人群体，学生群体与教师群体，雇员群体与雇主群体，残疾人与正常人群体，失业群体与就业群体，农民工群体与市民群体，女性群体与男性群体，消费者群体与销售者群体，等等，在社会结构中构成不对称的权力关系，存在着弱势与优势的区别。前者在群际关系和社会结构中的不利境况，使其权益容易遭受后者的伤害或侵蚀，前者是弱势群体，后者为优势群体。

通过对国内外研究者关于弱势群体界定和群际关系研究的分析，本书认为弱势群体不仅可以根据自身群体的特征进行界定，也可以在群际关系中进行界定；既可以从静态的视角进行界定，也可从动态的群体间力量对比来界定。因此，本书在动态视角和群际关系视角下，针对以往概念界定面临的问题，对弱势群体和优势群体进行重新界定。优势群体是在群际关系中处于有利地位的群体，能够优先满足自身群体的需求，并能够在不顾及弱势群体需要的情况下自主决定是否及如何回应弱势群体的需求。弱势群体是在群际关系中处于劣势和不利地位的群体，难以满足自身群体的需求，也难以自主决定是否及如何回应

---

① DRURY J, REICHER S. Collective Action and Psychological Change: The Emergence of New Social Identities [J]. *British Journal of Social Psychology*, 2000, 39 (4): 579-604.

② 蒋笃君. 大学生弱势群体思想政治工作的现状与对策 [J]. 河南工业大学学报（社会科学版），2018, 14 (1): 100-108.

优势群体的需求。在优势群体与弱势群体的相互关系中，优势群体拥有较多的主动权，控制力强；而弱势群体拥有的主动权较少，控制力弱，不得不遵从优势群体的意愿。优势群体的需求能够得到及时和充分满足，而弱势群体的需要则难以得到及时和充分满足。

二、获得感与美好生活需要

党的十九大报告指出："中国特色社会主义进入新时代，我国社会主要矛盾已经转化为人民日益增长的美好生活需要和不平衡不充分的发展之间的矛盾。"① 同时也指出，不断满足人民日益增长的美好生活需要，使人民获得感、幸福感和安全感更加充实。党的二十大报告又对这一论断进行了肯定②。实现美好生活需要是社会各界追求的目标。美好生活需要与获得感的关系，也成为研究者关注的问题。

获得感和美好生活需要在概念结构上存在一定相似之处。王俊秀等通过词汇自由联想、量表开发等过程，探索了美好生活需要的结构③。美好生活需要包含三个维度，分别是个人物质维度、家庭和人际关系维度、国家和社会环境维度。个人物质维度包含的项目有得到享受、有钱花、享受富足的物质生活、去旅游、满意的收入等。家庭和人际关系维度包括家人团圆、家庭温馨、家人之间相亲相爱、亲密爱人和爱情甜蜜等。国家和社会环境维度包括世界和平、社会和谐、社会稳定、司法公正、社会文明、民主的制度、国家富强、安全的生活环境。从项目内容来看，美好生活需要的内容与获得感的内容存在相似之处，具身体验维度、自我评价维度与个人物质维度具有相似的内容，问题解决维度与国家和社会环境维度具有相似的内容。但获得感中的情绪维度与美好生活需要几乎没有相似的内容，家庭和人际关系维度与获得感也几乎没有相似的内容。美好生活需要包含了个体微观和宏观两个层面，获得感主要针对个体自身的感受，对国家和社会宏观方面的内容涉及较少。在美好生活需要的项目中，对人际关系特别是家庭成员和爱情亲密关系的重视程度较高，说明亲密的家庭和爱

---

① 习近平.决胜全面建成小康社会，夺取新时代中国特色社会主义伟大胜利：在中国共产党第十九次全国代表大会上的报告 [N].人民日报，2017-10-28 (1).

② 习近平.高举中国特色社会主义伟大旗帜，为全面建设社会主义现代化国家而团结奋斗：在中国共产党第二十次全国代表大会上的报告 [N].人民日报，2022-10-26 (1).

③ 王俊秀，刘晓柳，刘洋洋.人民美好生活需要的层次结构和实现途径 [J].江苏社会科学，2020 (2)：19-27，241.

情关系在美好生活中占据重要的地位，但获得感主要针对个体的主观感受，以自身为主，较少涉及家庭亲密关系。本书认为获得感主要是个体导向，而美好生活需要则同时包含了个体层面、家庭层面、社会和国家层面等三个层面，涉及的内容更为完整全面。要实现美好生活需要，个体、家庭、社会与国家层面都要付出努力。

获得感和美好生活需要存在一定关联。从数据分析来看，王俊秀等的调查发现，美好生活需要与获得感之间存在较为显著的正相关[①]。在美好生活需要与获得感、安全感和幸福感的相关分析中，获得感与美好生活需要各维度之间相关最高，远高于美好生活需要与安全感和幸福感的相关。人们在各个方面产生的获得感，在一定程度上能够提升个体对现状和未来的积极预期，产生较为稳定的认知和信心，增强个体对自身生活状态的满意体验，产生较强的幸福感知。目前对美好生活需要的研究较为薄弱，缺乏深入系统的研究，对弱势群体美好生活需要的研究更为稀缺，未来研究有必要对弱势群体的美好生活需要进行探索研究。

三、获得感测量与评价的优化

本书尽量选取贴近获得感内涵维度的项目，但也可能存在部分项目并非特别贴切，各维度的丰富内涵未能得到充分体现。因此，为了更好地发挥获得感的测量评价作用，有必要进一步系统深入地探索获得感的细化指标，使获得感能够真正反映社会改革发展成果，成为社会治理成效的测评工具。

有组织就有管理，有管理就有评价。考核评价是组织管理的固有基因，符合管理的基本原理。在全面提升弱势群体的获得感时，也应建立科学有效的绩效评价体系与机制，对提升效果应进行测评，从而对获得感的提升策略进行优化调整。在对获得感提升效果进行评价时，应参考获得感的知晓度、当地党委和政府对弱势群体获得感的重视程度、获得感提升工作的推进情况、弱势群体获得感的主观感受、弱势群体参与社会活动的情况等测评内容[②]。

四、获得感产生模型的细化

本书发现政府的公共服务是获得感和主观幸福感的重要影响因素。公共服

---

① 王俊秀，刘晓柳，刘洋洋. 人民美好生活需要的层次结构和实现途径 [J]. 江苏社会科学，2020 (2): 19-27, 241.

② 向继红，王方略，路婉玉. 乡村振兴获得感指标体系及实证研究 [J]. 统计理论与实践，2023 (1): 60-66.

务水平的高低是影响弱势群体获得感的主要因素之一。研究发现，公共服务供给水平的高低和供给模式对主观幸福感和获得感具有重要影响①。公共服务供给模式有垂直合作生产和横向合作生产两种。垂直合作生产是合作网络存在明显的领导者主导，领导者往往在资源与合法性方面占据绝对优势，政府一般占据了领导地位。横向合作生产是指合作网络各方共享权力并以平等的协商运行为主。当公共服务供给水平较低时，横向合作的供给模式对主观幸福感和获得感具有显著的正向影响，垂直合作的供给模式影响不显著。当公共服务供给水平较高时，垂直合作的供给模式对主观幸福感和获得感具有显著的正向影响，横向合作的供给模式影响不显著。并且只有在公共服务供给水平较高时，公共服务才有助于提升主观幸福感和获得感。其研究成果对于从政府公共服务供给细分的角度、从公共服务的水平高低和模式不同的角度来研究获得感具有重要的借鉴价值。未来研究也可尝试对公共服务进行细化和分类探索。在提升获得感时，也可以考虑根据公共服务供给水平的不同，创新公共服务供给模式来激发更高的获得感。

由于弱势群体是一个相对概括的概念，弱势群体内部也包含不同的类型。未来研究可根据弱势群体的本质特征，将弱势群体划分为不同的类型，对弱势群体的获得感进行细化分类研究。例如杨方方将生理性弱势群体根据年龄、健康状况和性别分为单维弱势群体和多维弱势群体②。社会性弱势群体也能够进行细分，如工伤职工、公共事件受损群体等。未来研究可开展不同类别弱势群体获得感的差异化结构研究，并对获得感进行精细化提升。

五、研究不足

由于受到研究资源条件和研究能力的局限，本书存在以下几点不足。

一是对获得感测量问卷的探讨停留在表面水平，对测量问卷的分析程度有待深入。获得感是近几年提出的，关于弱势群体获得感的研究较为缺乏。对弱势群体获得感的测量研究，可参考资料较少，研究不够深入。

二是样本不够全面，数据单一。在被试样本上，因人力和财力限制，取样范围有所局限。调查数据部分来自网络调查，虽然节省资源和效率较高，但网络调查反映信息有限，只能在限定范围内作答。后续研究可增加纸质问卷和现

---

① 杨宝，李万亮．公共服务的获得感效应：逻辑结构与释放路径的实证研究［J］．中国行政管理，2022（10）：135-143.

② 杨方方．风险流转下弱势群体的共同富裕之路［J］．学术研究，2022（9）：107-114.

场调查等手段，收集更丰富的信息。本书主要采取一次性测量方式取得数据，未能采用追踪调查和截面数据，数据分析和推论只在群体层面具有实际意义。

三是弱势群体获得感研究和分析的因素较为单一。本书主要关注了公共服务、主观幸福感和相对剥夺等因素对弱势群体获得感的影响，对各因素之间的交互作用没有进一步分析，需要深入研究。分析了公共服务对获得感的影响，但未对不同类型公共服务对获得感影响的差异进行细化分析，未深入探讨不同类型的公共服务对获得感的内在作用机理。

四是弱势群体获得感的研究内容丰富，涉及社会、心理、政治、经济等多方面的研究议题。本书仅探索了弱势群体获得感的概念、测量和提升问题，研究内容薄弱，对其他方面的获得感未做探讨。在对弱势群体获得感的提升上，未来研究可以借鉴民政部门的分层分类救助方式，对弱势群体的需求进行精准分类，对弱势群体的获得感开展分层分类的精准提升。

参考文献

一、中文文献

（一）中文著作

［1］戴海琦．心理测量学［M］．北京：高等教育出版社，2015.

［2］郭秀艳．实验心理学［M］．北京：人民卫生出版社，2007.

［3］何兰萍，傅利平，等．公共服务供给与居民获得感：社会治理精细化的视角［M］．北京：中国社会科学出版社，2019.

［4］侯杰泰，温忠麟，成子娟．结构方程模型及其应用［M］．北京：教育科学出版社，2004.

［5］胡建国，兰宇．北京市居民获得感调查［A］//宋贵伦，冯虹，胡建国，等．社会建设蓝皮书：2017年北京社会建设分析报告［M］．北京：社会科学文献出版社，2017.

［6］漆书青．现代测量理论在考试中的应用［M］．武汉：华中师范大学出版社，1998.

［7］邱皓政，林碧芳．结构方程模型的原理与应用［M］．北京：中国轻工业出版社，2009.

［8］王俊秀，陈满琪．社会心态蓝皮书：中国社会心态研究报告（2017）［M］．北京：社会科学文献出版社，2017.

［9］吴明隆．结构方程模型——Amos实务进阶［M］．重庆：重庆大学出版社，2013.

［10］余少祥．弱者的权利：社会弱势群体保护的法理研究［M］．北京：社会科学文献出版社，2008.

［11］郑永扣，郑志龙，刘学民，等．河南社会治理发展报告（2015）

［M］．北京：社会科学文献出版社，2015.

［12］郑永扣，郑志龙，刘学民，等．河南社会治理发展报告（2016）［M］．北京：社会科学文献出版社，2016.

（二）中文译著

［1］［美］安妮特·拉鲁．不平等的童年：阶级、种族与家庭生活（第2版）［M］．宋爽，张旭，译．北京：北京大学出版社，2018.

（三）中文期刊

［1］白秀银，康健．以基本公共服务均等化增强民族地区群众获得感［J］．人民论坛·学术前沿，2020（17）：112-115.

［2］蔡思斯．社会经济地位、主观获得感与阶层认同：基于全国六省市调查数据的实证分析［J］．中共福建省委党校学报，2018（3）：96-104.

［3］曹现强，李烁．获得感的时代内涵与国外经验借鉴［J］．人民论坛·学术前沿，2017（2）：18-28.

［4］陈海玉，郭学静，刘庚常．基于结构方程模型的劳动者主观获得感研究［J］．西北人口，2018，39（6）：85-95.

［5］陈海玉，郭学静，王静．马克思劳动价值论视域下劳动者获得感评价指标体系构建研究［J］．生产力研究，2018（3）：7-11，161.

［6］陈沛然．员工获得感及其镜像研究的管理启示［J］．甘肃社会科学，2020（3）：208-214.

［7］陈喜强，姚芳芳，马双．区域一体化政策、要素流动与居民获得感提升：基于政策文本的量化分析［J］．经济理论与经济管理，2022，42（6）：96-112.

［8］成琪，古瑛，徐咏仪．高职院校贫困生人际关系获得感现状及提升策略［J］．广州城市职业学院学报，2018，12（2）：48-52.

［9］程仕波．获得感在大学生思想政治教育评价中的优势及限度［J］．思想教育研究，2021（5）：18-22.

［10］崔岩．当前我国不同阶层公众的政治社会参与研究［J］．华中科技大学学报（社会科学版），2020，34（6）：9-17，29.

［11］崔友兴．新时代乡村教师获得感的内涵、构成与价值［J］．当代教育与文化，2020，12（2）：84-89.

［12］戴艳清，李梅梅．公共数字文化服务可及性对公众文化获得感的影响

及作用机理 [J]. 图书情报工作, 2022, 66 (21): 3-13.

[13] 邓稳根, 黎小瑜, 陈勃, 等. 国内心理学文献中共同方法偏差检验的现状 [J]. 江西师范大学学报 (自然科学版), 2018, 42 (5): 447-453.

[14] 董洪杰, 谭旭运, 豆雪姣, 等. 中国人获得感的结构研究 [J]. 心理学探新, 2019, 39 (5): 468-473.

[16] 杜建政, 赵国祥, 刘金平. 测评中的共同方法偏差 [J]. 心理科学, 2005 (2): 420-422.

[17] 段忠贤, 吴鹏. "民生三感" 测评指标体系构建及检验 [J]. 统计与决策, 2021, 37 (24): 171-175.

[18] 樊红敏, 王新星. 地方政府疫情防控行为如何影响居民获得感——基于公众满意度的实证调查 [J]. 河南师范大学学报 (哲学社会科学版), 2022, 49 (5): 82-89.

[19] 范恒山. 城镇弱势群体产生的体制原因辨析 [J]. 中国党政干部论坛, 2002 (4): 15-16.

[20] 冯冬冬, 陆昌勤, 萧爱铃. 工作不安全感与幸福感、绩效的关系：自我效能感的作用 [J]. 心理学报, 2008 (4): 448-455.

[21] 冯帅帅, 罗教讲. 中国居民获得感影响因素研究：基于经济激励、国家供给与个体特质的视角 [J]. 贵州师范大学学报 (社会科学版), 2018 (3): 35-44.

[22] 付安玲. 大数据时代思想政治教育 "获得感" 的人学意蕴 [J]. 思想教育研究, 2018 (2): 37-41.

[23] 高强. 断裂的社会结构与弱势群体构架的分析及其社会支持 [J]. 天府新论, 2004 (1): 85-89.

[24] 龚紫钰, 徐延辉. 农民工获得感的概念内涵、测量指标及理论思考 [J]. 兰州学刊, 2020 (2): 159-169.

[25] 关香丽, 程斌, 张春霞, 等. 农民工市民化进程中的获得感现状研究 [J]. 劳动保障世界, 2016 (30): 8-9.

[26] 郭倩倩, 王金水. 乡村振兴背景下农民主体性提升的困境及其纾解 [J]. 江海学刊, 2021 (5): 146-153.

[27] 郭庆科, 李芳, 陈雪霞, 等. 不同条件下拟合指数的表现及临界值的选择 [J]. 心理学报, 2008 (1): 109-118.

[28] 郭文山, 陈涛, 孙宁华. 老年群体内在需求满足如何影响主观幸福感——以适老版移动政务"赣服通"为例 [J]. 兰州学刊, 2022 (6): 143-160.

[29] 郭珍磊, 尹晓娟. 高校贫困生获得感的提升策略 [J]. 大理大学学报, 2017, 2 (1): 78-82.

[30] 何小芹, 曾韵熹, 叶一舵. 贫困大学生相对获得感的现状调查分析 [J]. 锦州医科大学学报 (社会科学版), 2017, 15 (3): 65-67.

[31] 洪岩璧, 赵延东. 从资本到惯习: 中国城市家庭教育模式的阶层分化 [J]. 社会学研究, 2014, 29 (4): 73-93, 243.

[32] 洪业应. 农村贫困人口的获得感: 一个概念的社会学意义及其政策启示 [J]. 重庆理工大学学报 (社会科学), 2020, 34 (4): 82-89.

[33] 侯杰泰, 成子娟, 马殊赫伯特. 验证性因素分析: 问卷题数及小样本应用策略 [J]. 心理学报, 1999 (1): 76-83.

[34] 侯静. 金钱和自由博弈下安全感、幸福感、获得感的缺失: 外卖骑手社会心态的研究 [J]. 社会治理, 2022 (6): 50-58.

[35] 侯静. 社会转型中社会心态的理论内涵、逻辑建构及变迁 [J]. 北京社会科学, 2022 (4): 117-128.

[36] 胡洪曙, 武锶芪. 基于获得感提升的基本公共服务供给结构优化研究 [J]. 财贸经济, 2019, 40 (12): 35-49.

[37] 胡鹏, 路红, 马子程. 验证性因子分析中允许误差相关的可行性与条件性 [J]. 统计与决策, 2018, 34 (19): 37-41.

[38] 胡荣, 段晓雪. 农民的民生保障获得感、政府信任与公共精神 [J]. 西北农林科技大学学报 (社会科学版), 2023, 23 (2): 103-112.

[39] 胡万年, 叶浩生. 中国心理学界具身认知研究进展 [J]. 自然辩证法通讯, 2013, 35 (6): 111-115, 124, 128.

[40] 黄艳敏, 张文娟, 赵娟霞. 实际获得、公平认知与居民获得感 [J]. 现代经济探讨, 2017 (11): 1-10, 59.

[41] 冀潜, 黄修远, 刘金果. 河南城乡居民 2021 年获得感、幸福感、安全感调查问卷分析 [J]. 统计理论与实践, 2022 (5): 68-70.

[42] 江维国, 李湘容, 黄雯敏. 就业质量、社会资本与农民工的获得感 [J]. 决策与信息, 2022 (11): 79-89.

[43] 姜雪，王蕴，李清彬，等．提升经济增长的居民收入获得感研究 [J]．中国经贸导刊，2021（5）：50-54.

[44] 蒋笃君．大学生弱势群体思想政治工作的现状与对策 [J]．河南工业大学学报（社会科学版），2018，14（1）：100-108.

[45] 金伟，陶砥．新时代民生建设的旨归：增强群众获得感、幸福感与安全感 [J]．湖北社会科学，2018（5）：153-157.

[46] 匡亚林，蒋子恒，王瑛．老年人数字生活参与的获得感从何而来 [J]．学习与实践，2023（1）：43-55.

[47] 李斌，张贵生．居住空间与公共服务差异化：城市居民公共服务获得感研究 [J]．理论学刊，2018（1）：99-108.

[48] 李丹，杨璐，何泽川．精准扶贫背景下西南民族地区贫困人口获得感调查研究 [J]．四川大学学报（哲学社会科学版），2018（3）：57-62.

[49] 李东平，田北海．民生获得感、政府信任与城乡居民选举参与行为：基于川、鲁、粤三省调查数据的实证分析 [J]．学习与实践，2021（9）：31-41.

[50] 李进华．公共服务供给何以影响居民生活满意度——社会公平感的调节效应分析 [J]．四川行政学院学报，2021（5）：62-76.

[51] 李乐平，宋智敏．对我国弱势群体和社会保障问题的法理思考 [J]．湘潭大学社会科学学报（研究生论丛），2003（S1）：122-123.

[52] 李磊．获得感视域下的农民工超时劳动叙事：一项基于代际比较的质性研究 [J]．安徽农业大学学报（社会科学版），2020，29（1）：95-101，120.

[53] 李林．法治社会与弱势群体的人权保障 [J]．前线，2001（5）：23-24.

[54] 李路路，石磊．经济增长与幸福感：解析伊斯特林悖论的形成机制 [J]．社会学研究，2017，32（3）：95-120，244.

[55] 李强彬，李佳桧．村庄异质性、村民协商获得感与村委会工作满意度：基于 10 个乡镇 1987 个样本的实证分析 [J]．经济社会体制比较，2018（4）：81-90.

[56] 李阳春，沈雁．浅析弱势群体保障法 [J]．株洲工学院学报，2004（1）：36-38.

[57] 李姚矿．统计抽样测试中影响样本量的因素分析 [J]．运筹与管理，

2000（1）：115-118.

[58] 李营辉．高校民族生教育获得感的异化与复归：以马斯洛需求理论为视角［J］．贵州民族研究，2018，39（5）：232-236.

[59] 李忠路，邱泽奇．家庭背景如何影响儿童学业成就——义务教育阶段家庭社会经济地位影响差异分析［J］．社会学研究，2016，31（4）：121-144，244-245.

[60] 梁崇新，钟玉容．精准扶贫政策实施过程中农户获得感的现状研究：以北流市平政镇双头村为例［J］．山西农经，2020（1）：58，62.

[61] 梁土坤．环境因素、政策效应与低收入家庭经济获得感：基于2016年全国低收入家庭经济调查数据的实证分析［J］．现代经济探讨，2018（9）：19-30.

[62] 廖福崇．公共服务质量与公民获得感：基于CFPS面板数据的统计分析［J］．重庆社会科学，2020（2）：115-128.

[63] 林学启．如何增强人民的获得感幸福感安全感：学习贯彻党的十九大精神系列党课之二十五［J］．党课参考，2018（4）：26-41.

[64] 刘明，王永瑜．Durbin-Watson自相关检验应用问题探讨［J］．数量经济技术经济研究，2014，31（6）：153-160.

[65] 刘蓉，晋晓姝，李明．基本公共服务获得感"逆龄化"分布与资源配置优化：基于社会代际关系差异的视角［J］．经济研究参考，2022（12）：94-112.

[66] 路锦非．社会救助中的民众获得感、幸福感、安全感研究：基于上海浦东新区的实证调查［J］．社会科学辑刊，2022（3）：60-70.

[67] 吕小康，黄妍．如何测量"获得感"——以中国社会状况综合调查（CSS）数据为例［J］．西北师大学报（社会科学版），2018，55（5）：46-52.

[68] 吕小康，孙思扬．获得感的生成机制：个人发展与社会公平的双路径［J］．西北师大学报（社会科学版），2021，58（4）：92-99.

[69] 吕小康，张子睿．中国民众的医疗获得感及其影响因素［J］．西北师大学报（社会科学版），2020，57（1）：99-105.

[70] 吕小康．医患"获得感悖论"及其破局：兼论作为社会心理学议题的医患关系研究［J］．南京师大学报（社会科学版），2019（1）：76-86.

[71] 马皑．相对剥夺感与社会适应方式：中介效应和调节效应［J］．心理

学报，2012，44（3）：377-387.

[72] 马增林，李莜莜，于璟婷．工作获得感对新生代农民工创新行为的影响：基于创新自我效能的中介和组织支持的调节［J］．东北农业大学学报（社会科学版），2021，19（6）：26-36.

[73] 马振清，刘隆．获得感、幸福感、安全感的深层逻辑联系［J］．国家治理，2017（44）：45-48.

[74] 梅正午，孙玉栋，丁鹏程．公共服务供给水平对居民获得感影响研究［J］．价格理论与实践，2019（5）：141-144.

[75] 乜标，金杨华．管理胜任特征评价方法及聚合效度研究［J］．管理世界，2009（2）：176-177.

[76] 缪小林，张蓉，于洋航．基本公共服务均等化治理：从"缩小地区间财力差距"到"提升人民群众获得感"［J］．中国行政管理，2020（2）：67-71.

[77] 聂伟．就业质量、生活控制与农民工的获得感［J］．中国人口科学，2019（2）：27-39，126.

[78] 宁文英，吴满意．思想政治教育获得感：概念、生成与结构分析［J］．思想教育研究，2018（9）：26-30.

[79] 欧爱华，郝元涛，梁兆晖，等．老年人群心理健康指数量表的应用评价［J］．中国卫生统计，2009，26（2）：128-130.

[80] 潘建红，杨利利．习近平"人民获得感思想"的逻辑与实践指向［J］．学习与实践，2018（2）：5-12.

[81] 庞文．教育获得感的理论内涵、结构模型与生成机理［J］．当代教育科学，2020（8）：9-15.

[82] 彭文波，吴霞，谭小莉．获得感：概念、机制与统计测量［J］．重庆师范大学学报（社会科学版），2020（2）：92-100.

[83] 彭宅文，岳经纶．新医改、医疗费用风险保护与居民获得感：政策设计与机制竞争［J］．广东社会科学，2018（4）：182-192，256.

[84] 齐卫平．论党治国理政能力与公众获得感的内在统一［J］．人民论坛·学术前沿，2017（2）：29-39.

[85] 钱力，倪修凤．贫困人口扶贫政策获得感评价与提升路径研究：以马斯洛需求层次理论为视角［J］．人文地理，2020，35（6）：106-114.

[86] 谯欣怡．职业技能培训中贫困人口的获得感提升路径研究：基于广西

百色贫困地区的调查 [J]. 职业教育研究, 2021 (8): 25-31.

[87] 秦国文. 改革要致力于提高群众获得感 [J]. 新湘评论, 2016 (1): 12-13.

[88] 秦攀博. 突发公共事件影响下城市社区弱势群体的心理疏导: 以危机心理干预为视角 [J]. 理论月刊, 2022 (2): 103-113.

[89] 卿定文, 何爱爱. 提升农村贫困人口获得感的实现理路: 基于共享发展理念视角 [J]. 长沙理工大学学报 (社会科学版), 2018, 33 (3): 35-42.

[90] 邱伟国, 袁威, 关文晋. 农村居民民生保障获得感: 影响因素、水平测度及其优化 [J]. 财经科学, 2019 (5): 81-90.

[91] 商梦雅, 李江. 农村宅基地制度对农户主观获得感、幸福感、安全感的影响 [J]. 西北农林科技大学学报 (社会科学版), 2022, 22 (4): 60-71.

[92] 邵蕾, 董妍, 冯嘉溪, 等. 社会排斥对居民主观幸福感的影响: 社会认同和控制感的链式中介作用 [J]. 中国临床心理学杂志, 2020, 28 (2): 234-238.

[93] 邵雅利. 新时代人民主观获得感的指标构建与影响因素分析 [J]. 新疆社会科学, 2019 (4): 139-147.

[94] 石梦希, 杨青松. 心理资本对大学生学习获得感的影响: 感恩的调节作用 [J]. 衡阳师范学院学报, 2020, 41 (6): 155-159.

[95] 司明宇, 金紫薇. 如何增强对社会心态的前瞻性引导 [J]. 人民论坛, 2018 (2): 68-69.

[96] 孙灯勇, 郭永玉. 相对剥夺感: 想得、应得、怨愤于未得 [J]. 心理科学, 2016, 39 (3): 714-719.

[97] 孙晓春. 现代公共生活中的政治参与 [J]. 吉林大学社会科学学报, 2013, 53 (5): 155-161.

[98] 孙远太. 城市居民社会地位对其获得感的影响分析: 基于6省市的调查 [J]. 调研世界, 2015 (9): 18-21.

[100] 谭旭运, 董洪杰, 张跃, 等. 获得感的概念内涵、结构及其对生活满意度的影响 [J]. 社会学研究, 2020, 35 (5): 195-217, 246.

[101] 谭旭运, 豆雪姣, 董洪杰. 社会阶层视角下民众获得感现状与提升对策 [J]. 广西师范大学学报 (哲学社会科学版), 2020, 56 (5): 1-13.

[102] 谭旭运, 张若玉, 董洪杰, 等. 青年人获得感现状及其影响因素

[J]．中国青年研究，2018（10）：49-57．

[103] 谭旭运．获得感与美好生活需要的关系研究 [J]．江苏社会科学，2021（3）：68-77．

[104] 汤峰，苏毓淞．"内外有别"：政治参与何以影响公众的获得感 [J]．公共行政评论，2022，15（2）：22-41，195-196．

[105] 唐有财，符平．获得感、政治信任与农民工的权益表达倾向 [J]．社会科学，2017（11）：67-79．

[106] 田旭明．"让人民群众有更多获得感"的理论意涵与现实意蕴 [J]．马克思主义研究，2018（4）：71-79．

[107] 万兰芳，向德平．精准扶贫方略下的农村弱势群体减贫研究 [J]．中国农业大学学报（社会科学版），2016，33（5）：46-53．

[108] 万闻华．NGO社会支持的公共政策分析：以弱势群体为论域 [J]．中国行政管理，2004（3）：28-31．

[109] 汪来喜．我国农民获得感的内涵及理论意义探究 [J]．经济研究导刊，2017（3）：30-31．

[110] 王海芹，王超然．提高公众生态环境质量获得感需精准施策 [J]．环境经济，2016（ZA）：94-98．

[111] 王积超，闫威．相对收入水平与城市居民获得感研究 [J]．中央财经大学学报，2019（10）：119-128．

[112] 王晶．居民获得感指标体系构建与统计测度：以甘肃省为例 [J]．兰州财经大学学报，2021，37（6）：62-72．

[113] 王俊秀，刘晓柳，刘洋洋．人民美好生活需要的层次结构和实现途径 [J]．江苏社会科学，2020（2）：19-27，241．

[114] 王俊秀，刘晓柳．现状、变化和相互关系：安全感、获得感与幸福感及其提升路径 [J]．江苏社会科学，2019（1）：41-49，258．

[115] 王俊秀．社会心态：转型社会的社会心理研究 [J]．社会学研究，2014，29（1）：104-124，244．

[116] 王龙，霍国庆．社会安全的本源影响因素及其作用机理实证研究 [J]．管理评论，2019，31（11）：255-266．

[117] 王宁，马莲尼．目标导向与代际社会流动：一个能动性的视角 [J]．山东社会科学，2019（4）：50-60．

[118] 王鹏. 收入差距对中国居民主观幸福感的影响分析: 基于中国综合社会调查数据的实证研究 [J]. 中国人口科学, 2011 (3): 93-101, 112.

[119] 王浦劬, 季程远. 我国经济发展不平衡与社会稳定之间矛盾的化解机制分析: 基于人民纵向获得感的诠释 [J]. 政治学研究, 2019 (1): 63-76, 127.

[120] 王浦劬, 季程远. 新时代国家治理的良政基准与善治标尺: 人民获得感的意蕴和量度 [J]. 中国行政管理, 2018 (1): 6-12.

[121] 王思斌. 发展社会工作增强获得感 [J]. 中国社会工作, 2017 (13): 62.

[122] 王思斌. 获得感结构及贫弱群体获得感的优先满足 [J]. 中国社会工作, 2018 (13): 62.

[123] 王恬, 谭远发, 付晓珊. 我国居民获得感的测量及其影响因素 [J]. 财经科学, 2018 (9): 120-132.

[124] 王维芬, 邓宇. 国外具身认知研究动态的 CiteSpace 分析 [J]. 外文研究, 2022, 10 (1): 20-27, 106.

[125] 王卫东, 胡以松. COVID-19 疫情暴发后中国成人创伤后应激障碍流行及弱势群体 [J]. 中华疾病控制杂志, 2022, 26 (6): 703-708.

[126] 王习胜. "思想咨商" 助力提升思想政治教育 "获得感" [J]. 教学与研究, 2018 (1): 105-110.

[127] 王昕天, 康春鹏, 汪向东. 电商扶贫背景下贫困主体获得感影响因素研究 [J]. 农业经济问题, 2020 (3): 112-124.

[128] 王艳, 陈丽霖. 政策获得感的内涵、分析框架与运用: 以三台山德昂族乡实证分析为例 [J]. 云南行政学院学报, 2020, 22 (4): 147-156.

[129] 王永梅, 吕学静. 老年人的养老保障获得感及其影响因素研究: 基于北京市六城区的抽样调查 [J]. 中共福建省委党校学报, 2018 (10): 84-94.

[130] 韦耀阳, 王艳. 大学生人际交往获得感量表的编制和信效度分析 [J]. 黄冈师范学院学报, 2020, 40 (1): 101-106.

[131] 魏晓波. 从 "离身认知" 到 "具身认知": 考量思政课获得感生成的新视角 [J]. 教育理论与实践, 2020, 40 (27): 34-36.

[132] 温忠麟, 侯杰泰, 马什赫伯特. 结构方程模型检验: 拟合指数与卡方准则 [J]. 心理学报, 2004 (2): 186-194.

［133］文宏，林彬. 人民获得感：美好生活期待与国民经济绩效间的机理阐释：主客观数据的时序比较分析［J］. 学术研究，2021（1）：66-73.

［134］文宏，刘志鹏. 人民获得感的时序比较：基于中国城乡社会治理数据的实证分析［J］. 社会科学，2018（3）：3-20.

［135］文宏. 政治获得感评价指标体系与地区比较实证研究：基于因子分析和聚类分析［J］. 经济社会体制比较，2020（3）：96-106.

［136］文静. 新时代大学生获得感 AIA 三维度研究［J］. 广州城市职业学院学报，2018，12（1）：97-100.

［137］巫强，周波. 绝对收入、相对收入与伊斯特林悖论：基于 CGSS 的实证研究［J］. 南开经济研究，2017（4）：41-58.

［138］吴克昌，刘志鹏. 基于因子分析的人民获得感指标体系评价研究［J］. 湘潭大学学报（哲学社会科学版），2019，43（3）：13-20.

［139］吴玲，施国庆. 我国弱势群体问题研究综述［J］. 南京：社会科学，2004（9）：73-80.

［140］吴敏，梁岚清. 社会公平因素对居民公共服务获得感的影响：以中国综合社会调查 2015 年度数据为基础［J］. 西南石油大学学报（社会科学版），2021，23（1）：30-36.

［141］吴晓刚. 中国当代的高等教育、精英形成与社会分层：来自"首都大学生成长追踪调查"的初步发现［J］. 社会，2016，36（3）：1-31.

［142］吴怡萍，闫师. 进城务工提升了农民的获得感吗：基于中国家庭追踪调查数据的实证分析［J］. 当代财经，2021（2）：15-26.

［143］伍秋萍，冯聪，陈斌斌. 具身框架下的社会认知研究述评［J］. 心理科学进展，2011，19（3）：336-345.

［144］席仲恩，汪顺玉. 论负克伦巴赫 alpha 系数和分半信度系数［J］. 重庆邮电大学学报（自然科学版），2007（6）：785-787.

［145］夏敏，张毅. 实际获得与主观获得感：基于社会公平感知对公共服务的调节作用［J］. 甘肃理论学刊，2020（6）：120-128.

［146］向继红，王方略，路婉玉. 乡村振兴获得感指标体系及实证研究［J］. 统计理论与实践，2023（1）：60-66.

［147］谢爱武. 领导干部的心理调适能力及其与心理健康的关系［J］. 岭南学刊，2023（1）：51-57.

[148] 辛秀芹. 民众获得感"钝化"的成因分析：以马斯洛需求层次理论为视角 [J]. 中共青岛市委党校·青岛行政学院学报, 2016 (4)：56-59.

[149] 邢淑芬, 俞国良. 社会比较研究的现状与发展趋势 [J]. 心理科学进展, 2005 (1)：78-84.

[150] 熊承清, 许远理. 生活满意度量表中文版在民众中使用的信度和效度 [J]. 中国健康心理学杂志, 2009, 17 (8)：948-949.

[151] 熊红星, 张璟, 叶宝娟, 等. 共同方法变异的影响及其统计控制途径的模型分析 [J]. 心理科学进展, 2012, 20 (5)：757-769.

[152] 熊红星, 张璟, 郑雪. 方法影响结果：方法变异的本质、影响及控制 [J]. 心理学探新, 2013, 33 (3)：195-199.

[153] 熊猛, 叶一舵. 相对剥夺感：概念、测量、影响因素及作用 [J]. 心理科学进展, 2016, 24 (3)：438-453.

[154] 熊文靓, 王素芳. 公共文化服务的公众获得感测度与提升研究：以辽宁为例 [J]. 图书馆论坛, 2020, 40 (2)：45-55.

[155] 徐平平, 沈国琪. 乡村振兴进程中农村弱势群体获得感现状测度与提升机制研究 [J]. 农村经济与科技, 2020, 31 (16)：180-182.

[156] 徐延辉, 李志滨. 社会质量与城市居民的获得感研究 [J]. 南开学报 (哲学社会科学版), 2021 (4)：169-181.

[157] 鄢霞. 当代大学生获得感研究 [J]. 广西青年干部学院学报, 2019, 29 (3)：18-22.

[158] 闫伯汉. 中国社会结构与弱势群体地位提升路径分析 [J]. 中州学刊, 2022 (3)：88-93.

[159] 阳义南. 民生公共服务的国民"获得感"：测量与解析——基于MIMIC 模型的经验证据 [J]. 公共行政评论, 2018, 11 (5)：117-137, 189.

[160] 杨宝, 李万亮. 公共服务的获得感效应：逻辑结构与释放路径的实证研究 [J]. 中国行政管理, 2022 (10)：135-143.

[161] 杨方方. 风险流转下弱势群体的共同富裕之路 [J]. 学术研究, 2022 (9)：107-114.

[162] 杨金龙, 张士海. 中国人民获得感的综合社会调查数据的分析 [J]. 马克思主义研究, 2019 (3)：102-112, 160.

[163] 杨三, 康健, 祝小宁. 基本公共服务主观绩效对地方政府信任的影

响机理：公众参与的中介作用与获得感的调节效应 [J]. 软科学, 2022, 36 (9)：124-130.

[164] 杨伟荣, 张方玉."获得感"的价值彰显 [J]. 重庆社会科学, 2016 (11)：69-74.

[165] 杨玉浩."获得感"的应用语境及度量结构：基于习近平系列重要讲话的语义解析 [J]. 福建省社会主义学院学报, 2018 (4)：38-44.

[166] 叶浩生."具身"涵义的理论辨析 [J]. 心理学报, 2014, 46 (7)：1032-1042.

[167] 叶胥, 谢迟, 毛中根. 中国居民民生获得感与民生满意度：测度及差异分析 [J]. 数量经济技术经济研究, 2018, 35 (10)：3-20.

[168] 叶一舵, 何小芹, 付贺贺. 基于社会比较的贫困大学生相对获得感提升路径探讨 [J]. 教育现代化, 2018, 5 (19)：316-319.

[169] 尹志刚. 论现阶段我国社会弱势群体 [J]. 北京教育学院学报, 2002 (3)：1-9.

[170] 于洋航. 城市社区公共服务、生活满意度与居民获得感 [J]. 西北人口, 2021, 42 (3)：78-90.

[171] 余泓波. 公共服务的个体化分布如何影响个体获得感：小城镇与乡下村落样本的比较分析 [J]. 深圳社会科学, 2023, 6 (2)：99-110.

[172] 俞国良, 王浩. 社会转型：国民安全感的社会心理学分析 [J]. 社会学评论, 2016, 4 (3)：11-20.

[173] 袁浩, 陶田田. 互联网使用行为、家庭经济状况与获得感：一项基于上海的实证研究 [J]. 社会发展研究, 2019, 6 (3)：41-60, 243.

[174] 原光, 曹现强. 获得感提升导向下的基本公共服务供给：政策逻辑、关系模型与评价维度 [J]. 理论探讨, 2018 (6)：50-55.

[175] 张安驰. 中国式分权下的经济发展与城市贫困人群获得感提升 [J]. 经济与管理评论, 2020, 36 (1)：15-25.

[176] 张栋. 低保制度提升贫困群体主观幸福感、获得感、安全感了吗——基于 CFPS 面板数据的实证分析 [J]. 商业研究, 2020 (7)：136-144.

[177] 张敏杰. 论社会工作与弱势群体关怀 [J]. 浙江树人大学学报, 2003 (2)：48-52.

[178] 张明霞. 人民群众获得感研究综述 [J]. 西南石油大学学报（社会

科学版），2020，22（2）：62-71.

[179] 张青，周振. 公众诉求、均衡性感知与公共服务满意度：基于相对剥夺理论的分析 [J]. 江海学刊，2019（6）：90-95.

[180] 张士海，孙道壮. 获得感、幸福感、安全感：以人民为中心的时代彰显 [J]. 国家治理，2017（44）：41-44.

[181] 张文宏，袁媛. 特大城市居民资产拥有对获得感的影响 [J]. 江海学刊，2022（4）：106-115.

[182] 张缨斌，王烨晖. 反应风格的测量与统计控制 [J]. 心理科学，2019，42（3）：747-754.

[183] 张仲芳，刘星. 参加基本医疗保险与民众的"获得感"：基于中国综合社会调查数据的实证分析 [J]. 山东社会科学，2020（12）：147-152.

[184] 赵继涛，卢小君，费俊嘉. 东北地区基本公共服务公众获得感提升研究 [J]. 合作经济与科技，2021（16）：185-187.

[185] 赵洁，杨政怡. 基本公共服务供给增加居民的主观幸福感了吗——基于 CGSS2013 数据的实证分析 [J]. 西安财经学院学报，2017，30（6）：80-86.

[186] 赵晶晶，李放，李力. 被征地农民的经济获得感提升了吗 [J]. 中国农村观察，2020（5）：93-107.

[187] 赵书松. 转型时期社会分层对个体弱势心理的作用机制 [J]. 珞珈管理评论，2015（2）：32-48.

[188] 郑风田，陈思宇. 获得感是社会发展最优衡量标准：兼评其与幸福感、包容性发展的区别与联系 [J]. 人民论坛·学术前沿，2017（2）：6-17.

[189] 郑建君，马璇，刘丝嘉. 公共服务参与会增加个体的获得感吗——基于政府透明度与信任的调节作用分析 [J]. 公共行政评论，2022，15（2）：42-59，196.

[190] 郑建君. 中国公民美好生活感知的测量与现状：兼论获得感、安全感与幸福感的关系 [J]. 政治学研究，2020（6）：89-103，127-128.

[191] 郑立新，吴宗文，成新宁. 中国幼儿智力量表（CISYC）短、中期重测信度的研究 [J]. 中国临床心理学杂志，2000（1）：43-44.

[192] 郑瑞坤，向书坚. 城乡居民共享改革发展成果的一种测度方法及应用 [J]. 财贸研究，2018，29（4）：15-25.

[193] 种聪，岳希明. 经济增长为什么没有带来幸福感提高——对主观幸福感影响因素的综述 [J]. 南开经济研究，2020 (4)：24-45.

[194] 周海涛，张墨涵，罗炜. 我国民办高校学生获得感的调查与分析 [J]. 高等教育研究，2016，37 (9)：54-59.

[195] 周浩，龙立荣. 共同方法偏差的统计检验与控制方法 [J]. 心理科学进展，2004 (6)：942-950.

[196] 周金华. 乡村振兴视域下的农民现代性培育 [J]. 决策与信息，2021 (8)：48-56.

[197] 周绍杰，王洪川，苏杨. 中国人如何能有更高水平的幸福感：基于中国民生指数调查 [J]. 管理世界，2015 (6)：8-21.

[198] 周云冉，聂雨晴. 共享发展理念下新生代农民工获得感提升研究 [J]. 北京农业职业学院学报，2018，32 (5)：64-69.

[199] 朱春奎，吴昭洋，徐菁媛. 公共服务何以影响居民幸福——基于"收入—幸福"分析框架的实证检验 [J]. 公共管理与政策评论，2022，11 (2)：15-34.

[200] 朱平利，刘娇阳. 员工工作获得感：结构、测量、前因与后果 [J]. 中国人力资源开发，2020，37 (7)：65-83.

[201] 朱英格，董妍，张登浩. 主观社会阶层与我国居民的获得感：社会排斥和社会支持的多重中介作用 [J]. 中国临床心理学杂志，2022，30 (1)：111-115.

（四）中文报纸

[1] 习近平. 高举中国特色社会主义伟大旗帜，为全面建设社会主义现代化国家而团结奋斗 [N]. 人民日报，2022-10-26 (1).

（五）其他文献

[1] 仇瑞雪. 社会工作介入轻度肢残老年人的心理调适研究 [D]. 三亚：海南热带海洋学院，2023.

[2] 郑玉霞. 获得感及其价值意蕴探析 [D]. 西安：陕西师范大学，2017.

二、英文文献

（一）英文著作

[1] BECK W, MAESEN L, WALKER A. *The Social Quality of Europe* [M].

Kluwer Law International, 1997.

[2] HAIR J F, TATHAM R, ANDERSON R, et al. *Multivariate Data Analysis* [M]. 5th ed. New York: Prentice Hall, 1998.

[3] STOUFFER S A, SUCHMAN E A, DEVINNEY L C, et al. *The American Soldier: Adjustment During Army Life* [M]. Princeton, NJ: Princeton University Press, 1949.

[4] ANDREW F H. *Introduction to Mediation, Moderation, and Conditional Process Analysis: A Regression - Based Approach* [M]. New York, NY: The Guilford Press, 2013.

(二) 英文期刊

[1] ANDREWS F M, WITHEY S B. Developing Measures of Perceived Life Quality: Results From Several National Surveys [J]. *Social Indicators Research*, 1974, 1 (1): 1-26.

[2] ANIER N, GUIMOND S, DAMBRUN M. Relative Deprivation and Gratification Elicit Prejudice: Research on the V – curve Hypothesis [J]. *Current Opinion in Psychology*, 2016, 11: 96-99.

[3] BELLANI L, D'AMBROSIO C. Deprivation, Social Exclusion and Subjective Well-being [J]. *Social Indicators Research*, 2011, 104 (1): 67-86.

[4] CÔTÉ S, GYURAK A, LEVENSON R W. The Ability to Regulate Emotion is Associated with Greater Well – being, Income, and Socioeconomic Status [J]. *Emotion*, 2010, 10 (6): 923-933.

[5] DECI E L, RYAN R M. Self – Determination Theory: A Macrotheory of Human Motivation, Development, and Health [J]. *Canadian Psychology*, 2008, 49 (3): 182-185.

[6] DIENER E D, SUH E M, LUCAS R E, et al. Subjective Well-being: Three Decades of Progress [J]. *Psychological Bulletin*, 1999, 125 (2): 276-302.

[7] DRURY J, REICHER S. Collective Action and Psychological Change: The Emergence of New Social Identities [J]. *British Journal of Social Psychology*, 2000, 39 (4): 579-604.

[8] FORNELL C, LARCKER D F. Evaluating Structural Equation Models with Unobservable Variables and Measurement Error [J]. *Journal of Marketing Research*,

1981, 24 (2): 337-346.

[9] GALLO L C, MATTHEWS K A. Understanding the Association Between Socioeconomic Status and Physical Health: Do Negative Emotions Play a Role? [J]. *Psychological Bulletin*, 2003, 129 (1): 10-51.

[10] HELLIWELL J F, HUANG H F, GROVER S, et al. Empirical Linkages between Good Governance and National Well-being [J]. *Journal of Comparative Economics*, 2018, 46 (4): 1332-1346.

[11] JOHNSON S E, RICHESON J A, FINKEL E J. Middle Class and Marginal? Socioeco-Nomic Status, Stigma, and Self-Regulation at an Elite University [J]. *Journal of Personality and Social Psychology*, 2011, 100 (5): 838-852.

[12] KOTAKORPI K, LAAMANEN J P. Welfare State and Life Satisfaction: Evidence From Public Health Care [J]. *Economica*, 2010, 77 (307): 565-583.

[13] KRAUS M W, STEPHENS N M. A Road Map for an Emerging Psychology of Social Class [J]. *Social and Personality Psychology Compass*, 2012, 9 (6): 642-656.

[14] LEVINSON A. Valuing Public Goods Using Happiness Data: The Case of air Quality [J]. *Journal of Public Economics*, 2012, 96 (9-10): 869-880.

[15] LINDELL M K, WHITNEY D J. Accounting for Common Method Variance in Cross-sectional Research Designs [J]. *The Journal of Applied Psychology*, 2001, 86: 114-121.

[16] MARSH H W, HAU K T. Big-Fish-Little-Pond Effect on Academic Self-Concept. A Cross-Cultural (26-Country) Test of the Negative Effects of Academically Selective Schools [J]. *The American Psychologist*, 2003, 58 (5): 364-372.

[17] PETERSON C, PARK N, SELIGMAN M E P. Orientations to Happiness and Life Satisfaction: The Full Life Versus the Empty Life [J]. *Journal of Happiness Studies*, 2005, 6 (1): 25-41.

[18] SAKURAI K, KAWAKAMI N, YAMAOKA K, et al. The Impact of Subjective and Objective Social Status on Psychological Distress Among Men and Women in Japan [J]. *Social Science and Medicine*, 2010, 70 (11): 1832-1839.

[19] SCHMITT M T, BRANSCOMBE N R, POSTMES T, et al. The Consequences of Perceived Discrimination for Psychological Well-being: A Meta-

Analytic Review [J]. *Psychological Bulletin*, 2014, 140 (4): 921-948.

[20] SELIGMAN M E, CSIKSZENTMIHALYI M. Positive Psychology: An Introduction [J]. *American Psychologist*, 2000, 55 (1): 5-14.

[21] SPECTOR P E. Method Variance as an Artifact in Self-Reported Affect and Perceptions at Work: Myth or Significant Problem? [J]. *Journal of Applied Psychology*, 1987, 72: 438-443.

[22] STUMPF S A, BRIEF A P, HARTMAN K. Self-Efficacy Expectations and Coping with Career-Related Events [J]. *Journal of Vocational Behavior*, 1987, 31 (1): 91-108.

[23] WILLIAMS L J, HARTMAN N, CAVAZOTTE F. Method Variance and Marker Variables: A Review and Comprehensive CFA Marker Technique [J]. *Organizational Research Methods*, 2010, 13 (3): 477-514.

后　记

随着我国社会主义现代化建设进入新时期，人民逐渐实现共同富裕，人民群众的获得感、幸福感和安全感逐渐增强。在全体人民中，存在着一个特殊群体——弱势群体。弱势群体由于各种各样的原因，在社会生活和工作中处于劣势，在参加社会主义现代化建设和共享现代化成果方面存在一定困难。对这部分群体需要进行特别关注。本书以弱势群体的获得感为研究内容，分析弱势群体获得感的独特性，解释弱势群体获得感的产生过程，进而提升弱势群体的获得感。

弱势群体是本人学术研究的主题。从2014年主持教育部人文社会科学研究项目进行弱势群体心理与行为特点研究开始，本人对弱势群体研究付出了较多的时间和精力。在2015年开展博士后研究期间，积极参与弱势群体的救助研究。再到2018年主持国家社会科学基金项目，对弱势群体的获得感进行了系列研究，取得了一定的成果。弱势群体是特殊的社会成员，在社会生活和工作中面临着常人难以想象的困难。正常人轻而易举能够完成的事情，弱势群体则需要花费巨大的力气。如一位坐轮椅的残疾人说道："正常人抬脚就能迈过去的一个小坎儿，我就不敢过，需要推很远的路才能绕过去。"弱势群体不仅包括贫困群体，也包括残疾人、老年群体等。现状良好的社会成员，也有可能遭遇变故成为弱势群体。本人也曾深刻体验过残疾人在生活和工作等方面的困难，他们在吃饭、穿衣、睡觉、如厕等基本生活方面面临巨大的挑战。出于研究者的社会责任和对弱势群体的感同身受，作者对弱势群体的获得感感到了深刻的研究使命。

在专著创作和出版过程中，得到了各界人士的大力帮助，收获了满满的获得感。希望弱势群体能够发挥自身主动性，充分争取和利用外部资源，实现自身的获得感、幸福感和安全感，为实现美好生活而不懈努力。本人的研究生李冰亚和齐文博在专著撰写过程中，进行了文献查阅和资料整理工作，提供了重要帮助。学院领导和科研团队领导在专著出版方面提供了大力资助。九州出版

社的编辑在专著审校和出版上付出了巨大精力。本书写作过程中参考了大量的
研究文献，由于篇幅限制未能一一列出。在此向以上人士和关心本学术成果的
人士表达衷心感谢。同时也希望本专著能增强全社会对弱势群体的关注，帮助
弱势群体更好更快地共建共享社会主义现代化建设。

贾留战

2024 年 10 月 14 日